芸人
本書く派
列伝

杉江松恋

原書房

芸人本書く派列伝

芸人本書く派列伝　もくじ

はじめに～水道橋博士のこと……7

◆落語

立川談四楼『談志が死んだ』……10
立川談春『談春　古往今来』……19
立川志らく『談志のことば』……26
三遊亭円丈『落語家の通信簿』……36
六代目三遊亭円楽『流されて円楽に　流れつくか圓生に』……44
三遊亭圓歌『三遊亭圓歌ひとり語り　全部ウソ。』……53
桂歌丸／長井好弘編『歌丸　不死鳥ひとり語り』……62
桃月庵白酒『白酒ひとり壺中の天』……70
立川吉笑『現在落語論』……76
藤原周壱『前座失格!?』……83
柳家さん喬、柳家喬太郎『なぜ柳家さん喬は柳家喬太郎の師匠なのか？』……92

笑福亭銀瓶『師弟　笑福亭鶴瓶からもらった言葉』……100
立川こしら『その落語家、住所不定。タンスはアマゾン、家のない生き方』……109

講談

六代目神田伯山『神田松之丞　講談入門』……119

浪曲

玉川奈々福『浪花節で生きてみる！』……129
玉川奈々福『語り芸パースペクティブ』……137

漫才、コント

ビートきよし『もうひとつの浅草キッド』……147
ビートたけし『フランス座』……152
ビートたけし『キャバレー』……158
レツゴー正児『三角あたまのにぎりめし』……164
澤田隆治『ルーキー新一のイヤーンイヤーン人生』……175

小林信彦、萩本欽一『小林信彦 萩本欽一 ふたりの笑タイム
名喜劇人たちの横顔・素顔・舞台裏』……183
おぼん・こぼん『東京漫才』……193
オール巨人『漫才論』……203
塙宣之『言い訳　関東芸人はなぜM-1で勝てないのか』……212
山里亮太『天才はあきらめた』……219
山田ルイ53世『ヒキコモリ漂流記』……226
有吉弘行『お前なんかもう死んでいる』……238
千原ジュニア『すなわち、便所は宇宙である』……245
若林正恭『社会人大学人見知り学部卒業見込』……251
東野コージ（幸治）『この間。』……258
松本ハウス『統合失調症がやってきた』……265
本坊元児『プロレタリア芸人』……274
井上二郎『芸人生活』……281
水道橋博士『藝人春秋』……286
玉袋筋太郎『スナックあるある』……298

◆諸芸

掟ポルシェ『食尽族〜読んで味わうグルメコラム集〜』……306
サンキュータツオ『これやこの』……315
たこ八郎『たこでーす。』……324
萱森直子『さずきもんたちの唄』……332
鵜飼正樹『見世物稼業――安田里美一代記』……339
いとうせいこう『今夜、笑いの数を数えましょう』……347

◆TV、ラジオ

高田純次『高田純次のチンケな自伝』……354
六角精児『少し金を貸してくれないか』……361
マツコ・デラックス『デラックスじゃない』……367
嬉野雅道『ぬかよろこび』……374
藤村忠寿、嬉野雅道『腹を割って話した』……383

おわりに〜なぜ芸人本を書評するのか……390

はじめに～水道橋博士のこと

これは芸人論ではなく、芸人本論の本である。

著書は人の鏡だ。書き手がいかに痕跡を消し去ろうとしても、文章にはその内面が必ず反映される。言葉の選び方一つにもその人が表れるのである。

では、その書き手が並の者ではなく、常に自分がどうあるべきか、他人からどう見えているかを意識している芸人だったらどうなるか。

そのことに興味を持ち、芸人本の書評を手がけるようになった。

漫才コンビ・浅草キッドの水道橋博士氏にお声がけいただいたのが本書成立のきっかけである。二〇一二年に創設されたメールマガジン〈水道橋博士のメルマ旬報〉は、あまりにも多士済々が参加したために月一回の配信では文章が収まらなくなり、後には「メ」「ル」「マ」三組に分かれて文字通りの旬報刊となった。二〇一〇年代においては間違いなく日本一巨大なメールマガジンであった。そこに二〇二二年八月の休刊まで連載を続けた。

博士に提案された連載題名は〈マツコイ・デラックス〉だった。人気タレントに酷似していたため畏れ多く、私から〈われわれはなぜ本屋にいるのか〉という副題をつけてもらうことを提案した。小林信彦『われわれはなぜ映画館にいるのか』（晶文社）のもじりだ。

初めは博士が選書を行っていた。私の書評に対し博士が返信を書く往復書簡を意図していたのだが、本選びから始めて私単独の連載に落ち着いた。後には連載題名も〈芸人本書く派列伝〉に改めている。

さらに源流を遡ると、ライターのゲッツ板谷氏にたどり着く。板谷氏が二〇〇〇年代に主催していた〈ゲッツ・マンション〉というサイトに〈チミの犠牲は無駄にしない〉という題名で書評を連載していた。そこに博士の芸人本書評集『本業』（現・文春文庫）について書いたのを見て、興味を持ってもらったようなのだ。

その後、ポータルサイト〈エキサイト〉に博士の『藝人春秋』（現・文春文庫）の書評を寄稿した。これも気に入ってもらえたようで、〈メルマ旬報〉連載でも追記を行う形で再掲を依頼された。本書にもその回を収録した。いわゆるアンコの形で他媒体の文章がそのまま入っているのはそういう理由である。お読みいただければわかるように、〈メルマ旬報〉編集長の博士を賞賛するだけではなく、むしろ物申す内容になっている。書評を行う者は誰にもおもねることなく、自由な立場でなければならない。向き合うべき相手は読者のみで、作家の顔色を窺うようになったら書評家としては失格だ。あるべき評論の形を許してくれた水道橋博士には感謝している。度量の広さに感服する。

そういうわけで、さまざまな芸人本について約十年、好きに書かせてもらった。出ている本をかたっぱしから読んで選書していたので、時には適当な芸人本がなく、周辺書から選ぶようなこともあった。ページ数の都合があり、また読みやすさも勘案して、本書は全一一七回に及んだ連載から三分の二ほどを精選した内容になっている。

芸人のことはよくわからないが、芸人本のことなら少しはわかるつもりだ。

芸人はおもしろい。だが、芸人本もとてもおもしろいのである。

杉江松恋

立川談四楼『談志が死んだ』

「とんでもねえこと書きゃがって、てめえなんざクビだ失せろとっとと出てけこの大バカヤロー」

突然の罵声である。その日、立川談四楼《たてかわだんしろう》は自宅の電話に、こんな一方的な留守録が入った。たまたま別の階にいて受話器を取れなかった談四楼は慌てて折り返しの電話を入れる。怒声の主が、師である立川談《だん》志《し》だったからだ。

おそるおそる話しかけてみると、たちまち相手の声は怒りの奔流に変わる。

「てめえ談春《だんしゅん》の本を褒めやがったろ。でたらめばかり書きゃがってよくもオレの名誉を目茶苦茶にしてくれたな。おまえは要らねえ出てけクビだ破門だとっとと失せろ。詫びに来たって許さねえから早く出てけってんだ」

取りつくしまがない。動転した談四楼はその日主任を務めるはずだった昼席を休み、談志の元へと駆けつける。しかしMXテレビの楽屋で捕まえた談志は通話のままの怒りを持続させており談四楼の詫びに耳を貸そうともしなかった。クビ確定だ。談四楼は絶望に打ちひしがれながらその場をあとにする――。

立川談四楼の小説『談志が死んだ』の一幕である。立川談四楼は一九五一年生まれ。一九七〇年に立川談

現・新潮文庫／2012年

志に入門し、寸志《すんし》の名で前座になった。その後二ツ目に昇進して現在の名前に改める。希望した名前「小《こ》談志《だんし》」が兄弟子にとられていたため談志郎という名を考えたが、忠告してくれる人があって談四楼に改めた。独立した一つの名前であり、談志の名跡の起源でもある談洲楼燕枝《だんしゅうろうえんし》にもつながるからだ。

その後一九八三年に談四楼と兄弟子の小談志は心ならずもある騒動の火付け役になってしまう。落語協会が二ツ目に課していた真打昇進試験に二人が臨み、共に不合格にされたからだ。この一件にはそもそも因縁があったのだが、長くなるのでここでは省略する。大事なのは二人が「談志の弟子だから」という理由で不合格にされた上、落語協会の幹部たちはその不公平な理由に悪びれることなく開き直ったということだ。昇進試験は後にその不公平さが外部からの批判を呼び、廃止されることになるが、それはまた別の話である。立川談志は激怒し、協会から飛び出ることを決意した。落語立川流誕生の瞬間である。談四楼と小談志は、落語立川流設立の直接の原因を作ったことになる。

談四楼自身はこの事件から一つの行動を起こした。自身が体験した真打昇進試験の顛末を「屈折十三年」という短編にし、作家としてデビューを果たしたのだ。落語家として伝統芸能を担っているという事実は尊いが、それだけで喰わせてくれるほど世間は優しくない。芸人なのだから、売れなければいけないのだ。談四楼は談志の付き人としてさまざまな流行小説家に知己を得、そのことから小説の世界に耽溺するようになっていた。自身のその嗜好を活かそうと考えたのである。「落語もできる小説家」が、立川談四楼ならではのキャッチコピーとなった。初めての著書が出るまでは苦労したが、「屈折十三年」を含む自伝的小説『シャレのち曇り』（現・PHP学芸文庫）を一九九〇年に上梓した。以降も落語家の師弟関係を描いた『師匠！』（現・PHP学芸文庫）、プロボクサーと二足のわらじで奮闘する落語家を描いた『ファイティング寿限無』（現・祥伝社文庫）などの作品を世に送り出している。

もう一度書くが『談志が死んだ』は立川談四楼の「小説」である。『シャレのち曇り』を既読の人なら、『談志が死んだ』にデビュー作と同じ構造が備わっていることに気がつくはずだ。

自分自身を主人公とすることによって読者の注目度を上げる。しかし、同時にそのことで虚実の皮膜を曖昧にし、文中で書かれた出来事がすべて事実とは限らないという判断保留の道筋をあらかじめ設けておく。その曖昧さがなぜ必要なのかといえば、二つの作品がともに立川談四楼自身の負の感情をバネとして浮上するために書かれているからである。

『シャレのち曇り』でいえば、芸人として売れないことの鬱屈、立川流の落語協会脱退を招いてしまったという引け目、師・立川談志の期待に応えられないもどかしさ。そうしたものをまとめて地べたに叩きつけ、跳ね上がるために書かれた小説なのである。

では、『談志が死んだ』の「バネ」とは何か。

その答えが、冒頭に引用した電話の会話に隠されている。

談志が激怒した理由は談四楼が書いた立川談春『赤めだか』（現・扶桑社文庫）の書評だった。談春は談四楼の弟弟子である。『赤めだか』は自伝的作品で、のちに第二十四回講談社エッセイ賞も獲得した傑作だ。媒体に連載を持っていた談四楼は身贔屓と批判されることを覚悟で書評を発表した。当然である。『赤めだか』はどこをとっても非の打ち所のない、完璧なエンターテインメントなのだから。しかしそれに談志は激怒したのである。

怒りを買った理由は二説ある。

一つは、『赤めだか』の本文中で談春が「談志は弟子にレストランの爪楊枝を盗ませる」などのセコいエピソードを披露しており、そのことが「名誉を目茶苦茶にし」たと見なされたというもの。しかしこれはどうでもいいような話であり、談志のその手の話は枚挙に暇がない。それをいえば『談志が死んだ　立川流はだれが継ぐ』（二〇〇三年に講談社から刊行された談志の弟子たちによる対談本）で披露されている「談志が飛行機の非常用救命具を盗ませた（海でライフジャケットとして使うためである）」という話のほうがモノがモノだけにシャレにならないのではないか。しかし談志がこの本に対して激怒したという話は聞いたことがない。

もう一つは、その書評の文中で談四楼がセコなシャレを書いたというものである。落語のフレーズにある、どうでもいいような言い回しを使って書評を書いたのだとか。私は実際にその書評を読めていないのでなんとも言えないが、これまたどうでもいいような話であろう。天下の立川談志がそんなことで弟子を破門にするほど怒るのか、本当か。

談四楼を破門するという話は、いつの間にか一門解散という大きなことになっていた。このままいけば、自分の不始末(自覚はないが)で一門解散である。立川流ができたのは自分が真打昇進試験に落ちたのが直接の原因だが、今度は自分のせいでそれが無くなることになってしまう。自責の念に駆られ追いつめられた談四楼の口から出たのは意外な一言だった。

上等じゃねえか。

何だと、追って沙汰をするだと？　ケッ、あんたは越前守《おおおかさま》か。

開き直りの瞬間だ。理不尽な怒りを買ってしまったことによる戸惑い、恐怖、慙愧《ざんき》の念。それらをまとめて地べたに叩きつけた瞬間である。いい啖呵だ。これが江戸っ子の了見ってものだろう。談四楼は群馬の産だが、心は江戸っ子なのである。落語家だから。

困ったときにいつも相談に乗ってくれる人物である神山社長も談四楼の言い分の正しさを認め、逆に弟子を連れて一門を飛び出ろと焚きつけてきた。事態を一般企業に、談志を創業社長の現会長に喩えてこんな話をしたのである。

——〔……〕朝礼の時にこの会長が全社員の前であんたをいきなり怒鳴り飛ばしたんだ。〔……〕ただ怒鳴っただけだからあんたも他の社員もわけがわからない。そう、この会長、説明責任をまったく果たしてねんだ。こんな会社がフッ飛ぶのはあたりまえだろ。

もちろん芸人の世界は一般企業とは違うが、世間の常識は談四楼のほうを支持するはずだ。神山社長の言葉で吹っ切れ、肚を括る。しかし覚悟を決めた談四楼を迎えたのは、またもや談志の意外すぎる一言だった。

『シャレのち曇り』と『談志が死んだ』は前述したように対をなす、姉妹篇ともいえる作品である。さらに言えば『シャレのち曇り』は談志の壮年期、上り坂のものであるのに対し、『談志が死んだ』は晩年、はっきりと言えば衰退期を描いているという違いがある。師の老いと衰えを知った弟子の哀しみがはっきりと作品に表れている。談志という巨大な存在に関心を持つ人はこの小説の主題を「老境の談志」と受け止めるだろう。談四楼という主人公の物語として読むならば、彼の鬱屈と情念の爆発を描いた小説である。それが表裏一体となるように作者は企図している。どちらも切り離すことのできない作品の重要な構成要素だ。

小説後半で談四楼が気づく「談志の衰え」の正体については、実際に読む人の楽しみを奪わないようにここでは書かない。これは小説であってノンフィクションではないからその真偽を問うことも止めておこう。立川談四楼は小説家なのだから、虚実の皮膜をそのままにすることは許されて然るべきである。ただ、談志のファンにとってはショックなことも書かれているとだけは明かしておく。本を購《あがな》う人のためのエチケットである。

書かなければならないことは、『赤めだか』（とその書評）に対してなぜ談志が怒ったのか、ということの私なりの推理だろうと思う。私はそれを談志の嫉妬だと考えている。本書の記述によれば、談志は『赤めだか』が出た当初から本に対しては否定的で、不機嫌だったという。談四楼はその気分の捌け口にされた面があると思われる。

談志は自著で『赤めだか』をまったく褒めていない。文体は師である自分の借り物であり、二番煎じだとけなしている（師匠の価値観に同化している志《し》らくも、著書で同じことを書いている。読めばわかる、あれは真似だと）。

談春の『赤めだか』はすばらしく、物語の書き手として一本立ちするだけの個性を備えた文体が確立されている。読者を物語の奥へと運んでいくだけの膂力《りょりょく》があり、心地よくもてなす余裕もある。なるほどフリガナの使い方など談志の文章に似ている部分もあるが、すべて枝葉末節のことばかりである。物語にもっとも必要な幹の部分。すなわち文章を読むことでしか味わえない個性は完全に談春のものである。エッセイ賞を受賞してはいるが、その文体は「小説」のものということもできる。小説というのは、そのくらい幅広いものだからだ。書評そのものを読んだわけではないが、談四楼は『赤めだか』がそういう作品であり、談春に豊かな資質が備わっているということを察知したのだろう。だからこそ身内褒めとそしられる危険を冒して書評を発表したのだ。本当は言いたかったのではないかと思われる。「談春には、自分と同じ『落語もできる小説家』の素質がある」と。

談志はそれを妬んだのである。談志には『談志受け咄』（現・中公文庫）という著書がある。本の帯には「落語の天才立川談志が小説界に初挑戦!!」とある。私は小説という文芸を広く考えたいと思っているので「これは小説ではない」というような評価をしたくはない。だが、小説として見た場合、これはそれほど巧くはない作品である。三一書房がつけた帯のコピーは贔屓の引き倒しもいいところで、おとなしく「芸界交流記」とでも言っておけばよかったように思う。談志に小説の才能はなかったのだ。

『談志が死んだ』の作中にこんなくだりがある。談四楼が小説家デビューをしてしばらく経ったころ、「談志が談四楼に刺激を受けて小説を書いている」という話が伝わってくる。やがて、楽屋で会った談志は談四楼に自分の小説の出だし部分を語り、こう言うのである。

――次が書けねえんだ。（出だしで）いきなり結論を書いちまったってことだろうな、続かねんだ。こうこうこうだからこう。それが小説ってもんだろ。オレの場合、キレ過ぎていきなり本質に行っちゃうんだな。つまり向いてないということった。小説はおまえに任せる［……］。

自分で自分のことを「キレ過ぎる」というのがいかにも談志らしいが、つまり小説の速度でものを考えることができなかったということなのだろう。談志は高座仕様の思考の持ち主だ。それは高座に上がって下りてくるまでのわずかな時間に世界を作って壊してしまえるという稀有な才能である。しかし小説を書くための能力ではない。小説を完成させるためにはもっと長い時間をかけて机にしがみつく、長距離走者のような資質が必要になるのだ。

若いころの談志にはそれが自分になくて弟子に備わっていることを認めるだけの余裕があったのだろう。しかし、老境にはそれが失われていた。若き麒麟《きりん》児が万人に認められるだけの傑作をものにした。そのことを笑って認められるほどには衰えておらず、談志は表現者のままであった。だからこそ『赤めだか』に噛み付き、それを賞賛する者を憎んだのではないか。談四楼を怒りの捌け口に選んだのは、その嫉妬の感情を談春に直接ぶつけることができなかったからである。廉恥《れんち》の感情が働いたのだ。それゆえ、ねじ曲がった形で怒りが噴出した。とんだ側杖を食った談四楼は、自分でも知らない間に、弟弟子を守っていたのである。

本の後半では立川流の現在について「協会脱退前の入門者」からの発言もある。これを読むまで知らなかったが、談志の死後、「ら族」という言葉ができたのだそうだ。追悼報道で「志の輔《すけ》、談春、志らく（入れば談笑《だんしょう》）らの弟子を育て」としばしば紹介された。その三人（四人）以外は「ら」なのだ。屈辱をまたバネにし、いやシャレにして笑いに活かす。そういうしたたかな姿勢が「ら族」という一語にこめられている。ああ、みんな「ら族」だもんな。「ら」で括られたことのない人間はほとんどいないだろう。そういう意味では広い層から共感を集める本だとも言える。

「書評に横槍を入れられる」という事態を描いた本でもあり、個人的には他人事ではないと共感しながら読んだ。書評というジャンルは日本ではまだ脆弱で、書き手が矜持を忘れれば簡単に立場を失ってしまう。それは出版界の人間の多くが、書評を「広告」だと考えているからであり、「あんなものは誰でも書ける」と思っているからだ。本題から逸れるのでここでは詳述を避けるが、同じことを考えている人間は言論界の内部にもいるはずである。まあ、勝手に考えてくれて結構だが。

弱々しい職業だから、簡単に買収される。いや、金品を供与される必要すらない。長いものに巻かれ続けているだけでいいのである。魂なんてあっという間に売ることができる。書評家がその精神を試されるのは、難事にぶつかったときだろう。自分の書いた文章が誰かから攻撃されたとき、どこまで自身の正しさを主張して戦えるか。

実は本書のいちばんの不満はそこにある。談四楼が師からの難詰を受けたとき、書評子としてはどう闘ったのか。どのような覚悟をもって書評を手がけているのか。そこを実は知りたかったんだよな。いや、それはない物ねだりというものである。

立川談春『談春 古往今来』

新潮社／2012年

時事の話題である。立川談志が亡くなって三年が経つ。その祥月命日にあたる一一月二一日から二三日にかけ、今年も落語立川流の談志まつりが行われた。併せていくつかの発表があり、その一つが立川談春『赤めだか』のドラマ化という話題であった。

『赤めだか』には、高校を中退した十七歳の少年が立川談志の下に入門し、談春という名前を貰い、一人の落語家として成長していく姿が描かれている。末尾は談春の大師匠、すなわち談志の師匠にあたる五代目柳家《やなぎや》小《こ》さんが亡くなった後の一幕で締めくくられるのである。破門になった談志は小さんの葬儀には参列しなかった。しかしそれを悔いることなく、言うのである。「談志《オレ》の心の中には、いつも小さんがいるからだ」と。

落語家の師弟の結びつきについて語られた本は多いが、『赤めだか』ほどの強さで心を揺さぶるものは他にない。それはやはり、談春が小さんを語ることが談志を語ることに通じ、また談志の小さんへの思慕が談春の師へのそれへと通じるという、三代にわたる紐帯を描く構図が同書にあるからであろう。上の世代から下へと、脈々と受け継がれていく芸と情愛の系譜が作品の背後に透けて見える。また、談春が談志を語る口調にも魅力があり、ぶっきらぼうに見えるほどそっけないのだが、語数が少ないからこそその一つひとつに精選された感情が詰め込まれていることが伝わってくる。

談志が亡くなった直後、談春は《文藝春秋》に「さようなら、立川談志」という一文を寄稿し、それ以来ぴたりと談志についての言葉を活字にするのを止めた。対照的に師への思いを口にし続けた志らくの著書によれば、「語らないこと」によって思いを形にするという行為なのであるという。能弁な服喪と沈黙の服喪、どちらも貫き通せば立派だと思うが、困ったのは談春が文章を発表しなくなったことである。

折り目正しい古典の語り手としての声望が高く、他の仕事に時間を割くのが難しくなったのだろうし、『赤めだか』という「作品」によって語り尽くしたことに付言するのを潔しとしなかったのかもしれない。「さようなら、立川談志」は追悼文中の名文なのになかなか再録されないので、仕方なく雑誌のスクラップを保存しておくしかなかった。

ありがたいことに刊行された立川談春『談春　古往今来』にそれが収録されたのである。余計なことは言わないので、ぜひ読んでもらいたい。「師匠は多面体です。もっとはっきりいえば、観察できない」という適切な立川談志評や、至近距離に入ることを許された弟子ならではの体験談など、対象を全力で愛した人ならではの文章であり、見事なまでに的確に心を射貫かれる。余計なことは言わないので、と言いつつ誘惑に負けて引用してしまうが、「さようなら、立川談志」という題名の意味は以下の通りである。

――ひとこと言うとしたら、「さようなら」。他にいいようがない。「がんばります」でも「ありがとうございます」でもない、「さようなら」。そう「さようなら」だ。「さようなら」って言える人は師匠と両親だけの気がする。カミさんや仲間だったら、「じゃあまた」だと思う。

この言葉選び、そしてこの間合い。これこそが落語家・立川談春の最大の武器である。同業者の証言によれば談春は天才的な耳を持つ人で、一度聞いただけで談志の口調そのままに落語を覚えてしまい、それを再現できる能力者なのだという。《落語ファン倶楽部》だったか、の談話で講談ネタの「小猿七之助」の肝として、力が入る言い立ての部分ではなく、その後に続く台詞にこそ語りの真価が問われるという意味のことを発言していたのを記憶している。居合いで言うところの抜刀後の残心のようなものだろうか。一見流しているかのように聞こえる部分まで含めて語調を保つことにより、聴衆の心の中に確固たる言葉のイメージを形成させるということではないかと思う。そうしたリズム、音楽的なセンスももちろん談春の大きな武器である。それらのおおもとに、前述した言葉のセンスという能力がある。

センスがいいというのは同時に、その言葉に愛着があるということでもある。言葉を道具として玩弄するのではなく、我が分身として心をこめる。「さようなら」についての文章でいえば、この中に談志の「オレの中には、いつでも小さんがいる」の影を見ることは無理筋ではないはずである。「いつでもそこにいる」存在だからこそ「さようなら」と言えるのだ。そしてさらに、これはうがちすぎと謗《そし》られる覚悟で書くが、ここには談志が盟友である古今亭志《ここんてい し》ん朝《ちょう》に贈った追悼の言葉「死んじゃったものは仕方ないじゃないか。いいときに死んだと思おうよ」も重ねられているように思う。「他にいいようがない」の一言に、故人を地上にはもういない人であると思い切り、自分は一人で生きていくという覚悟が籠められている。談志もまた志ん朝が死んだときに同じことを考えただろう。そのときの師の気持ちを、談春は自分の言葉に重ねたのではないだろうか。一つの言葉の中に時間の層がいくつも重ねられ、そのときどき、読み取る人の存在のそれぞれによって異なる意味が浮かびあがってくる。言葉のパロディとは、そうした形で複数の人生への接点を作るという行為なのである。

「さようなら、立川談志」に文字数を割きすぎた。『談春　古往今来』は、『赤めだか』からその名を知った層に対する配慮も行き届いた、立川談春ファンのための雑文集である。第一章、第二章が『赤めだか』以前、そして第三章、第四章が以降のもので、最近の文章は自ら書いたのではなく、インタビューが多くなっている。既出の立川談志についてのものと、その後を追うようにして亡くなった中村勘三郎《なかむらかんざぶろう》、そして兄弟子・立川文都《ぶんと》への追悼文を除いてはゴルフについて書いた短い文章「凝らずんばその道を得ず」があるだけで、あとは聞き書きか、他人の筆になるものだ。追悼文は止むにやまれぬ事情で書いたのだろう。やはり今後、談春の文章を目にする機会はあまり無さそうだ。

そのうち、文都に捧げられた「水紋」が『赤めだか』で談春の存在を知ったファンならば必読である。「赤めだか」とは談志の練馬宅で金魚たちに駆け出しの落語家であった自分たちをなぞらえた言葉であり、立川ボーイズの一員であった朝寝坊《あさねぼう》のらくこと前座名談々《だんだん》、立川文都こと前座名関西《かんさい》、談春、彼に遅れること数日で弟子入りした談秋《だんしゅう》の四名のことを指す。このうち談秋は前座の段階で廃業し、のらくは二ツ目になった後でやはり廃業して早世、文都も四十九歳で胃癌のために亡くなって、今では談春一人しか斯界には残っていない。兄弟子を悼むと同時に過ぎ去った青春期にも思いを馳せる、これまたいい文章である。


——顔を見た。

その途端に感情が全て止まったような気がした。悲しみも哀れみも過去も未来も思い出も必死で堪えていた涙も全て停止した。

はっきりと口に出して、「仕様が無いね」と言った。隣りにいた立川雲水がギョッとした顔をした。

僕は何も捧げることができない。


ここにもやはり談志が顔を出している。「死んじゃったものは仕方ないじゃないか」だ。

第一章、第二章の『赤めだか』以前の文章では、《笑芸人》二〇〇五年四月号に寄稿された「春宵一席。立川談春書き下ろし申し候。」は、談春が珍しく芸談を正面から語っていて興味深い。といっても酒場の雑談の形になっており、ビートたけしの鬼瓦権造を思わせる男が若手落語家に絡むという趣向だ。古典を巧く見せることを第一の目的とする作品派よりも自分自身の個性を売る自分派の落語家に注目が集まる時代だからこそあえて逆の道を行くという手がある、という競艇で度胸を鍛えたギャンブラーならではの提言があり、おもしろい。次代の名人と目されることになった自身の立場を予言するような内容になっているからだ。

――志ん朝みたいに、キレイで華やかで上手い芸人っていないんだろ。キレイな江戸言葉ったって、平成の時代の人間にそう感じさせる程度でいいけどよ、そういう芸人が、今売れてる奴等の間にはさまって、サラッと演ったら格好いいんじゃねェか。自分の言葉を押しつけないことが、自分の言葉ってどうだい？　面白いよな。

第三章以降では《ローリングストーン　日本版》二〇一三年一〇月号に掲載されたロングインタビュー「煙たい男」がいい。タイトルが示すように「煙たい男」へのインタビューということでスタジオ撮影も特別に許可をもらって喫煙の姿を撮ったのだが、それ以降の談話収録では禁煙のルールを守らなければいけない、と言い出したスタッフに対して「撮影に必要な許可は取ったが、それ以外はこちらに協力しろという態度は許せない」と談春が叱ったのである。一見きつい言葉に見えるが、言葉を重ねていくうちにその真意は明らかになっていく。その過程をドキュメンタリーとして見せるやり方はまさに《ローリングストーン》のお家芸であり、インタビュアーであるジョー横溝《よこみぞ》の筆力が光っている。

「今の人は皆、『ありがとうございます』って言わなきゃいけないところで、『すいませんでした』って言う。『何がすまねえんだ、この野郎!』って言われた経験がないから、皆、『すいません』って言うんだ。俺は絶対に言わないよ。それは全面降伏に等しい。どう思いますか? とはきくよ、わかってくれとは言ってるけど、反論があるなら伺います。反論してくれれば、会話が続いていくんだから。そのために言葉があるんだから。[……]」

同じインタビューの中で談春は、談志が遺した「落語を下手にやる」という言葉の解釈も試みている。自分が思うこと、考えていることを惜しまずに出す。ただしその出し方は手をとり足をとりといった形ではなく、投げつけるようなぶっきらぼうさである。それが、弟弟子の志らくが言うところの「態度が乱暴なのでとても怖いが実は親切」な談春なのである。なるほど、親切だ。

本書に横溢しているもう一つの要素がこの「親切」で、決してわかりやすい言い回しではないが、丹念に読んでいけば立川談春という人の人柄、芸の性格が理解できるような内容になっている。巻末には単独公演における全演目も収録されており、この芸人を知る上では欠かせない一冊となった。強くお薦めする次第。

立川志らく『談志のことば』

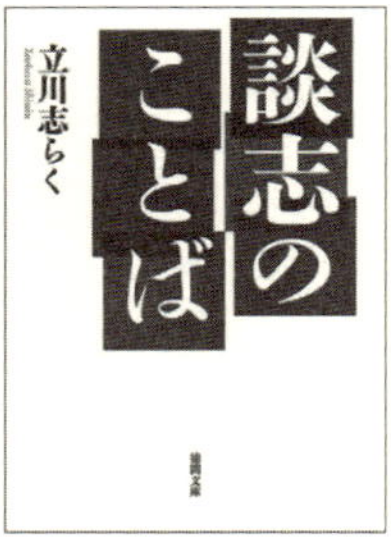

現・徳間文庫／2012年

すごいぞ、立川志らくの狂気がどんどん進行しているぞ！

会ったこともない人をつかまえて失礼千万なことを言っているわけだが、でもすごいのである、志らく。ちょっと目が離せないことになっている。

立川志らくが落語立川流家元・立川談志に入門したのは一九八五年のことである。当時は日本大学芸術学部に在籍し、落語研究会で活動していた。研究会の先輩である高田文夫《たかだふみお》に才能を見出され「お前落語家になっちゃえ！」「ええ、そのつもりです」というやりとりがあったとかで、高田自身も、立川藤志楼《とうしろう》（有名人専用のBコース）として談志門下に入った。談志には卒業を勧められたが、大学は中退。敬愛する先代・金原亭《きんげんてい》馬生《ばしょう》の名を、指導教授が「きんばらていまう」と呼んだことに腹を立てたのが直接の原因であるという。「まう」はないわな、「まう」は。

そのころ談志はすでに落語協会を脱退し、独自に落語立川流を設立していた。協会を出たからには寄席には出られない。ホール落語などが主たる活動の場所である。

問題は弟子の処遇で、寄席に出ているときならばそこで修業をさせておけばいいが、それができない。やむなく自宅で身の回りの世話をさせていたが、あまりに人数が多く、気の利かない若い者が周囲でうろうろすることに談志の堪忍袋の緒が切れた。全員島送り、ではなくて魚河岸に送られて働かされることになる。一門の一番弟子・桂《かつら》文字助《もじすけ》を可愛がってくださる旦那が築地にいたので、その縁である。先輩格の立川文都や立川談春などは魚河岸修業の経験者だが、志らくはそれを免れた。もちろん「行け」とはいわれたのだが「嫌です」と言い返したのである。「じゃあクビだ」と談志に言われ「それも嫌です」とさらに言い返した。「嫌なのか……じゃあ、ここにいろ」と談志がバカ負けして免除になったというわけだ。このへんのくだりは志らくの自伝的エッセイ『雨ン中の、らくだ』（現・新潮文庫）などに詳しく書いてあるから読んでもらいたい。「なんだよ、嫌って言やあよかったのかよ」と後で兄弟子の談春がぼやいた……という話は談春の『赤めだか』に書いてあります。

　志らくは一九八八年に前座を卒業し、二ツ目に昇進を果たした。そのころ深夜番組の「平成名物ＴＶ　ヨタロー」に兄弟子の談春、朝寝坊のらく（廃業）と組んで出演し、「立川ボーイズ」として売れに売れた。ちなみにこの番組、他には春風亭昇太《しゅんぷうていしょうた》、橘家文蔵《たちばなやぶんぞう》、五明楼玉《ごめいろうたま》の輔《すけ》などの現在の人気落語家が出演していたほか、コントの審査員に元じゃがたらのＯＴＯ、ＳＭ小説家の団鬼六《だんおにろく》、なぎら健壱《けんいち》他の豪華メンバーが揃えられていた。ＤＶＤ化したらいいのに。団鬼六が昇太を見て「君は戦前に活躍した杉狂児《すぎきょうじ》という俳優に似ているね」と言った場面を私は覚えている（たしかに似ている）。それはともかく「立川ボーイズ」時代の志らくは十代の女性ファンにキャーキャー言われ、まるでアイドルのような人気があった。騒ぐばかりでまるで落語を聴こうとしないファンに嫌気がさし、志らくは「立川ボーイズ」の活動から足を洗ってしまう。

談志がメインの「落語のピン」に出演して落語家としての腕前も評価されるきっかけを作り、一九九五年に兄弟子の談春をさしおいて真打に昇進。先を越された談春はシャレで昇進パーティーの司会を自らつとめることになって……というあたりのくだりも『雨ン中の、らくだ』『赤めだか』に、ってもういいかそれは。

志らくが立川流で特異だったのは、師・談志の価値観を絶対と考え、そこに沿うことがイコール修業であると定義した点である。談志は演歌ブーム以前の昭和歌謡が好きで、それを好むことを弟子にも奨励した。もちろん歌の好みは人それぞれだから、師匠がそうだからといって弟子がみんな懐メロファンになるはずがない。志らくは父がクラシックギター奏者、母が長唄の師匠という音楽家の家系に生まれ、弟子入りまで懐メロを聞いたことがなかった。だが師が好むものには何かがあるはずだと考え、むしろ前向きに懐メロファンになろうとするのである。弟子・立川志《し》ら乃《の》との対談で、こう言っている。

志ら乃　そこで、なぜあえて懐メロということになるんでしょうか？

志らく　それはわかりやすいからだよ。言葉が入ってきやすいんですよ。本当は、音楽だったらなんでもいい。［……］だけど、英語になると、ちょっと言葉が入ってこない。サザンオールスターズだってメロディはいいんだけど、ちょっと歌詞が聞き取れない。あの人たちは、英語っぽく日本語を発音するでしょ。「ワタスィワ～」って。［……］とにかく昭和歌謡にはいろいろなリズムやメロディがある。そこに試行錯誤して三味線調の音楽を入れて、さらに言葉が乗ってくる。音に言葉を乗せるという部分で、落語とリンクしてくるんです。だから立川談志は、ただ自分の趣味だけで「懐メロを聴かなきゃ

ダメだ」と言っていたわけではない。ちゃんと落語に返ってくるものなんです。(『談志亡き後の真打ち』宝島社)

ここで大事なのは「談志がそう言った」ではなくて「談志はそう言うはずだ」という形で師の考えを志らくが理解しようとしていることである。聞いて答えてもらうのではなく、自らが談志そのものになることによって、師の芸の系統、そして人間性を自分の中に取り入れようとする。そういう手法が、志らくの芸修業なのだった。

志らくは談志に「おまえは俺に似ているからいつか狂うだろう」という意味のことを言われたことがあるという。

立川談志は自身に才能が備わっていることを知っていた。それは次第に成長し、ついには自分自身の手にさえおえないほどに巨大化してしまう。談志は自分の身体を破壊せんばかりに大きくなった才能の塊を、なんとか文明人の理解できる範疇に落とし込もうとして悪戦苦闘していたのである。言葉にしなければ他人には伝わらない。しかし言葉にした途端にそれは原型を失ってしまう。そのもどかしさがしばしば他人には理解しがたいような言動の形をとった。

円熟期以降の談志は「イリュージョン落語」を唱え、言葉にしきれない「ナンダカワカラナイ」ものを落語で表現することに挑戦していた。それはかなり無理のある芸当のように、私には見える。だって落語は大衆芸能なのだもの。最大公約数で誰でも理解できるものが大衆芸能では喜ばれる。そういう場に出ていって、自分の中にある言語化が困難なものを観客にぶつけていく。そこで何人の人間が談志の中にあるマグマのようなものを理解できるのか、という話だ。

本来とても性格が優しく、人に親切にすることを好んだ談志は、口では客の理解の悪さを揶揄しながらも、実際に演じる芸では「わからせる」ことを意識して高座を務めていたように思う。理想と現実の差に対する苛立ちがいつもその中にはあったはずだ。だからこそ、いつか芸に殺される、芸に狂わされると思っていたのではないか。自分に才能があったのは幸運であったが、不幸なことでもあると考えていたかもしれない。

おそらく同じ姿を談志は志らくの中にも見たのだ。だから「おまえはいつか狂う」となる。

さて、その談志が死んでしまった。残された志らくは談志が見ていた理想を実現しようと考えているはずである。その理想とはつまり、談志が最後まで「文明化」すべくもがいていたものを、自分の手で引き継いでいくことである。それは原初の形の芸術衝動なのだと私は思う。ゼロでもあり無限でもある芸術衝動に形を与えようとすれば、それは永久に達成不可能である。だって無限なんだもの。その限界を乗り越えるためにはつまり「狂う」しかない。狂って、奇跡の瞬間を呼び寄せるしかないだろう。

志らくはおそらく上記のようなことを考えたのである。そして（ここからが異常で、同時になんとも微笑ましいことなのだが）師匠・談志を我が身に宿らせて、落語をやり続けるのだと決めてしまった。『談志のことば』は、談志に自分が言われた、もしくは言っているのを聞いたことばを集めて師匠をしのぶという趣旨の本である。

多くの弟子たちが最後に師匠からかけられたことばは「オマンコ」だったという。すでにそのときは喉を切開して言葉がでなくなっていたので、筆談である。弟子たちの集まる席に出て行き、その言葉を書き残して去っていったのだ。

志らくは仕事のため、その場にいなかった。よって後日病室に見舞いに出かけ、自分だけの最後の面会を果たした。そのとき部屋を退出しようとして、談志が何かを言いたがっていると感じた。その表情を見て志らくが「ああ、電気消せ、ですか」と聞くと、談志は頷いたのだという。無言の言で伝えた「電気消せ」が談志から志らくへの最後のことばになった。志らくはこう書いている。

——入門した当初は師匠がなにを自分に求めているかわからなかった。〔……〕「色紙に絵を描くから赤の色鉛筆を持って来い」と言われ、世間でいうところの色鉛筆を持っていったら「ちがうよ。色鉛筆というのは油性の細いマジックペンのことだ。お前の持ってきたこれは、クレヨンと言うんだ」。わけがわからない。でもそんな出来の悪かった弟子が、最後の最後に師匠が言おうとしたことがわかった。

このように多くの「談志のことば」が綴られた本なのだが、その中に談志を自らの身体に宿らせることについての一文がある。

——師匠、どうぞ私の身体に降りて落語をやってください。やり残した落語をやってください。私に降りてくれたらイリュージョン落語をまだまだ追求できますよ。のべつ懐メロも聴けるし歌えるし。映画も観られますよ。[……] そんな話を高座でしていたら、あるインタビュアーが、「現在、談志師匠はこの世の中を見てなんとおっしゃっていますか?」だって。私はイタコじゃないよ! 身体に入ったと勝手に決めただけ。

『談志のことば』に続き、志らくは二〇一二年六月に『談志・志らくの架空対談 談志降臨!?』(講談社)という本を出した。いっとき談志に甦ってもらい、弟子としてさまざまな芸談、趣味の話を聞こうという趣向の一冊である。これはアマゾンのカスタマーレビューで批判されていて「死人に口無しだからって、何をしても良いのかしら」「ビジネスなので談志死去という特需に乗っかろうとする出版社のやり方をすべて否定するつもりはありません。ですが、この本はいくらなんでもひどすぎます」などとさんざんなのだが、まあ、野暮なことを言うなよ。志らくの中には談志がいるんだからしかたないんです。

こんなやりとりで二人の対談は始まる。

志らく 「師匠、お久しぶりです。どうですか極楽の住み心地は」
談志 「極楽じゃないよ、地獄だよ」
志らく 「地獄に落ちたんですか」
談志 「芸人だとか芸術家はほとんど地獄だね。手塚《てづか》(治虫《おさむ》)先生もいたぞ。もちろん色川《いろかわ》(武大《たけひろ》)先生もな。ジミー時田《ときた》が針の山の前でカントリーを歌ってやがった。鬼どもも聞き惚れていたぞ。アスティアが血の池地獄の前でタップを踏んでいた、池に浸けられていたジーン・ケリーがたまらなくなって、池から飛び出してきて二人で踊りだしたんだ」

なにその「お血脈」。楽しそうだから高座で話してもらいたいね。

死人で稼ぐ商売などと悪口を言わずに読むと、志らくが談志に教えてもらったエッセンスを読者にも分けてくれる本という内容なのですこぶる興味深い。おそらくあれだ、「師のたまわく」なんて調子で話すのが、志らくは恥ずかしかったんじゃないのかな。

さすがにこれでおしまいかと思っていたら、さらにもう一冊追悼本が出た。『DNA対談　談志の基準』(亜紀書房)である。談志の芸の遺伝子を継承したと自任する志らくと、談志の娘であり文字通り本名松岡《まつおか》克由《かつよし》の遺伝子を受け継いでいる松岡弓子《ゆみこ》との対談本である。松岡は父の看病記『ザッツ・ア・プレンティー』(亜紀書房)も二〇一一年一二月に刊行した。

娘が父の「芝浜」を「あまり好きじゃない」と否定したり、落語立川流の現状を志らくが「カッコ悪い」と批判したり、読みどころの多い本なのだが、この中にも志らくが談志の「進化」について語った個所がある。

志らく　「(六十代以降の談志を批判する人がいるという話で) 三十代から四十代前半の談志のほうが迫力があってよかったのに、なんでこんなになっちゃったの?」と言う。弟子が「師匠の『芝浜』は情景描写ができていない」と言うのを聞いたこともあります。「昔の師匠が『芝浜』をやると、魚屋の家の中にどういうお膳があって、どんな襖があって……と情景が見えたのに、最近の師匠のはそれが見えないね」と。私は直接には文句は言わなかったけど、内心では「それはまったく違う」と。

ほかの芸能や芸術を考えてみればわかるはずです。天才には「進化」がある。ピカソは、若いころはきれいな絵を描いていたのに、それがぐちゃぐちゃになっていく。でもそれを世界中がその天才の「進化」として、よしとするわけです［……］それについていけないのは、映画とか演劇とか音楽とか絵画とか、世の中のことに何も興味がなくて、落語だけやって生きてきた落語家。それと、昔からの落語だけを聞いている客だということです。［……］

この本とほぼ同時に、弟子の立川志ら乃が『談志亡き後の真打ち』（宝島社）を出した。そこにも志らくは師弟対談の形で参加している。

前述の対談の中で六十代以降の立川談志落語を否定している弟子の話が出ているが、立川流を除名になった快楽亭《かいらくてい》ブラック、兄弟子の立川談之助《だんのすけ》はそれぞれ著書『立川談志の正体』（彩流社）、『立川流騒動記』（ぶんがく社）の中で、立川流創設以降の談志は退化したという主旨の発言をし、また上納金をとるなどの姿勢を批判している。それに対して志らくは、わかっていないと反論しているのである。この対談にもそういう言及がある。

志らく［……］だって家元が「志らくはわかっている。志らくは俺と同じ」「俺と近い価値観を持っている」と書き残していますから、もちろん自慢話ではないよ。だから、私のことを勘違いだと言うのなら、それは談志を否定することにつながる。頭の悪い人は、そこに気がつかないんですよね。ただ、側にいても立川談志を理解できない人、本質を見抜けない人もいる。快楽亭ブラックさんなんかは、常に（家元が）恐怖の対象だったんでしょうね。家元のことを「金に汚い、怖い人」みたいに書いてますが、本当にあんなに可愛らしくて優しいおじさんはいませんよ。［……］

おそらく志らくは今後、自身に立川談志の魂を宿らせて、わが道こそは師の歩んできた道という信念を貫いていくだろう。その過程では、自身を否定する立川流の兄弟子と衝突することもあるのではないか。中心軸を失い合議制で進められる立川流の姿が、私には力道山《りきどうざん》の早世によってトロイカ体制での運営を余儀なくされた旧日本プロレスに重なって見える。志らくがそこから飛び出して「新落語立川流」を作らなければならないような事態が起きなければいいのだが。そうなったらきっと志の輔が「全落語立川流」を作るだろうな。談春はどっちにつくんだ。大木金太郎《おおききんたろう》になる途をとるのかそれとも坂口征二《さかぐちせいじ》か。談笑が藤波辰巳《ふじなみたつみ》なのか、下手したら藤波本人より談笑のほうが背は高いんじゃないか……などと考え出すときりがないのでこのへんで終わります。志らくの狂気が少し伝染《うつ》ったみたいだ。

三遊亭円丈『落語家の通信簿』

祥伝社新書／2013年

三遊亭円丈《さんゆうていえんじょう》という落語家は素晴らしき負けず嫌いである。本人と私的に話したことはほとんどないが、たぶん推測は間違っていない。それは円丈が二〇〇九年に出した落語論『ろんだいえん』（彩流社）で故・立川談志について触れた個所を読めばはっきりとわかる。

同書で円丈は談志の才能を褒めたたえながら、だが談志の限界は古典落語にこだわり新作に行かなかったことだ、と断じている。というのも円丈にははっきりとした価値観があり、落語家には三種類があると考えているからだ。

一般の落語家は「アクター」で「ただ演じるだけの落語家」である。その上位に「アレンジャー」がくる。これは「新作も古典もアレンジする能力がある落語家」だ。最上位は「クリエイター」である。「クリエイティブな噺《はなし》が作れるか、演じられる落語家」、つまり無から落語を作れる落語家と私は理解している。円丈基準では談志はあくまでも「アレンジャー」止まりなのである。自分でそうは書いていないが、もちろん円丈自身は「クリエイター」である。それを認めない落語ファンは、まずいないだろう。一九八〇年代に円丈が精力的に活動を行ったことが、新作落語の隆盛を呼び込んだという歴史的事実があるからだ。直弟子の三遊亭白鳥《はくちょう》はもちろん、春風亭昇太や柳家喬太郎《きょうたろう》といった当代の人気落語家も円丈チルドレンである。

しかし、だからといって古典に殉じた立川談志の業績を見下す必要はないのではないか。それはそれ、これはこれで、新作と古典とでは違った評価軸があってもいいだろう。そう思う人も多いだろうが、いいのである。円丈の著書の中での記述だからだ。プロレスの神様と言われたカール・ゴッチは「鉄人」ルー・テーズや「人間風車」ビル・ロビンソンのことを自分と同格とは認めなかった。ことに蛇の穴ことビリー・ライレー・ジムの先輩であるロビンソンについては「あいつはシューターではない」とまで言い張っていたという。なんだかそれと同じ匂いがするような気がするのだが、まあ、そういうことです。

その三遊亭円丈が『落語家の通信簿』という本を出した。題名そのままの内容である。物故者も含め五十三人の落語家をまないたに載せ、聴くべき価値があるか否かを判断、もし良いものと見なせばお薦めの噺を挙げよう、という趣旨のものだ。前口上は、このように始まっている。

——最近は、落語ブームのせいか、落語の出版物も多くなった。落語評論家が書いた本も売れているらしい。しかし、落語家から見て、落語評論家という存在はどうもウサン臭くて信用できない。

というのも、野球評論家は元野球選手だが、落語評論家は元素人なんだ。これが今ひとつ、プロの落語家から見ると説得力がない。芸について言われても、「じゃあ、アンタは人情噺『芝浜』ができるの？　与太郎小噺『から抜け』はできるの？」と言いたくなる。

それなのに、「彼こそ、日本一の落語家」と褒めている評論家もいる。前座噺もできないのに、ふざけんな！　落語評論家ヅラするなと言いたい。

ステロタイプな評論家批判なので、この部分については特に触れない。そういう視点で書かれた本だ、ということである。五十三人の落語家についての記述を見ると、著者が「俺にはこうはできない」と感じたために高評価を与えたのだな、とわかる個所が多くある。観客から見て、ではないのですね。

たとえば、二代目桂枝雀《しじゃく》（故人）についてはこう書いている。

——それにしても、枝雀師は、とんでもなくＩＱが高そうだ。かなりの数の古典落語を枝雀流にアレンジしているが、すべてすんなりとセリフが出てくる。抜群の記憶力だ。「地獄八景亡者戯」なんて、ほとんど創作と思えるほど、かなり固有名詞が入っているが、まったくセリフに詰まらない。

円丈は、今でも新作落語をネタ下ろしする際、固有名詞は三〇〇回ほど復唱しないと覚えられない。あの枝雀アクションだって、もし円丈が演ったら、「あれ、この次のアクションはなんだっけ？」と途中でつかえてしまうだろう。

このくだりを読んで、あれ？　と思わなかっただろうか。私は思った。そう「セリフに詰まらない」ことは観客からすれば当たり前のことで、上手い下手の評価とはあまり関係ないと感じるからである。円丈の視点にはそれが入っており、「枝雀師を東京落語界でたとえると、『大圓朝』とまで言われた、初代三遊亭圓朝《えんちょう》じゃないのか？」とまで書いてしまうわけである。

また、落語協会会長も務めた三代目三遊亭圓歌《えんか》についてはこのとおり。

——圓歌師の何がすごいのか？

ひとつは、静かにしゃべっても、キチンとウケること。円丈も、普通の落語家よりはウケる自信はある。しかし、大きな声を張り上げてウケてる。圓歌師は、普通に静かにしゃべって、しかもドカウケする。いったいどうすれば、あんなに静かにしゃべってウケることができるのか？　円丈には、わからない。

ここで「静かにしゃべってもウケるのは～だからだ」と書くのが分析であり、評論だろう。本書にはその部分は存在しない。だから、残念ながら芸論としてはかなりの部分が欠落している。それを期待して読むとがっかりするだろう。

しかし、それを補って余りある要素が含まれている。三遊亭円丈、一九四四年生まれ。今年で満六十九歳はまだバリバリの現役である（当時）。しかし伸び盛りとは言いがたく、綺麗な言い方をすれば円熟期にある。その落語家が、他の五十二人（一人は自分自身なので五十三人ではない）に対してライバル心をむき出しにし、ある者に対してはしぶしぶ負けを認め、ある者に対しては相手の存在を否定して俺のほうが凄い！　と見下している。それがおもしろくないはずがないではないか。芸人のプライドの塊を読まされているようなものなのだから。

よく考えれば、たしかにこれは本業の落語家にしか書けない「通信簿」なのである。同じことをしろうとがやったらぶっ殺されるはずだ。同業者をあえて円丈の名で斬っているというところにこの本の価値がある。したがって本書で最もおもしろいのは、他の落語家を批判している部分である。しかも党派意識もかなり見受けられる。新作派にやさしく古典派に厳しい、というのは芸風が合うからだろう。そして三遊派∨柳派で、三遊派至上主義。昭和の名人と讃えられた六代目三遊亭圓生《えんしょう》の直弟子なのだからそれも理解できるが、自ら柳家音痴《おんち》と称し、柳派の芸風はまったく理解できないと断っているから潔い。

五代目柳家小さん（先代。故人）について触れた個所ではこう書いている。

――たぬきはたぬきの心持ちで演り、疝気《せんき》の虫は、その虫の心持ちで演る。柳家の芸は、禅問答のように難解だ。三遊派の芸はすべてにサンプルがある。わかりやすいのだ。柳家の芸は、内面を大事にして、奥が深いように見えて、結局、主観的に演じてるだけじゃないか？［……］

『落語名人芸「ネタ」の裏側』（講談社）などを読むと、この「心持ち」問題の演出法に対しては立川志らくが明確な分析を行っているのだが、ここでは措いておく。

また、円丈は明らかに落語協会∨落語芸術協会∨落語立川流∨五代目圓楽一門会の立場である。前二者よりも後二者が下なのは寄席に出ていないから。そして立川流よりも圓楽党を評価しないのは、一つにはシステム上の問題があるから、である。圓楽一門会は入門から九年で真打に昇進という規則があるのだが、それについては「九年間籍を置いてりゃ、ハイ真打！　ビニールハウスで〝九年モノ真打〟の促成栽培をしているようなもんだ」と批判し、規則を定めた圓楽のことも「圓楽師は、兄弟弟子には冷たいが、自分の弟子はかわいがる癖があるんだ。子どもと弟子は甘やかすと、ロクなものにならないねぇ」とぶった斬る。凄いな。気持ちいいぐらいだね。

昭和落語史をご存じの方には改めて説明するまでもないだろうが、五代目圓楽一門会が独立したのは、かつて圓楽の師匠である圓生が落語協会会長の小さんと対立し、一門を率いて脱退したからである。円丈の著書『御乱心』（『師匠、御乱心』と改題の上、現・小学館文庫）によれば、師を唆《そそのか》したのが一番弟子である圓楽だったのだという。わりを食ったのが協会にいたかったのにいられなくなった円丈であり、師を裏切って協会に残り、師弟の縁を切られた川柳川柳《かわやなぎせんりゅう》だった。当然だが師弟間、兄弟弟子間でしかわからない過去の経緯があるだろう。師・圓生、兄弟子・圓楽の「芸」については、第三者から見ても非常に公平に円丈は書いている。特に圓生についてはべた褒めだ。だが、芸以外の部分に話題が及ぶと、どうにも抑えが利かなくなるようなのである。人間だからね、仕方ないよね。

こうやって書いているとキリがない。とにかく行間から人間・円丈が滲んでくるので、おもしろい本だから読んでくださいとしか言いようがないのである。もちろん見識の高い個所は多く、「笑点」レギュラーである桂歌丸《うたまる》、林家木久扇《はやしやきくおう》に関する項では彼らの知られざる一面を教えられて嬉しくなる。新作落語家の若手六人の項なども、その演者を聴きたくなる愛情に満ちた文章である。

その半面、ああ、これは評論書ではないのだな、と痛感させられるところも多い。まず事実の裏づけがないのが悔やまれる。著書として世に問うからにはそれなりに裏を取るべきなのに、ウィキペディアで調べただけと堂々と公言している個所がいくつもあるのだ。たとえば月亭可朝《つきていかちょう》のストーカー事件（交際のあった女性が、可朝が迷惑行為を働いたとして警察に訴えた）について、「話題作りのためではないか。女性とグルだったのではないか」と疑義を呈しているが、そこには著者の思いつき以外のなんの根拠もない。たとえば吉田豪《よしだごう》のインタビュー（コアマガジン『新・人間コク宝』所収）などにも可朝の口から、女性がはずみで警察に訴えてしまい云々の経緯が語られている。他人の内証に触れるからには、最低限その程度は目を通してもらいたいではないか。

それよりももっと評論書として失格なのは、円丈がけなしている落語家の中にはほとんど落語を聴いたことがなく、聴いたとしても手に入るＣＤやＤＶＤを通してだけ、中にはネットで観ただけ、というものがかなりあることだ（二代目林家三平《さんぺい》はそれすらなくて、結局聴いてないそうである）。そういう対象については評価不能として取り上げなければいいのに。わざわざ聴いたことがないのに取り上げて一言しているのは、落語の「芸」以外のイメージや言動に何か気に食わないものがあるのだろう。たとえば立川志らくの項がそうであり、大して聴いたことがないと言っておきながら「シロウト」呼ばわりで、これはさすがに演者に対して失礼だと感じた。

立川志の輔の項もすごい。なにしろ出だしが、

——志の輔君と言えば、なぜか「商売上手」という言葉が浮かぶ。

なのである。うわあ、センセイ、ぶっ放しますなあ。その後に続くのがCDを貰って聴いてみたが「声質がダミ声で、耳障り」なので途中でやめてしまったというエピソードである。最近のCDではそれほど気にならず「どうも、本人もそのダミ声に気づき、注意して演っているようだ」と書いてあるのだが、うーん、それはあまりフォローになってないです。

何度も書くが、本書を読んで見えてくるものは、「円丈はこの落語家が好きなんだ」「この落語家のことはちょっと妬んでるな」「あ、この人のこと嫌いなのね」という好き嫌いである。本書を通信簿として使用できるのは、円丈と価値観を共有できる人だけで、それ以外の場合には少し割り引いて読まなければならないだろう。円丈視点の絶対評価であるわけだ。その「俺が俺が」したところがおもしろい。落語の基準は俺が決める、俺が認めないものは落語ではない、との態度からはプライドを感じる。文句があったらかかってこい、と言わんばかりである。そういう芸人らしい本だ。すごいよ。

六代目三遊亭円楽『流されて円楽に　流れつくか圓生に』

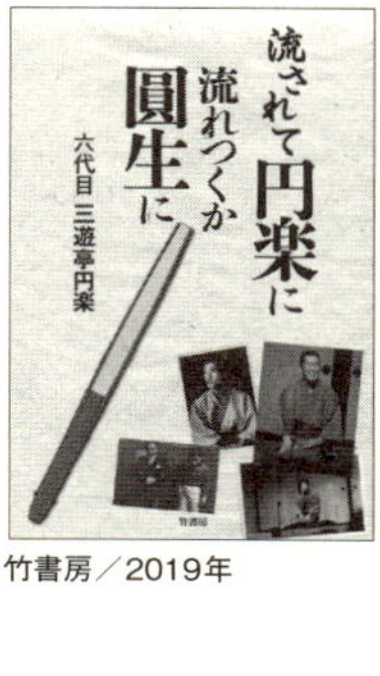

竹書房／2019年

される身になってヨイショは丁寧に。

二〇一八年にこの世を去った、古今亭志《ここんていし》ん駒《こま》のものとされる名言である。「ヨイショの志ん駒」の異名をとり、揉み手のしすぎで指紋がないとまで言われた人らしい至言だ。相手の胸中に飛び込んで胸をえぐるのがほんとうのヨイショであって、浮ついたおべっかをいくら並べ立てても心を摑むことはできない、のである。時代劇ドラマ「大江戸捜査網」などで共演した杉良《すぎりょう》太郎《たろう》にそれで可愛がられたことは有名だが、今回の本題ではないので詳しくは『ヨイショ志ん駒一代』（うなぎ書房）などをご参照のこと。

ヨイショの本質を見抜くのが上手かったのが故・立川談志で、林家木久蔵《きくぞう》（現・木久扇）に、湯に行くから手拭いを出せ、と言ったらそれに剃刀とシャボンまで添えて出した、と言って可愛がった。相手に心地よい思いをさせる気遣いの人を愛したのである。三遊亭楽太郎《らくたろう》の名で長く鳴らした、六代目三遊亭円楽も可愛がられた後輩の一人だ。

『流されて円楽に　流れつくか圓生に』（構成・十郎《じゅうろう》ザエモン）は、その円楽による初めての自伝であり、大師匠である三遊亭圓生や先代・圓楽の知られざる一面にも触れた好著である。これは本当におもしろいので、ぜひご一読をお薦めしたい。師匠・圓楽の『圓楽　芸談　しゃれ噺』（白夜書房）を筆頭に、五代目圓楽一門会の落語家にも多くの著書があるが、これはというものがなかなかなかった。ライバル団体である落語立川流には家元・談志の厖大な著書をはじめ、立川談四楼『ファイティング寿限無』、『談志が死んだ』、立川談春『赤めだか』、立川志らく『全身落語家読本』（新潮選書）など、かずかずの名著が生みだされていたのに対し、後塵を拝していたのである。初めて、それらに匹敵する本が刊行されたのではないだろうか。そう言いたくなるくらいおもしろい。

言い忘れたが、以下、新字で円楽と書くのは著者である当代、旧字で圓楽と表記するのは先代のことである。いちいち断らないので、悪しからず。

談志との関わりの部分はもう全部おもしろい。前座時代に、東横落語会で談志が落語をやる気がなくなった、と言い出すエピソードをちょっと紹介しておこう。突如不機嫌になった談志は楽屋の連中に「俺はなぜこういう気分になったのか」の分析を求め始める。その場にいたくない。面倒くさい状況だ。当然、みんな逃げたがる。「客が悪い」とか「客の中にいる評論家が悪い」とか言うわけである。それが求める答えではない談志は気が収まらずに聞いて回り、ついに前座の、当時は楽太郎だった円楽にも発言を促すのである。それに対して円楽が出した答えは「飽きているんでしょうね？」だった。驚く談志に対して、こう続ける。

「お客様は、立川談志を聴きに来ているんであって、で、談志師匠が演っていれば何でもいいわけですよ」

「何だよ、そりゃぁ？」

「談志師匠が気にしていることのひとつです……、僕もお客様も、談志師匠が演っている落語、好きなんですよ。ところが立川談志って人間は、自分の演っている落語が気に入らない。

『俺はこんな筈ではなかった。もっと出来る筈だ』

今、仰ったように、

『ウチで稽古しているときはもっとやる気があった。こんなんじゃねえ、こんなんじゃねえ』

って、納得いかなくなっちゃったんじゃないですか？　だから、飽きちゃったんですよ」

こんなことを前座が言えば、真打からは怒鳴られても仕方ない。しかし談志はそうせず、「楽太郎《おまえ》に小言言われたから、帰るわ」と本当に帰ってしまうのである。それを機に、円楽を可愛がってくれるようになったという。ヨイショが、本心を衝いたからだろう。後には、こんな会話も交わしている。

「何で、よく、楽太《おまえ》、俺のところに来る？」

「好きだから」

って、言ったんだよね。

「カァッー」

って、また音を出した。で、師匠が続けて、

「タレならカイてますよ」

タレもカくも落語家の隠語なので意味はかかない。なんとなくおわかりかと思う。つまりはそういう風に人の心に入りこむ才能の持ち主なのだろう。もちろん心の中に、談志が好きだ、という本音がなければ嘘は見透かされる。この姿勢は大師匠である六代目三遊亭圓生に対しても発揮されたという。

昭和の名人の称号を贈られることになった圓生は一九七九年九月三日に千葉県習志野市で開かれた後援会発足パーティーで倒れて亡くなるまで、生涯現役で通し、芸の研鑽《けんさん》を惜しまない人だった。晩年になって当時の会長である五代目柳家小さんとの意見の違いから落語三遊協会を創設して落語協会を飛び出し、都内の寄席に上がれなくなったために独演会を開催して全国を回った。その期間は三遊派という大きな荷物を背負ったという覚悟もあっただろう。鬼気迫る覚悟で自分の落語に打ち込んだのである。

ソニー・ミュージックのプロデューサーとして『圓生百席』の録音を手掛けた京須偕光《きょうすともみつ》にその収録の模様を綴った『圓生の録音室』（現・講談社文芸文庫）という著書がある。そこに描かれた圓生像は偏執狂といってもいいほどに自身の噺にこだわり、拙いと言っては自分を責め、他人にもその態度を求める、完璧主義者としてのそれである。およそ技芸を生業とする者であれば、落語に限らず圓生の姿勢を見れば自らの居住まいを正さずにはおれないだろう。

その圓生に、こともあろうに駆け出し前座の楽太郎が文句を言ったのだ。

――大師匠は、大劇場で落語をする場合は、自分でいろんな工夫をした。大師匠の指示では、

「このセリフで、こうやって、ポーンと暗転だよ」

ってね。そうして、消したら、

「もっと早くだ！」

当時は白熱灯だから、完全に消えるまで時間がかかる。光がどうしても薄く残る。そして、俺は照明室の窓を開けて、大師匠に向かって上から、

「これで精一杯です！　灯りが残るんです」

って、言ったら、

「……おやおや、楽太郎に叱られやした」

って可愛いんだ。

もちろん前座の言葉を大名跡の圓生が咎めなかったのは、それが筋の通ったことだったからだろう。単なる我がままではなく、理の当然を認める敏《さと》い人だったのである。

書き出していくときりがない。だから書かない。本名・曾泰通《あいやすみち》青年が青山学院大学在学中にアルバイトのつもりで圓楽の付き人になり、そのまま弟子にならないか、とスカウトされた経緯についても書かない。

通常の落語家は自ら師匠に弟子入りを志願してなるものなのだが、異例のスカウトなのである。でも、書かない。また、前座時代に同期の立川孔志《こうし》（現・立川ぜん馬《ば》）や春風亭小朝《こあさ》らと「四天王の弟子の会」なる勉強会を始め、それが現在の新宿末廣亭の深夜寄席や、上野鈴本ホールの早朝寄席の原型になった、という話も書かない。なにしろ入門したばかりの前座が会を開くこと自体が異例で、その開催のためには円楽の交渉技術が発揮されるのだが、書かない。また、師匠・圓楽が弟子の育成のために始めた寄席若竹を閉業したあと、その意志を引き継いで両国寄席を始めた経緯なども書かない。それらはみな、実際に読んでいただきたい。ああ、なるほど、この人の政治力が現在の五代目圓楽一門会を支えているのだな、と納得されることは請け合いである。

誰もが知りたいと思われる、「笑点」についてもあまり書かない。が、少しだけ。

ご存じのとおり「笑点」は立川談志が企画した演芸番組「金曜夜席」を前身として始まった。実は、最初の大喜利司会者は圓楽だったが、あまりに不器用だったので見かねた談志が回答者に回らせ、自身が務め始めた、という話も落語ファンなら知っている人も多いはずだ。円楽はその師匠の不器用さについても包み隠さずに書いている。これもまた、正しいヨイショなのだ。

圓楽の本質は、いついかなるときも自分の信念を押し通し、枉《ま》げないところにある。巨大な自我があるのはライバルである談志とも共通しているが、異なるのは恥じらいの感情を見せることを潔しとしない点である。それがある談志は、言動が屈折する。恥じらいは衒《てら》いとなり、本心をギャグで覆い隠そうとする。蛮人・談志を演じて、余人には自身の内奥に入ってこられないようにする。だからこそ、それを突破して胸中に迫ろうとする円楽のような後輩を可愛がるのだ。

圓楽は違う。自分が良いと思ったことを良いと言うことになんの気後れもしない。そこが凄いところである。自身が感動すれば泣き、高座の上でも滂沱《ぼうだ》の涙を流す。それを観客に示すことが芸の一部だと心得ている。

だが、だからこそアドリブができない。自身の中で決まっている進行を忠実にこなすことが大事で、当意即妙の変化というのは苦手なのだ。だからこそ、脳梗塞の症状が出始めたときには潔く「笑点」司会者を降りたし、自身の理想とする高座ができないと判断すると二〇〇七年二月二五日の「芝浜」を最後に、周囲の惜しむ声を押し切って現役引退を宣言してしまう。五代目三遊亭圓楽という巨大な理想があり、それを守れなくなったときが勇退のときなのである。

弟子である円楽は、その師匠像をも客観的に書いている。第一章の冒頭近くにその文章はある。ここが本書の最も凄い箇所だろうと思う。さすがに引用する。

――［……］つまり、分裂騒動以降、ウチの師匠は、寄席に出演《で》れず、芸を切磋琢磨する同世代の他流派の落語家とも没交渉になり、一門を養う仕組みを試行錯誤した結果、高座に専念することが出来ずにいたのだ。そして老いと衰えから、『笑点』の司会を勇退した。つまり、生涯を通じて落語の修業にかける年月が圧倒的に少ないまま、最晩年に一噺家に戻ったかたちになった。

つまり、生涯を通じて落語の修業にかける年月が圧倒的に少ないまま、最晩年に一噺家に戻ったかたちになった。

あまりに衝撃的な文章なのでもう一度そのまま書き写してみた。並の芸人に向けた言葉ではない。古今亭志ん朝、立川談志、春風亭柳朝《りゅうちょう》、後には月《つき》の家圓鏡《やえんきょう》こと橘家圓蔵《たちばなやえんぞう》らと四天王と呼ばれる人気を誇り、師匠・圓生の死後は三遊派を代表する存在になった巨大な落語家に向けてのものである。ましてや、自身の師匠なのだ。それに対して怯むことなく本質的な評価をぶつけていく。それが六代目三遊亭円楽という人が持ち合わせた矜持である。並の芸人にできることではないと思う。

『流されて円楽に　流れつくか圓生に』の第一章は、著者が引退した師匠・圓楽に呼びつけられ、六代目を早く継ぐように命じられる場面から始まる。しかも圓楽は、弟子筋としては著者の甥にあたる三遊亭好《こう》二郎《じろう》（現・兼好《けんこう》）の昇進披露パーティーと同じ席で襲名を発表しろと言い出すのである。無茶だ。昇進披露は一生に一度の晴れ舞台なのに、それを別の話題で乗っ取れと言っているのだから。この難局を持ち前の政治力で乗り切って、無事に襲名を果たすところから話は始まる。

穿《うが》った見方をすると本書は、師匠・圓楽の果たせなかった遺志を受け継ぐための一冊なのかもしれない。五代目圓楽一門会という団体を存続させ、落語界の中で確実に地歩を固めること、師匠が出来なかった噺の追究を完成させること、それらの務めについて、当代なりの決意を表明したものと読むこともできる。最初にも書いたとおり、「される身になってヨイショは丁寧に」。いかなるヨイショが泉下の師匠には求められているか。それを緻密に考え抜いた末に、こういう本ができたのだろうと私は思う。

題名の話題を最後にする。圓楽の名はともかく、大師匠・圓生の名前が出てくるのはなぜか、と思った読者は多いはずだ。そういうあなたは間違いなく落語ファンですね。

実は七代目襲名の話も出てくる。六代目没後ずっと空いたままの圓生の名を継ごうという気運が盛り上がったことが以前にあった。圓楽の一番弟子である三遊亭鳳楽《ほうらく》がそれに向けて動いたところ、落語協会に在籍する六代目の直弟子である三遊亭圓丈が待ったをかけて、二人の間で襲名を巡る芸の競争が起きたのだが、そこに圓丈の兄弟子である三遊亭圓窓《えんそう》まで絡んで三つ巴になったためにいつしかそれも有耶無耶に、という経緯については長くなるので各自調査してもらいたい。おそらくその有耶無耶になった顚末も踏まえて、確信的に円楽は七代目の話題を出している。本書の巻末には「あとがきにかえて」の文章が付されているのだが、それを書いているのは六代目圓生の孫である、山崎力義《やまざきりきよし》なのだ。山崎家としての襲名についての考え方もそこに書かれている。だが、あえて書かない。気になる人は落語マニアだから本を読むだろう。なのにここに書くのは蛇足というものである。

はい、ちょうど時間となりました。またの会う日を楽しみに。まずはこれまで。ご機嫌よう。

三遊亭圓歌
『三遊亭圓歌ひとり語り　全部ウソ。』

私と同じぐらいの世代で、十代のとき寄席に出入りをしていた人は、三遊亭あす歌《か》という音曲師のことを懐かしく思い出すことがあるはずだ。

こんな小汚い小屋（失礼）に、なんであなたのような人が！　と驚いてしまうほどの、はっとするほどの美人で、三味線を抱えて座ったところになんとも色気があったものである。高座に出てくるとあす歌は、俗謡を一つ唄ってみせたあとで、自己紹介をする。

「三遊亭あす歌と申します。こう見えても三遊亭圓歌の弟子でございまして。もっとも師匠は女優にしてくれる、って言うから弟子になったんですけどね。なかなかしてくれない。あれは、あたしのことを狙ってると思うんです」

客席はどっと湧くのである。そして全員が、

「そうか、圓歌はあす歌をやっちゃおうと思ってるのか」

と深く深く納得するのであった。あす歌、あのころ二十代の前半でしたからね。身辺に置いたらそりゃ大変だ。

河出書房新社／2014年

三遊亭あす歌、現在の小円歌《こえんか》である。もちろん今でもお綺麗ですよ。どこの定席に行こうか迷ったら、小円歌の出ているところを選べば間違いない（その後二代目立花家橘之助《たちばなやきつのすけ》を襲名）。

というわけで弟子の話から始めてしまったが、今回採り上げるのは『三遊亭圓歌ひとり語り　全部ウソ。』（聞き書き・田中聡《たなかさとし》）である。この本を読んで最初に心を摑まれたのは、序章の終わりのこんな文章だった。

……そういえば、思い出したよ。うちの弟子たちは、なぜだか家族に恵まれない子が多いんだ。（三遊亭）歌之介《うたのすけ》が入門した時に、「この子が小学校一年生の時別れまして」ってお母さんの話を聞いて、「和子、また片親だ」って前のかみさんに笑いかけたらしい。そういう子らを、惹きつける何かが俺にあるのかもしれない。まあ、落語の世界に家族を求めた私のところに、やっぱり家族を求める子供たちが集まるのは、当たり前かもしれないな。

三遊亭歌之介（現・四代目三遊亭圓歌）の父親は酒乱だったため、母親は幼い歌之介兄弟を連れて実家のある鹿児島に戻った。その後仕事を求めて単身大阪に移住、兄も就職のため鹿児島を離れ、歌之介は長い期間、祖母と二人暮らしを強いられたのである（『月ば撃つぞ！』うなぎ書房）。両親が揃った世帯を核家族と呼ぶが、社会の単位として見た場合は誤解のある表現である。核家族は決して最小単位としての「核」ではないからだ。世の中には片親、もしくは両親が揃っていない家庭が多数存在する。そのことをいちばんよく知っていたのが、圓歌だった。

三遊亭圓歌は本名・中沢信夫《なかざわのぶお》。ご存じない方のために書いておくと、寄席で聴ける圓歌は、「中沢家の人々」という私小説ならぬ私落語のようなネタがほとんどである。川柳川柳が「ガーコン」のみなのとほぼ同様。マンネリズムである。しかし、だからつまらない、のではない。だからこそおもしろいのだ。この二人の演者は、唯一と言ってもイイネタを至芸の域にまで磨き上げている。そこが多数のネタを創り出しては掛け捨てにしていく三遊亭圓丈とは決定的に異なる点だ。これはどちらがいいという問題ではない。圓丈の場合は湧き上がってくる創作意欲を抑えきれないのだろう。圓歌や川柳のそれは、板前が自分の包丁を研ぐ感覚に近いように思う。手になじみ、体の一部のようになった道具が、最もいい仕事をしてくれるのだ。

「中沢家の人々」とは、強烈なデフォルメが施されたスケッチである。すでに老境に入った圓歌（後に書く理由で生年がはっきりしない）が、自分の両親と死別した前妻の両親、そして現夫人のそれと、計六人の老人を抱え、過剰な老老介護生活をしている、という内容だ。超高齢社会を先取りしたような内容のこのネタの原型は、昭和四〇年代後半にはもうできていたという。お客の中には圓歌の境遇に同情し、六組の布団を贈ってくる方までいたそうだ。

しかし、これはフィクションなのである。作り話、フェイク、真っ赤な嘘。たしかに前妻の親の面倒を見ていた時期こそあったが、圓歌宅が介護施設のようになったことはなかった。

なぜならば圓歌には介護をしなければならないような両親がいないからだ。中沢信夫の戸籍上の両親は、父・小林松次郎《こばやしまつじろう》、そして母・〆子《しめこ》。しかし圓歌は小学校に上がるまで古川信夫として過ごした。そして、物心ついたときから中沢タダという祖母と二人暮らしだったのである。何も知らなければ当たり前に思うようなことでも、周囲の家庭と自分の家が違うと判れば疑問も生じたはずである。当然だが、タダにも自分の特殊な境遇について聞いたことがある。

「何で俺には、父ちゃんや母ちゃんがいないんだ」

何度も聞いたけどね。おばあちゃんは「いいんだよ、そんなこたあ」としか答えてくれなかった。「あたしが屋根上がって、おなかポンってやったら、お前がでてきたんだよ」なんてこともよく言ってました。

何度もそんな問答を繰り返していると、「これは聞いちゃいけないことなんだなあ」と思うんだよね、子供心にも。それから、あまり詳しいことは聞かなくなった。［……］

本書には後でわかった事情として、中沢信夫少年も初めは両親と暮らしていたが、弟ができて家が手狭になったため、祖母と彼だけが別宅に移ったらしい、ということが書かれている。祖母の家は今でいうところの東向島、かつての花街・玉の井の近くにあった。そこで駄菓子屋を営んでいたので、近所の悪友たちも頻繁にやってきていた。その中で信夫少年よりも二つ学年が下で、一緒に小学校に通うような間柄だったのが瀧田《たきた》祐作《ゆうさく》、後の漫画家・滝田《たきた》ゆうである。滝田の代表作の一つである『寺島町奇譚』（現・ちくま文庫）に出てくる駄菓子屋のモデルは、この中沢タダの店である。

――白鬚橋から東武・玉の井駅側近くにぬける大正通り(現在もある)を挟んで向き合っていた二つの商店があった。一つは「萬古屋」という草履店、もう一つは「金玉堂」という骨董店。発音をひらがなで書くと「ばんこや」と「きんぎょくどう」だが、滝田は中沢とこの前を通るときに、「マンコにキンタマ」と囃したてたという。[……](校條剛《めんじょうつよし》『ぬけられますか――私漫画家　滝田ゆう』河出書房新社)

近所には他に作家・早乙女勝元《さおとめかつもと》、自らの名前を冠したワイドショーの元祖となったアナウンサーの小川《おがわ》宏《ひろし》らがいた。圓歌には吃音の癖があったが、「小川宏のしゃべりかたを真似したらこうなった」と冗談半分でよく言っていたという。

両親が信夫少年との同居に積極的ではなく、なおかつ祖母の戸籍に入れさせた理由については本書にも書かれていない。戦争で当時の戸籍を保存していた向島区役所が焼けてしまったため、記録も残っていないのである。生年が判らないというのはこれが原因だ。小林家に、子供と離れて暮らさざるをえない、なんらかの事情があったのだろう。見過ごされがちだが、こうしたことはそれほど特殊な例ではなかった。核家族という幻想は戦後になって作られたもので、大戦に負けるまでの日本の家族は、もっと曖昧なロジックによってつながっていたのだ。おそらくは両親がいないことを信夫少年も不満に思い、淋しくも感じたのだろうが、祖母の愛情に包まれ、また友人たちとの交流を楽しみながら、逞しく成長していった。

信夫少年は岩倉鉄道学校(現・私立岩倉高校)を経て学徒動員で新大久保駅の駅員となり、そこで終戦を迎えている。当時の鉄道員は、成人男性が出征のため不足しており、学徒動員の少年や、女子挺身隊の女性ばかりである。空襲警報が出て防空壕に入ると、そこには女性の先客がおり、「あんちゃんね、いつ爆弾が落ちてきて、死ぬかわからないんだから、したいことをした方がいいよ」とモンペを脱いで乗っかってきた。童貞喪失である。

もともと学校では見よう見真似で落語をやっていたが、別に好きでもなんでもなかった。後の三代目柳《りゅう》亭《てい》市《いち》馬《ば》（先代。通称「ポコちゃんの市馬」）が当時は四代目の三遊亭圓楽を名乗っていた。彼の母親が信夫の母親と懇意にしていたことから、二人は終戦後の一時期同じ長屋の二階に同居していたのである。兄貴分の圓楽に「どもりって治るのかなあ」と相談してみたところ落語家になることを勧められた。最初に連れて行かれた蝶花楼馬楽《ちょうかろうばらく》（五代目。後の八代目林家正蔵《しょうぞう》）は堅すぎると断り、上野鈴本演芸場で聴いた新作「木炭車」が面白かった二代目三遊亭圓歌に入門した。正確な日時はわからないが、戦後の落語協会入門者の第一号であるという。

この二代目に鍛えられ、信夫少年、前座名「歌治《うたじ》」は落語家として成長していく。四章「師匠と弟子」以降が、落語家時代の記述である。あれほど悩まされていた（「新大久保」と駅でアナウンスしようとすると「新、新」でつっかえてしまって後が出なかった）吃音も早々に矯正された。

――（前述）で、うちの師匠が考えたんですね。大きな一反風呂敷をね、私の後ろっ側にね、吊るしたんですよ。で、「おばあさん」っつって呼んで、豆をいっぱいもらってきた。［……］で、それをそのまんま、手に持ってね、私が「ま、ま、ま」ってやったら、かっ、ぽんって、ひとつずつ当ててきたよ。一ヵ月ぐらい続いたかな、そういう稽古が。

あんまり痛えんで、うちで稽古してても、なんだかよくわからない。うちの師匠は、豆をぶつけることで私が「ま、ま、ま」と言いそうになるのをはずしてくれてたんですよ。それが、やがて自分でもわかるようになった。

本書のもう一つの魅力は「戦後前座第一号」の圓歌の口から、貴重な証言がいくつもなされることであり、この豆の稽古のような芸談が何気なく語られることである。

戦時中から敗戦直後にかけての落語界で有望とされた若手落語家は、三遊亭歌笑《かしょう》（三代目）、柳亭痴楽《ちらく》（四代目）、柳家小《こ》きん（七代目）の三羽烏だった。歌笑は「純情詩集」の持ちネタで一世を風靡した。それが一九五〇年五月三〇日に進駐軍のジープにはねられて死に、空いた穴を埋めたのが痴楽である。痴楽が「破壊された顔面」をキャッチフレーズとし「綴り方狂室」「恋の山手線」などの新作でやはり時代の寵児となった。二人と違って小きんは古典派で、派手な売れ方こそはしなかったが、次第に頭角を現してくる。一九四七年に九代目柳家小三治《こさんじ》を襲名、後の五代目柳家小さんである。こうした人々の月旦を圓歌の談話は詳しく伝える。

一九四八年、二ツ目に昇進して「歌奴《うたやっこ》」になっていた中沢信夫は、ふとしたことがきっかけで圓歌の下を飛び出し、しばらく大阪に滞在していた。やがて帰参するのだが、師匠が復帰のために課した条件の一つが、一ヶ月で新作を作ってくることだった。このとき歌奴が作ったのが「授業中」である。石坂洋次郎《いしざかようじろう》の長篇小説『何処へ』（新潮文庫他）の一節からヒントを得たといわれ、秋田弁の強い先生が東京の小学校に赴任してきて起きる珍騒動を描いたスケッチの新作だ。その中にカール・ブッセの詩「山のあなた」を朗読しようとして吃音の子供が「山のあなあなあな……」となってしまうくだりがある。これが若い世代の間で話題となり、一挙に歌奴人気が爆発するのである。ラジオ出演から火がつき、やがてテレビにも進出して地歩を固める。そのときのライバルとなったのが爆笑王・林家三平《さんぺい》（先代）である。

しかしこの人気の絶頂期に、歌奴は師匠・円歌から「山のアナ」を一年間やらないように命じられる。

「なんでだろう」と思いますよね。

「それで、小勝《こかつ》になった（桂）右女助《うめすけ》は、だめんなった」

そういわれたんですよ。

「ゴム屋、ゴム屋って言われて、その気になって、『水道のゴム屋』ばっかりやったから、客がそれしかやらせてくれなくなったよ」

そこから歌奴の新作創作との格闘が始まる。ニッポン放送の田中秀男《たなかひでお》の肝煎りで「創作落語会」が始まったのは一九六二年のことであり、歌奴、三平、桂米丸《よねまる》、三代目三遊亭金馬《きんば》、五代目春風亭柳昇《りゅうしょう》、三代目三遊亭圓右《えんう》といった面々がレギュラーであった。そこで切磋琢磨した結果が、後の「中沢家の人々」につながるのであろう。三遊亭歌奴は一九七〇年に三代目圓歌を襲名した。

本の分量としてはだいたい以上の内容で半分くらい。後半はさらに二度の結婚の事情、小円歌や歌る多《かた》など多数いる弟子たちのこと、さらに一九七〇年代から八〇年代にかけて落語協会を見舞った二度の分裂騒動、自らの会長就任などのことがたっぷり語られている。私は発見が多く、たとえばプロレスラーのラッシャー木村《きむら》を弟子のように面倒見ていたという話も初耳だった。アメリカ遠征時には大量にカップ麺を送ったとか。

後輩についての言及も多く、たとえば新作落語の中興の祖である圓丈を評価し、あれは「一人称落語」であり「三人称で描写をしていく」、基本的には「古典落語の長屋モノと同じ構造」の自分の新作とは異なるものだ、とする分析などは一読に値する。柳朝、志ん朝、圓楽、談志のいわゆる「寄席四天王」についても一人ひとり十分な人物評がある。特に「愛煙家だが嫌圓歌」だと伝えられた談志についても好意的な評を書いている点は興味深い。戦後落語家の第一号として、後輩たちに注ぐ視線は常に温かいのである。

題名こそ『全部ウソ』だが、これは「中沢家の人々」が美談と見なされることへの照れの表明だろう。しかし内容はフィクションだが、フィクションならではの救い、優しさがあるから客は圓歌を評価するのだ。含羞《がんしゅう》に満ちた一冊だが、その人柄を行間から読み取ることは容易である。落語家らしい落語家の、人間らしい著書としてこれを読んだ。

桂歌丸／長井好弘編『歌丸　不死鳥ひとり語り』

「何か落語以外のことをやってください」

　これがオーディションの課題です。踊り、唄、隠し芸。最後の出番だったあたしは、「皆と同じじゃ勝てない」と思い、とっさに思いついたネタをぶつけました。

　黒紋付に羽織という正装で高座に上がり、黙々ともりそばをたぐる仕草を続けます。食べ終わったら、手ぬぐいで丁寧に口をぬぐって一言、「おソバつさまでした」。

　バカウケですよ。


　このエピソードは一九六五年三月に日本テレビ系演芸番組「笑点」の前身である「金曜夜席」が始まった際に行われた、出演者オーディションでの一幕である。桂歌丸没後、その人柄を「笑点」メンバーが語り偲ぶという趣旨で刊行された『桂歌丸 大喜利人生　笑点メンバーが語る不屈の芸人魂』（ぴあ）でも紹介されているが、『歌丸　不死鳥ひとり語り』によれば、これには元ネタがあるのだという。漫談家・徳川夢声《とくがわむせい》が東宝名人会で披露したものだ。夢声はしゃべりながらそばを食べる真似をしたが、歌丸は無言を貫いた。歌

現・中公文庫／2012年

丸曰く、「あたしはそばをたぐりながら、初めてのテレビレギュラーをたぐり寄せたんです」。

大喜利と言えば現在ではあの、落語家が横に並び、お題を巡って即興で回答をぶつけあう遊びを誰もが想起するはずである。ただしそれは「金曜夜席」＝「笑点」が普遍化させたものであり、本来の大喜利とは寄席でお客を楽しませるために行われるイレギュラーな企画物全般を言うのであった。かつて正月の恒例テレビ番組だった「新春かくし芸大会」のようなものを想像してもらえばいい。あの座布団競争の形を考えたのは企画者である立川談志であり、それを定着させたのは歌丸をはじめとするメンバーの功績である。

番組としての「笑点」は一九六六年五月に始まったから、まもなく五十三周年を迎える（二〇一九年当時）。そのうちで歌丸が出演したのは約五十年。「ミスター笑点」と呼ぶべき人物がいるとしたら、他にはいないはずである。『桂歌丸 大喜利人生』では各人が、「笑点」がこれだけ長く続いている理由としてチームワークの良さを挙げており、それを作ったのは歌丸だと口を揃えて言っている。

「笑点」が最高視聴率を作ったのは喜劇俳優の三波伸介《みなみしんすけ》が三代目司会者を務めた一九七〇年代で、四十％超えを記録している。このころに生まれたのが歌丸と故・三遊亭小円遊《こえんゆう》が互いを「化け物」「ハゲ」と罵り合う悪口合戦で、これが現代にまで続く「笑点」のお家芸になっている。四十三歳の若さで病没した小円遊は「笑点」が生んだ最初期の番組内スターであり、斜に構えて言う「巷《ちまた》では」というキャッチフレーズが視聴者に支持された。それに歌丸が「化け物」というツッコミを入れたのは自分が目立ちたいからではなく、誰もが感じていたはずの台詞と小円遊の顔面との落差を客観的に批評する必要があると考えたからだろう。視聴者の違和感を先取りしたわけである。それが自分に跳ね返り、罵り合いになり、ひいては歌丸・小円遊両者のキャラクターが確立するという結果をもたらした。このコンビは番組を超えた知名度を獲得し、ハウス食品「冷やしつけめん」CMに起用されるなど、看板商品にもなった。もっとも、そのために小円遊は古典本格派志向の落語ができなくなり、溜まった鬱屈を癒すために深酒を繰り返して早死にしてしまうのであるが。

この歌丸・小円遊によって確立されたキャラクター芸が、「笑点」を世に広く受け入れさせた武器の一つであることは間違いないだろう。三遊亭好楽《こうらく》は、三代目司会者である三波伸介について「自分がスターでもないから、やっぱりこう、食っちゃう」「自分が司会っていってもカメラが自分にくるよう、アップになるようにする」と振り返っている。自分が視聴者だった記憶から言ってもこの印象は正しく、三代目時代は「三波伸介と落語家たち」という一座構成であったと思う。それを横並びの図式に変えたのは、四代目を引き継いだ先代の三遊亭圓楽の司会術であり、桂歌丸による人間関係調整の努力であった。メンバーたちの発言を見ていくと、いかに歌丸が優れた調整役であったかがわかる。

――歌丸さんが『笑点』の回答者だったときは、ぼく、歌丸さんの隣だったでしょう。それで得したのは、ぼく（のキャラクター）は与太郎ですから、思いがけないことを言うわけですよ。歌丸さんはもうベテランだから、うまく拾ってくれて、「席変えてよ」っていつも言う。そうするとまた、わたしがカメラに映る。すると、ぼくの顔を見て歌丸さん、すごい嫌な顔するの。それでぼくが引き立つんですよ。そういうことをいつもしてくれました。（林家木久扇）

——バトルのきっかけはね、『笑点』のメンバーになったときに言われたんです。「楽さん、遠慮しないで、のびのびやっておくれ。遠慮されると全体が死んじゃうから」って。「楽屋の礼儀作法をちゃんと守って、長幼の序をわきまえてさえいれば、どんどん出てきておくれ。それが育つってことだろうし、育てるってことだろうから」と言ってくれた。（六代目三遊亭円楽）

なにしろ、いがみ合いキャラクターの元祖は歌丸と小円遊である。自分自身で始めたのだから、「ハゲ」「ミイラ」とからかわれようが、止めてくれと言うような立場にはない。そのことを利用して自らへの揶揄を呼び込み、それによって他のメンバーを成長させていったのだと思う。現在の「笑点」は完全にバランスがとれた世界で、出演者全員にキャラクターが割り振られている。最新の参加者（当時）である林家三平も、番組入りするにあたっては自分をどう見せるべきかを考え、歌丸から「若旦那」でいくようにというアドバイスをもらったという。その際に注意されたのが「周りを信じる」こと。「自分をつくろうと思っちゃいけない」「自分のキャラはこうだと決めないで、みんなの意見を聞きなさい」と、やはり全体の調和を第一にすることの大事さを教えられたのである。

歌丸は落語芸術協会の五代目会長職を十四年にわたって務めた。三遊亭好楽が「最大の功績は芸術協会」と言うように、後進に活躍の場を与え、落語を演じるための新しい場所を開拓するといった施策が歌丸会長時代には数多く実を結んでいる。そうした形で落語界全体を盛り立てていくという姿勢が歌丸には常にあった。もともと寄席は個人が目立てばそれでいいという世界でありながら、開口一番から興行の最後を〆る主任まで、全員が一丸となって当たるチームプレーの場である。その感覚が骨の髄までしみついていたのだろう。演芸番組としての「笑点」は寄席の興行形式とは遠く離れており、そもそも個々の芸をゆっくり鑑賞できるような雰囲気ではない。しかし、その中に寄席の精神を活かすべきであり、それが失われれば存在意義もなくなると歌丸は信じていたのではないか。

――「多くのお客さんにとって、わたしは『笑点』の歌丸だけど、落語の歌丸でもあり続けなければならない」と、歌丸師匠はよくおっしゃっていました。両輪ということです。落語がうまくなければ『笑点』に出てはいけないし、『笑点』に出る噺家は落語の伝道師でもあるのだから、もっと精進して腕を磨かなければいけないと。（林家たい平《へい》）

「笑点」創始者の立川談志は「伝統を現代に」を自身の理念として掲げ、落語を今の風俗・文化の中に位置づけることに心血を注いだ。形は違うが歌丸も同じことを実践していたのである。彼にとって「笑点」は落語文化拡散のための最大の武器であり、自らが広告塔になって現代の客を獲得することがメンバーにとっての最重要課題だった。そのために、ただ古いものを守っていくだけではなく、今の客に受け入れられる形に落語を変容させていくことも積極的に行っていたのである。

「笑点」プロデューサーの一人である大畑仁《おおはたまさし》は本書の中で、いつ自宅に電話をしても歌丸が稽古をしているところにぶつかるので電話をかけづらかったと話している。一九九四年八月に国立演芸場で「怪談牡丹燈籠・栗橋宿」を掛けたことが契機で、以降の歌丸は三遊亭圓朝作の落語に積極的に取り組むようになる。その仕事があるためか、古典遵守の落語家という印象もあるが、古今亭今輔《いますけ》・桂米丸と新作を主とする一門に属した落語家であって、もともとは現代の時流に合った噺を得意としていた人である。古典落語に関しても、古くなった部分を作り直したり、現代の観客の耳に合うように言葉を直したりといったスクラップ・アンド・ビルドの作業を最後まで怠らなかった。著書を読んでいると随所で噺の「整理」「作り直し」を行った逸話が出てくる。失われた噺を現代に蘇らせた例の一つが、怪談風味のある滑稽噺の「おすわどん」であり、これは先代圓楽と「城木屋」でネタ交換をしたため、現在では五代目圓楽一門会にも名手が多く存在する。

前出の『歌丸　不死鳥ひとり語り』には二〇一七年に歌丸が演じた「ねずみ」の速記が載っている（元の単行本版では「紺屋高尾」）。これを読むと歌丸が噺を作り替えた箇所がわかり、その演出法の一端を知ることができるのである。これは番頭に店を乗っ取られ、物置を改造した「ねずみや」という宿屋で細々と暮らす父子のため、名人・左甚五郎が一肌脱ぐという内容である。甚五郎が作った木彫りのねずみは本物さながらに命を吹き込まれて動く。それが評判となってねずみやは大繁盛して建物も増築、横取りされた「とらや」に負けない規模に成長するのである。従来の演出法だと「ねずみや」がそこまでのし上がるまでにどのくらいの歳月が経っているかわからない。聴きようによっては一瞬でそうなったようにも感じられるため現実的ではないのだが、歌丸はある程度の時間が経過したように演じている。それは甚五郎がねずみやの息子と再会したとき「顔を見たけれども誰だかわからなかった。坊やが良い青年になった」と言うことでわかるのである。こうした工夫が随所にあり、だから歌丸の「ねずみ」はすうっと聴きやすい。

歌丸のセンスについて、証言を二つ。

――すごくマニアックなことで笑う人っているじゃないですか。それで笑わそうとする若手落語家もわりと多いんですよ。でも、大衆芸能である以上、まずは一般のお客さんの笑いどころから入らないといけないと思うんですよね。

だから歌丸師匠ってたぶんね、古典であろうと、新作であろうと関係なく、高座でウケている人を見るのが好きだったんだと思う。ウケない人を見ていたら、腹立ったんだと思う。「なんだ、こいつ」って。たぶんそうだと思うんだ。（春風亭昇太）

――（最後の司会となった大喜利で）あの日も円楽師匠は遠慮なく歌丸師匠をネタにして、歌丸師匠もいつものように座布団を没収していたんですが、その流れでひょいと「山田《やまだ》くん、警察呼んで」と言ったんです。いつもの「座布団持っていって」だけじゃなく〝警察〟。引退試合で初めて、違う種類の変化球を投げたんですよ。これには圧倒される思いでした。最後の最後に、『笑点』には今までの財産で出ていたわけじゃない、引き出しのなかにはまだ出していないものがあるんだよと。ぼくたちや視聴者に向けた、すごいメッセージでしたね。進化し続けていることを示しながらの勇退。最後まで、本当

に名司会でした。（林家たい平）

「笑点」どころか落語を寄席でまともに聴いたことがない半可通に限って「歌丸の落語なんて」と貶《おとし》めたことを言う。だが桂歌丸は口舌が綺麗で噺の筋がわかりやすく、客を選ばずに沸かせる、見事な落語家だった。私も十代のころは真価がわからず、そもそも高座を聴いたことがなかったので舐めた心持ちでいたのだが、ラジオで初めて「長命」に触れて、打ちのめされたような気持ちになったことを覚えている。サゲのくしゅんと萎むような終わり方まで、ひとところも澱《よど》む箇所がなく、楽しく聴けた「長命」であった。初めて落語を聴く人でも、あれならば楽しむことができただろう。

歌丸の落語生活について言われることは、昭和後期から平成にかけての大看板である志ん朝や談志、「笑点」の同志でもあった圓楽といったライバルがいて、その陰に隠れてしまうための鬱屈があったのではないかということだ。『桂歌丸 大喜利人生』の最後、蔵出しインタビューでも触れられているが、そうした一面があったと自ら認めつつ、彼らの行かない道を選んでそっちで歌丸は輝こうとした。結果として歌丸は、「笑点」でテレビに出続けることと、大衆的な落語家としての人気を得ることの二つを同時に成し遂げた。間違いなく、偉大な落語家としてその名を歴史に刻んだのである。

桃月庵白酒『白酒ひとり壺中の天』

今回採り上げるのは桃月庵白酒《とうげつあんはくしゅ》『白酒ひとり壺中の天』（落語ファン倶楽部新書）だ。

桃月庵白酒は一九六八年、鹿児島県生まれ。高校時代は自身プロ入りも夢見たほどの野球漬けの生活を送っていたというが、アクシデントで視力が低下して断念、一浪して早稲田大学社会学部に入った。そこで落語研究会に入会したために白酒、こと本名・愛甲尚人《あいこうなおと》の人生は大きく変わってしまったのである。と、書くと、落語研究会で先輩の落語家に出会うか、プロの素晴らしい高座を聴いて自分も入門する、と思い込んでしまったのだろうな、と思うかもしれない。でも、ちょっと違うんだな、これが。

この本の第一章は、こんな一文から始まっている。

――映画『アニマル・ハウス』。大学に入る前にこの作品を観てしまったことが、後々の私の生き方に大きな影響を及ぼした気がします。

落語じゃないじゃん。

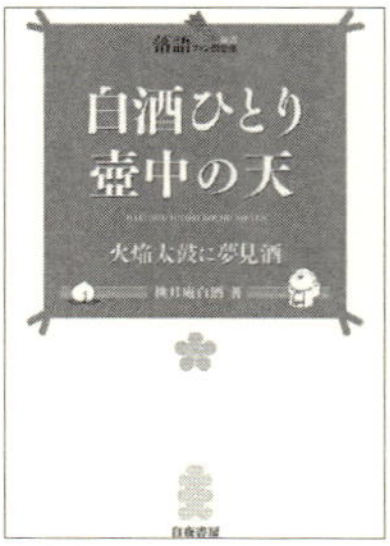

白夜書房／2013年

ご存じの方も多いと思うが、「アニマル・ハウス」は後に「ブルース・ブラザース」を撮ることになるジョン・ランディスの監督としての出世作である。同時に、「ブルース・ブラザース」でダン・エイクロイドと共に主演を務めた喜劇俳優ジョン・ベルーシ最初の映画出演作品でもある。ベルーシ演じるブルートは、学食で無茶食いしたり、ビールの缶を額で潰したりといった奇行が印象的な怪人で、主人公は彼が属する劣等生ばかりの寄宿舎デルタ・ハウスの住人になり、自分を迫害した優等生集団と闘うことになる。つまり、バカばっかりやっているボンクラたちが、堅物の真面目人間に対して勝利を収めるという筋立ての話なのである。

愛甲青年の入った落語研究会は、そのデルタ・ハウスのような場所だった。いや、早稲田大学落語研究会の名誉のために書いておくと、愛甲青年が勝手にそこをボンクラたちの巣と見立てて居心地良く住み着いてしまった。なにしろ彼はちょっとばかりマイペースの度が過ぎていて、せっかく入ったゼミの最初の合宿を平気でサボり、あとから「あ、あれは行かなくちゃいけなかったのか」と気付くという、常識の欠落した部分があったようなのである。

本書は五章から成っており、第1章は愛甲尚人が六代目五街道雲助《ごかいどうくもすけ》に入門を果たすまで、第2章が二ツ目までの修業時代、第三章が三代目桃月庵白酒を襲名して真打昇進以降、第4章が遡って高校までの鹿児島時代、という構成になっている。それらの半生記の部分ももちろんおもしろいのだが、ここでは思い切ってすべて省略する。本書の価値は、第5章にこそあるからだ。

第5章は「古今亭の愉しみ方　この師匠のこの噺」と題されている。落語の世界にあまり詳しくない読者のためにいておくと、古今亭一門にはいくつかの流れがあるが、現在の主流となっているのは昭和の名人と謳われた五代目古今亭志ん生《しょう》門下の落語家たちである。志ん生の長男は十代目金原亭馬生、次男は三代目古今亭志ん朝である。白酒の師匠五街道雲助は馬生門下だったが、師が五十四歳の若さで早世したために志ん朝の元に移った。

今名前を挙げた志ん生、馬生、志ん朝、雲助に加え、「ドラキュラ」と異名をとった古今亭志ん五《しご》（先代）、江戸前の芸風で人気のあった古今亭右朝《うちょう》の六演者がここでは紹介されている。参考のために書いておくならば、雲助以外はすべて故人だ。しかも志ん生は八十三歳の天寿を全うしたが、他は六十代までで病没している。

さて、この第5章の何が素晴らしいかといえば、演者の立場からその芸を分析している白酒の解説である。古典落語はネタ、すなわち噺を演者それぞれの演出で口演する芸能だが、噺そのもののストーリーはさほど重要ではない。起承転結すらないものが多く、しかも演者は最後まで演じずに途中で落ちをつけてしまったりもする。むしろ与えられた題材を元に、どのような演出を施すかということに価値があるのだ。古今亭一門なり、あるいは東京落語における二大流派である三遊・柳両派の伝統の演出法というものがまずあり、その上に演者それぞれの自己流アレンジがある。

落語は口演される芸能だから、演者の身体が楽器でいえばメロディ・パートやリズム・パートを担当する。また舞台でいうところの小道具は手に持った扇子と手拭ですべて演じ分け、背景にあるべき大道具は身体の素振りで表現する。つまり楽器と小道具と大道具を身体で表しながら、一つの物語を聴衆に向けて語っていくのである。演者の肉体が極めて大きな意味を持つことがわかるはずだ。
この第5章で白酒は、その「肉体」を演者がどう使っているかという解説を試みたのである。
たとえば雲助の「堀之内」のポイントを「目と表情」と規定し、次のように書く。

――粗忽な人というよりは、目の前しか見えていない、周りが見えない人、目の脇に遮蔽板がつけてある馬みたいな、狭い視界なんだって意識でやるんです。どうしようどうしようってきょろきょろするんですけど、首が動くんじゃなくて、肩と顔が固定していて、言うなればロボットみたいな固い動きなんです。

歌舞伎でも成田屋《なりたや》お家芸の「にらみ」など、眼技が継承されているが、観客のすべての注意が演者の表情に向けられているといっていい落語では、自分の顔をどう使うか、ということは演者にとって大きな問題だろう。それを白酒は書いているわけだ。また、同じ雲助の「臆病源兵衛」の項では、

――［……］師匠は首がにゅっと伸びるんです。それが、自分の体軀を利用したやり方ですが、背骨を曲げておいて、にゅって首が伸びたように演じるんですよ。

と、体術を交えた演出について説明している。

古今亭志ん朝を紹介するページでは、「愛宕山」の項で山を登る人について書いた部分が興味深い。

――山登りの仕草もいちいち綺麗です。幇間の一八も、最初は上半身と下半身の動きが合ってるんです。そのうちにちょっと息が絶え絶えになってくると崩れて行くんですが、その連動していないということを表現するのがとても難しいんです。

身体の動き以外では、「音」についての解説が秀でている。「千両みかん」は、真夏にみかんを食べたくなってしまった若旦那のために番頭が奔走し、果物問屋の蔵に一個だけ残っていたみかんを探し当てる噺なのだが、馬生の演出では音の要素が重要なのだという。

――この絵を思い浮かばせるには、また擬音が活躍します。桂枝雀師匠の「おひさんが、かー！」じゃないですが、「陽が強くて、かっ！　と照りつけておりまして」の「かっ！」の音が効いてくる。あとは、みかん問屋の蔵を開けるときのキーッという音、「ひんやりとした風が、そのなかをスーッと流れておりまして」のところも、地語りの声より、擬音の方がよく聞こえるようにアクセントを置いている。

白酒は先人たちの演出法を紹介するのと並行して自身のそれをも開陳している。その中でも擬音の使用についての強い関心度がうかがえるのである。

志ん生が十八番とした「火焔太鼓」について、

――太鼓が売りたいがために道具屋の心がはやるので、「売る」という言葉を強調しようとしたら、偶然に「ウルーウルー」と発音していたんです。

これがキタキツネを呼ぶときの声みたいだったので、アドリブで擬声語遊びをしてみたんです。これが存外ウケたので、噺の弾みにもなりました。オノマトペで遊ぶのは、地口オチにも使われる古典落語の手法でもあるので、噺の軸からブレない範囲で採用しています。

このような解説を読んでいると、それぞれの動作、発声が脳内で再現されていくような錯覚がある。そうした臨場感を味わわせてくれるのが、第5章の素晴らしい点なのだ。読むと、実際に落語を聴きたくなってくる。

なお、本書と同時に白酒の師匠である五街道雲助の『雲助、悪名一代　芸人流、成り下がりの粋』（落語ファン倶楽部新書）が刊行された。師弟同時は珍しく、ぜひ併せ読んでもらいたい。一番弟子である白酒について雲助が書いている個所は、たいへんに微笑ましいものである。

立川吉笑『現在落語論』

毎日新聞出版／2015年

立川吉笑《きっしょう》『現在落語論』は、一言で表すなら「完璧」である。落語論として完璧である。何が完璧なのかと言えば、現状分析だ。吉笑の大師匠に当たる立川談志は「現状分析の出来ない者のことを馬鹿と呼ぶ」と定義したが、その伝で言えば吉笑はこの一冊で己が馬鹿ではないことを証明して見せた。自分の立つ位置の観察・分析が完全に出来ている。

本書は四章に分かれており、第一章は落語という芸能の定義に使われている。章題のとおり「落語とはどういうものか」が主題である。そして、第二章「落語は何ができるのか」では前章の定義を引き継いで、この芸能に可能な表現とは何かということが書かれている。どんなジャンルにも向き不向きの題材というものがあるのだが、それがはっきりと言及されるのだ。無闇矢鱈とジャンルを誉めそやすだけ、根拠もないのに「○○は最高」と持ち上げるような素人評論と一線を画しているのは、著者が己の向き合っている題材をきちんと量的に把握できているからだ。

そして第三章では「落語と向き合う」と題し、自身がどのような形で落語という芸能に出会い、魅了され、その中で生きるようになったかということが導線として使われる。自身の体験を例に引くのは上手いやり方だ。ここで吉笑は三つの大事な概念について言及している。そのことは後でやや詳しく紹介するつもりである。

第四章がアジテーションにあたる部分で、未読の人はこの章だけを読むと本を買おうという気になるはずだし、本を最後まで読んでしまった人は、この部分について誰かに語りたくなるはずだ。本書は「まえがき」に「落語が『能』と同じ道をたどりそうなのは、たしかである」という談志の文章を引いている。有名すぎるほど有名なのでご存じの方は多いはずだが、談志の最初の評論書である（最初の著書ではない）『現代落語論　笑わないで下さい』（三一新書）の結びの文章である。

落語というジャンルが隆盛を極めていた時期、現役落語家の中では談志ただ一人がその中に翳《かげ》りを見出し、はっきりとした形で警告を発した。その内容を繰り返すことは煩雑になるので止めておく。結果のみ書くと、落語が談志の言ったような「能と同じ道」をたどることはなかった。予言が外れたのではなく、演芸者たちの努力によって運命が変えられたのだ。その旗頭となったのは、もちろん談志である。

『現代落語論』刊行から五十年という節目の年に一文字だけ違えた題名の本を出し、しかもそのまえがきに談志の言葉を引用したというのは、無論吉笑の覚悟を示すものである。第四章でも明確に書かれているが、談志の警告とは異なる種類の危機がこのジャンルには迫っており、それを放置すれば別種の崩壊が待ち受けているということを吉笑は指摘している。ここには詳しく書かないが、挙げられている要因は二つだ。一つはジャンルに内在するもの、もう一つは外圧である。後者に関して吉笑は、あえて『現代落語論』をもじる形で悲観的な意見を述べている。

二つの要因への対策は、いまだ吉笑の中にはないか、あるとしても立場として言えないかのどちらかだろう（おそらくは後者だ）。そのためにひとまず問題提起を行い、自身の考えを言語化することを選んだ。そうしておけば必ず反応が起きるはずだからである。右にアジテーションと書いたが、その矛先は自分と同じ演芸者、そして芸を受け止める観客の二方向へ据えられている。反応はきっとあるだろう。そう思わせるだけの力強さが、この本には宿っている。したがって、本書を読むか読むまいか迷っている人にはぜひ手に取ることを、そして吉笑の決死の発言である第四章だけでも目を通すことをまずお薦めしておきたい。

読みながら付箋を貼りまくったぐらいなので、各章には示唆に富んだ文章が詰まっている。帯には「なぜ座布団に正座するのか？『下半身を省略』するためです」というコピーが載せられているが、これは第二章から採られたものである。ごく簡単に書くと、落語という表現形式には隙間が多く、さまざまな要素を省略することによって成立する部分が多いということが第二章には書かれている。人物や風景の描写、時間経過といった「ものがたり」を行う上での要件が、最小限といってもいいほどの素材で組み立て可能なのである。私は本来、小説という表現形式を主に扱ってきた人間なので、吉笑の以下のような指摘には思わず膝を打つほどに感心させられた。

――小説のように文字表現で読んだりする反復表現はともすれば煩わしく感じてしまうこともあるけど、落語の場合は、不思議と同じような状況の反復がリズミカルで心地よく感じられるケースが多いのだ。

落語は「オウム返し」と呼ばれる、反復がよく行われるジャンルだ。同じことの繰り返しがなぜ観客に心地よさを感じさせるのか（そして同じことを文字表現でやるとなぜ正反対のことになるのか）が、このくだりでは詳細に分析されている。その他、演者の身体を唯一のメディアとして用いる表現であることから生じる利点や欠点を、漫才や漫画などの他ジャンルとの比較でわかりやすく説いたくだりも非常におもしろい。逆に言えば、そのメリットやデメリットを覆すことができれば、その表現者はたいへんな発明をしたことになる。この第二章は、それほど落語に関心がない人にもぜひ一読をお薦めしたい。きっと、「俺だったらこうやってやるのに」と挑戦してみたくなるはずである。

そして第三章だ。ここで吉笑が使っている三つのキーワードが「擬古典」「ブースト」「ギミック」である。立川志の輔と立川談笑という二人の演者を尊敬する対象として例に挙げ、この三つのキーワードがなぜ重要なのかを解説していく流れがスリリングなほどおもしろい。「擬古典」というのは「新作落語」を現代ではなく「古典落語」と言われる噺が舞台とするような作品世界に戻して作り、演じるということである。古典落語に出てくる世界の時代設定は実に曖昧で、江戸なのか明治なのか、ちょんまげはあるのか無いのか、金の単位は両なのか円なのか、わからない。わからなくても成立するのである。現代人がぼんやりなんとなく「むかし」と感じるような世界であればいいということだ。吉笑はその舞台の有利さ、有効さを理解した上で、現代人にとって理解しやすい題材・心性が描かれた噺を、現代ではなく、ぼんやりとしたむかしを舞台として演じることを選択している。それが可能になるのは「古典落語」というものが実はちっとも古典ではなく「擬古典」だからなのだが、そのことは、今は措く。

そうして「擬古典」の落語を吉笑が提唱し、自ら創作し続けるのは、落語の伝統性ではなく大衆性を重視するからだ。詳しくは第一章に書かれているので省略する。そこで重要なのが「ブースト」すなわち、噺のどの部分を強化してお客に届くようにするかということだ。デフォルメと言ってもいい。「ギミック」は、現代人と噺が接点を持てるようにするための切り口、視点である。それを手がかりに演者は観客の心を摑む。

創設者である立川談志がそうであったからか、立川流には自身の落語にテーマを見出そうとする演者が多く、その系譜を受け継いだ考え方と言っていいだろう。立川流だけを聴いているとわからなくなるが、すべての落語家がそうなのではない。「落語はふんわりとしたものでテーマなんてあって無きが如しだよ」という姿勢の者もいるのである。これはどっちが良い悪いの問題ではなく、どう演じても大衆から支持されたほうの勝ちというだけの話だ。

この「ブースト」を理解させるためのツールとして効いてくるのが、志の輔・談笑が「古典落語」の噺について何を本質として摑んだかという例示である。たとえば「たらちね」という噺について談笑の考えを書いた以下のくだり。

——この古典落語を自分なりに面白くアレンジしようとするとき、ぼくを含めて多くの落語家は「口調がていねいすぎる」（注：そういう人が出てくるのです）という部分をブーストしようとする。言葉がていねいすぎることによって生じる問題を追加したり、細かく描くことで笑えるポイントを増やそうとするのだ。

でも、師匠の見方はまったく違った。

師匠は、この噺で強調するべきポイントを「突然、結婚できることになった男のうれしさ」だと言う。

私事になるが、私は十代のころ結構な落語オタク（という言葉はまだなかった）で、少ない同志と噺談義をするのを楽しみにしていた。そのとき最も盛り上がったのは「この落語の主人公は役者で言えば、たとえば誰か」「この落語を省略していくと何が残るか」という話題だったのである。後者は、私たちが八代目三笑亭可楽《さんしょうていからく》という、どんな噺をやってもだいたい三十分かからないで終えてしまう省略の名手（悪く言えば乱暴な芸）の落語家が好きだったことからきた話題だ。たとえば大ネタと言われる噺も、その中核にある部分だけを残して省略すれば、二十分でできるのではないか。そういう思考実験をよくやっていたのである。前者の配役を考える遊びは今でもやっていて「この話を映像化するときはカンニング竹山《たけやま》を出すことができるだろうか」などとぼんやり考えることがよくある。

閑話休題。そういう過去があるものだから、吉笑が師匠・談笑の言葉に胸を打たれたのはよくわかる。吉笑が何をしたいのか、ということが理解できたような気がしたのは、実は第三章のこのくだりを読んだときだった。落語なんてテキストをそのまま演じればいいだけのもの。落語ファンにはそういう考え方の人はあまりいないと思うが、何かオリジナルがあり、それを日々なぞっているだけ、という風に落語を見ている人はファン以外には多いはずだ。それに対する有効な反論はこれではないかと思う。テキストの中に何を見出し、それを抽出して自身で再構成を行うか。しかもテキストをできるだけ壊さずにそれをすることができるか。落語のそうした部分に私は魅力を感じる。

吉笑は発展途上の落語家である。自身でもこう書いている。

——落語という表現にはありとあらゆるものを具現化するキャパシティがあるけど、そのためにはもちろん技術が必要で、ぼくはそんな技術をまだまだ吸収しきれていないのだ。

談志は晩年「江戸の風」という概念を提唱した。定義の難しい言葉だが、その中には「観客を心地よくさせるリズムや調子」といった「伝統」に裏打ちされた技術も含まれているはずである。吉笑は本書の中であえて「大衆芸」としての方向に舵を切るとの宣言を行っている。背景には伝統の部分でまだ背負いきれていないものがあるという見切りもあるだろう。それを身につけるまで待っていては大衆の支持を得る前に老いてしまうので、あえて今ある武器で勝負することに決めたのだ。そういう意味での未熟さは二ツ目ならば許容されるべきことで、「大衆の支持はあっても伝統には沿っていない」と吉笑を批判することにはまったく意味がない。むしろ今は、成長していく吉笑が、これからどんな武器を増やしていくだろう、と見守ることのほうが大事だ。その意味で本書は重大な決意表明の一冊である。これでもう吉笑は落語家を辞められなくなった。『現在落語論』を背負って、これからの人生を歩むしかなくなったのである。

本書に足りないものがあるとすれば、師匠・談笑からの推薦の辞だろう。おそらくは自分が二ツ目の身分だということで、あえて遠慮したのではないか。

そこでたいへん僭越ではあるが、私がそれを代行しようと思う。もちろん私自身の文章ではない。吉笑の師・談笑の師、談志のそのまた師である五代目柳家小さんが、弟子・談志の『現代落語論』に贈った言葉だ。「談志」の部分を「吉笑」に変えて読んでもらえればと思います。

――まだまだ未完成の談志の書いた本。そのつもりで読んでもらったら幸いと思います。楽しく読めると思います。（柳家小さん）

藤原周壱『前座失格!?』

すべての人間が夢を叶えられるわけではない。

彩流社／2015年

天に輝く星があれば、その高さから墜ちた流れ星の数はもっとある。

さらに言えば、星の高さまで届くこともなく燃え尽きた者の数はその数十倍にも達するだろう。

芸人本の中にはそうした「星に届かなかった者たち」が自らの人生について綴ったものも多く存在する。

実名を出して恐縮だが、秋山見学者《あきやまけんがくしゃ》『たけしー・ドライバー』（現・角川文庫）はその好例だろう。本坊元《ほんぼうがん》児《じ》『プロレタリア芸人』も、そうした匂いがプンプンしたのが危険なスパイスとなっていた。もちろん、本に漂う不穏な気配を打ち消して芸人として大成されることを心からお祈りする。すでに芸人を廃業し正業に就いていると噂を聞く秋山にも、今の道で成功してもらいたい。

もちろんそうした伝記、自伝がハッピーエンドで終わるという保証はない。落語家の半生記としてはもっとも衝撃的なものの一つである春風亭一柳《いちりゅう》『噺の咄の話のはなし』（晩聲社）は、三遊亭圓生に破門され、三遊亭好生《こうしょう》の高座名を返上させられた著者が、自身の心の区切りとして、師匠・圓生への捨てきれぬ思慕と、その反動から生まれた怨念との二つの感情を綴った一冊である。好生が破門されたのは圓生が落語協会を退会して落語三遊協会を設立した折に、師とたもとを分かったためだ。そこには圓生を愛するばかりにその影法師となるほどに芸が似てしまい、壁に行き当たって苦悩していたという無視できない事情がある。天才である圓生、そして強烈な自我の持ち主である兄弟子の圓楽は、好生の抱える屈託を理解することができない。その憤懣《ふんまん》が、不幸な師弟の別れにつながったのである。

『噺の咄の話のはなし』本文中には「圓生が死んで嬉しかった」との赤裸々な告白まであり、剥き出しの心情が痛々しい。そこで吐き出すべきものを出し切って心機一転やり直せるのならば最初から鬱屈の溜まるはずもない。結局一柳は、一九七九年に亡くなった師の後を追うようにして本を上梓した一九八〇年の翌年、投身自殺を遂げてしまう。

一柳の著書は芸と芸人としての生き方に対してあまりに真摯でありすぎた男の悲劇としてまだ好意的に受け止めることができるが、笑止千万で読むのが辛い一冊もある。金田一《きんだいち》だん平《ぺい》『落語家見習い残酷物語』がそれだ。版元は一柳の本と同じ晩聲社で、刊行はそれより遅れること十年の一九九〇年である。題名からわかるとおり、落語家の修業を上の人間による非人間的な虐待としてとらえて書いたもので、晩聲社は当時からプロレタリアート運動関係や最下層社会の貧困についての本を多く出していた。その流れから著者の売り込みに応えたか、スカウトしたかで本の企画が実現したのではないか。

金田一だん平が弟子入りしたのは三遊亭圓窓《えんそう》、林家正蔵（先代）の二人である。本来落語家は師匠と運命を共にする覚悟で入門するものだから、このように二君に仕えるのはおかしいのだが、先例は少なくない。有名なのが、柳家権太楼《ごんたろう》から離れて三遊亭小遊三《こゆうざ》門下に移籍した三遊亭遊雀《ゆうじゃく》だ。もっとも遊雀の場合は、移籍の段階ですでに真打に昇進しており、将来も嘱望されていて、ある程度は自分の意志が通せる状況にあった。これと同じことを、落語家としては半人前の前座ができるわけがない。おそらくは二ツ目でも相当厳しいはずである。

金田一だん平の場合は落語家になるための覚悟ができずに弟子入りをしてしまったのが不幸の原因だったらしく、もともとは立川談志の大ファンで弟子入りを切望していたのに、紹介する人があったために円窓門下になってしまうというおかしな経緯を辿っている。惚れて弟子になったわけではないから当然圓窓とはそりが合わない。読んでいて失笑してしまったのは、厭なのに圓窓が一緒に飯を食おうと強制してくるとぼやいているくだりで、どこの世界に師匠から飯を勧められて嫌がる前座がいるというのか。立川談春『赤めだか』には談志が食事の面倒を見てくれないので前座たちがひもじい思いをする場面が描かれているが、食わせてくれる圓窓と食わせてくれない談志と、比べてみれば「親切」はどちらなのか、答えは明らかである。もちろん、食わせずにひもじさを体験させるのも修業だと考えれば、談志の行いにも筋が通っている。

結局だん平は圓窓のところを逃げるようにして辞め、正蔵の弟子になる。しかし弟子入りにあたって圓窓の弟子であったことを伏せていたため正蔵の逆鱗に触れ、結局そこもクビになってしまうのである。これも非はだん平の側にある。二君に仕えず、は落語界の常識中の常識だからだ。

本人と接したことはないが圓窓はどちらかといえば内向的で気難しい人物のようだし、正蔵は「トンガリ」と異名をとったほど頑固で喧嘩早かったという楽屋の伝説がある。それでも好生を弟子にしたことからわかるように正蔵は人情家で、懐に入った窮鳥を見捨てるような酷なことはしない人だったのである。『落語家見習い残酷物語』は、著者と版元がどういう意図であったかはわからないが、落語家の横暴をなじる人間が、逆に自身のあさはかさを露呈してしまうという滑稽な構図の本になってしまったのだ。いちばん滑稽なのは、何か壁に行き当たるたびに「談志のところに行けばよかった、談志はもっと人情家だ」と泣いてみせることで、立川談志のところにこの人が行っていたらさらにひどいことになっていたであろう。何しろ談志は「嫌いだ」という生理を剝き出しにして恥じることがなかった人なのだから。

さて、そうした芸人挫折本の系譜にまた一冊が付け加えられた。藤原周壱《ふじわらしゅういち》『前座失格!?』である。余談ながら、この本が収められた〈フィギュール彩〉という叢書は、以前に事実誤認ばかりでまったく信用ができない菅沼定憲《すがぬまていけん》『談志　天才たる由縁』という本を出したので警戒しながら読んだのだが、今回はそんなにひどい間違いはなかった。これで菅沼本の誤記は編集者ではなく著者本人の責任であることが立証されたわけである（おそらく著者があまりにおじいさんで、編集者の言うことを聞かなかったのではないか）。

藤原周壱は一九五九年生まれ、小さいころから落語が好きで、門前の小僧よろしく放送で聴いたネタを暗記して諳《そら》んじるようなこともできた。特に惚れこんだのが、落語界で三人目の人間国宝となった柳家小三治で、本人曰く〈小三治教の敬虔な信者〉であったという。高校卒業後、会社勤めを経て一九八二年ごろから小三治へのアプローチを始め、何度も断られたが、ついに一九八四年に入門を許される。一九八五年につけてもらった前座名は「柳家小多《こた》け」である。

「小多け」と聞いて頭に疑問符が浮かんだ人は結構な落語ファンだと思う。柳家小三治が柳家小さん（先代）に入門して最初につけてもらった名前が「小たけ」、本名の郡山剛蔵《こおりやまたけぞう》から取ったものだ。つまり著者は、師匠の前座名を貰っていたわけであり、それなりに期待されていたことがわかる。実際、藤原が廃業した後に入門し、同じ小多けを名乗ったのは、現在人気落語家として活躍している柳家三三《さんざ》である。決して、だたらにつけていいような名前ではないのだ。

しかし藤原は修業半ばにして挫折を味わい、一九八七年に二度目の破門となって廃業してしまう。最初の破門は一九八六年で、これは物置に取りに行かされたスコップを「ありませんでした」と応えて師匠の逆鱗に触れたという「スコップ事件」の結果である。すぐそこに見えているスコップを「ない」と言い張ったのだから間抜けな話だが、前座修業という常軌を逸した緊張の中では、見えるものが見えなくなってしまうこともあるだろう。それは不注意のなせる業であったが、一九八七年の二度目の破門はもっと深刻だった。発端となったのが藤原の言葉遣いの問題だったからである。電話で話す藤原を観察していた小三治は、突如怒りを爆発させた。普段から早口すぎることを注意していたにもかかわらず、それがまったく改められていないことに、ついに堪忍袋の緒が切れてしまったのである。

——「すみません、直します!」と言う私に、「駄目だ! あれだけ言ってもできないというのは、お前には無理なんだ。噺家としてこれから先どれほどの苦労が待っているのか計り知れないんだぞ。それなのに、この程度のことが直せないようなら噺家として見込みがないんだ。今すぐ辞めろ、クビだ!」

本書を読んでいて感じるのは、柳家小三治という人の芸事に対する厳しさだ。著書『落語家論』(現・ちくま文庫)にもそれがよく表れている。小三治は自分に高いハードルを越えることを課すだけではなく、周囲の人間にもそれを行う。その教えも、懇切丁寧に説明するように優しくはなく、見て覚えろという突き放すやり方であるため、真意がとれないときには実践することが難しい。

しかし、それが柳家小三治という落語家なのだ。弟子になるからには、それを理解し、覚悟を決めた上で門を叩く必要があるだろう。

そもそも藤原が最初に小三治に弟子入りを願ったときも、突然「何でもいいから落語を一席しゃべってみなさい」と申し渡されたという。当然ながら藤原は喋れない。当たり前である。目の前にいるのはプロ、しかもすでにスターの地位に昇りかけている第一線の落語家なのだ。しかし、小三治はこう言ったという。

「だけど、例えばキャッチボールを満足にできない奴が、いきなり『プロ野球選手になりたいんです！』と言っても無理な話だろう。オレはコーチじゃなくプレーヤーなんだ。もし君が噺家になったとしても、手取り足取り教えるつもりは更々ない。プロを目指したいというなら最低限キャッチボールくらいは見せなさい」

正論である。そしてやはり無茶でもある。しろうととプロの演じる落語はまったく別物。たとえばイチローはどんなしろうとから投げられた球でも受け止められるだろうが、それをキャッチボールとも認識しないはずだ。しかし、その無茶を言って食い下がってくる者だけを弟子にとろうという考えなのだとしたら、厳しい条件を突きつけることもするだろう。

こうした姿勢は、藤原を破門した際にも示される。このままやっていても一流の芸人にはなれないので辞めろと言う小三治に藤原は食い下がる。「一流になれなくても良いですから、弟子に置いてください」と。

しかしそれに対する小三治の答えは、藤原にとっては思いがけないものだった。

「だけどなぁ。それはあまりにも身勝手すぎやしねえか？　弟子を取るというのは、苦痛以外の何物でもないんだ。オレだけじゃない。内儀さんだって同じだ。こっちが駄目だというのに、無理矢理弟子入りして来て、居て欲しくもないけど毎日、同じ屋根の下で顔付き合わせて、やってほしくもないけど修業という名目があるから、用事を言いつける［……］。それでも何故、弟子に置いてやるかといったら『何れはこいつがひとかどの噺家になってくれるんじゃねえか』と思うからこそ我慢して置いてやってるんだ。それを自分から『三流でも良いから置いてください』というのは、オレにとっては暴力そのものだぜ」

弟子は暴力！　この発言はあまりにも赤裸々すぎるが、落語家にとっては本音そのものだろう。金田一だん平の所業を見ればよくわかる。本書には師であった小三治へのいまだ断ち切れない尊崇の念と恨み節とが未分化の形で詰め込まれており、著者がやや自嘲気味に認めるように、破門から三十年以上になっても心の整理ができていないのだということがよくわかる。それでも『落語家見習い残酷物語』ほどに目障りではなく、一人の人間の青春物語として読み通すことができるのは、著者に自身の未熟さを認める気持ちがあり、客観的に至らなかった部分を綴っているからである。それが本書の救いになっている。

序破急の急の章では柳家小三治のその後について触れ、師・小さんには人間性の面で到底及ばないなどと批判的なことも書いているが、私は少なくとも読む前よりは後のほうが小三治を好きになった。それは小三治が、さまざまな矛盾を自身の中に押し込め、芸人として高みを目指しながら思うようにはそれが達成できていないという不満を隠すことなく剝き出しにする人物だということが表れているからである。弟子に厳しくするのは、一種の八つ当たりだろう。当人には気の毒だが、そうした不完全さを曝け出すのも芸人という生き方である。

著者は、落語家廃業後は職を転々としながら現在に至っているという。本人曰く「一番やりたかったものが駄目になったんですから、これから先は（職業は）何でも良い」。しかし何でも良いということは何にも嫌だということである。心のどこかが壊れてしまったのだ。願わくば本書が著者にとっての自浄の一冊となり、人生の新しいページをめくることができますように。この本を最後に柳家小三治という名前は忘れてもらいたい。「夢を諦める」という人生で最も重い事柄について書けたのだから、きっとできると思うのだ。

柳家さん喬、柳家喬太郎『なぜ柳家さん喬は柳家喬太郎の師匠なのか？』

『なぜ柳家さん喬は柳家喬太郎の師匠なのか？』。

絶妙の題名で、内容をすべて言い表している。逆だと意味がないのである。

なぜ柳家喬太郎は柳家さん喬《きょう》の弟子なのか？

これだとまったく意味がない。大相撲と違ってスカウト制度が皆無である落語界（広く芸人全般がそうだが）においては、常に師匠は選ばれるものであり、弟子が選ぶ側である。この人、この芸を、と見込んだ者が人生を懸けて弟子入りするのが落語家の世界である。

だから「なぜ」は師匠の側についていなければいけない。

ただしこれは一般論だ。さん喬・喬太郎師弟にこの質問を向けたとき、もう一つの意味が浮上してくる。

現在はともかく一時期は、師匠である柳家さん喬よりも弟子の喬太郎のほうが世間での知名度が高い時期が間違いなくあった。たいへん失礼な書き方になってしまうが、「さん喬の弟子の喬太郎」よりも「喬太郎の師匠のさん喬」という認知をする人がそのころには多くいたのである。

新進の真打として春風亭小朝が売り出した当時、新聞とテレビでしか落語家の名前を見る機会がない層

徳間書店／2018年

にとっては、弟子のほうが師匠の五代目柳朝よりも馴染みの深い名前であった。柳朝は小朝売り出しからほどなくして病に倒れ、以降は表に出ることなく晩年を過ごしたが、さん喬はそうではない。あの年でなんでそんなに出るのか、と同業者に言わしめるほどに高座を多く務める精力家であり、非日本語圏に落語文化を普及する活動により、二〇一四年度には国際交流基金賞まで授かっている。故・五代目柳家小さん門下の重鎮として、落語協会を代表する大看板だ。二〇二四年には柳亭市馬に代わり、会長職にも就任した。

にもかかわらず喬太郎の名前が勝ったというのは、彼が若手時代から注目される存在だったことが大きい。一九九三年に二ツ目に昇進してさん坊《ぼう》から現在の名に改めた喬太郎は、前座時代はほぼ封印状態に近かった新作落語を解禁し、比較的若い層のファンから支持されるようになっていく。二〇〇〇年に十二人抜きで真打に昇進、三年後には春風亭昇太、三遊亭白鳥、林家彦《ひこ》いち、講談師の三代目神田山陽《かんださんよう》（二〇〇七年脱退）らと共に創作話芸を行う集団SWAを結成、小説家の夢枕獏《ゆめまくらばく》が後ろ盾についたことなどから大きな話題になり、若手落語家を代表する存在になっていった。

一九九〇年から二〇〇〇年にかけては落語人気が最も低調だった時期と言ってよく、特に二〇〇一年三月に三代目古今亭志ん朝が亡くなると「東京落語の火は消えた」と言い出す者も出るほどの絶望感に襲われた。その時期を必死になって支え、志ん朝喪失によって落語から離れたファンを繋ぎとめたのが立川談志である。それと同時に新しいファンを獲得する活動をしていたのが談志門下の志の輔・志らくであり、SWAの面々であった。落語界の危急存亡の秋《とき》を救った功労があるのだから、喬太郎の名が強く記憶されているのも当然のことだ。喬太郎を入口として落語を知った人も多いだろう。

もちろん同時期、さん喬は落語ファンにとってはすでに重要な存在になっており、特に「文七元結」をはじめとする人情噺の大家として不動の地位を築いていた。しかし、ＳＷＡの浮揚感から落語ファンになった者がさん喬の奥深さに気づくまでには少し時間がかかる。

『なぜ柳家さん喬は柳家喬太郎の師匠なのか？』は四章構成からなる本である。初めと終わり、つまり第一章と第四章は師弟の対談である。第二章はさん喬、第三章は喬太郎が単独で語る形式になっている。対談で出た疑問に間のインタビューがそれぞれの観点から答えを出し、その答え合わせが第四章で行われるわけだ。この構成も巧い。相手がいない場所で師弟が自身の考えを述べることに大きな意味がある。

第一章でさん喬は自身の弟子育成に関してこういう言い方をしている。

「俺は弟子を育てる能力はゼロだけど、ただ水をやることだけは惜しまないよ」

喬太郎は総領弟子であり、さん喬のやる水を見事に吸い上げて成長したわけだ。同じ意味のことが第二章のインタビューにも出てくる。こちらのほうが言葉のディテールは深く掘り下げられている。

さん喬　「俺がお前たちにやれるものは水しかない。肥やしはやれない」。「……」でも、水をやったところで、花を咲かせるのは彼ら自身です。「……」俺がお前たちに小さな可愛い花になれとか、大輪になれとか、そういうことは教えられないし、押し付けるつもりもない。

さらにこの自由放任主義と見える教育方針が、自分の師匠である柳家小さんの教えに根を持つものであることをさん喬は示唆するのである。

さん喬　［……］うちの師匠が言うのは、ただ「素直になれ」ってだけ。「人間素直が一番。素直ということは、素直にそれを取り入れられるか、られないかだからね。最初から、俺には必要ないとか、そんな考え方はおかしい。それを言ったら、そこで止まってしまう」とおっしゃっていた。どんどんどんどんいろんなものを吸収するには、素直じゃないと駄目なんでしょうね。砂が水を吸い込むように吸い込んでいって、自分の中になにが残っていくか。それが重要なんだと思います。だから、うちの弟子にも素直になっていってほしいんですよ。

さん喬の師匠である五代目の先代、四代目小さんは「芸は人なり」という名言を残している。その偉大な四代目の教えを一生かけて考え、落語家は素直でなければならない、という単純明快な結論に落ち着いたのが五代目なのである。こうして書くと至極当たり前のように見えるが、その単純な命題について師匠と同じように考え抜くことが小さん一門に課せられた責務となっている。柳家小三治は考えた果てに笑わせるという演出に固執することを戒め、自発的な笑いが客から生まれるような噺の仕方を目指すようになった。これも「芸は人なり」の実践と言っていい。一門を離脱した立川談志は、素直にと言うが人間の本質は善であるとは限らない、その不完全な人間が自分なりにあがく姿こそが落語の本質なのではないか、と考えて表面上は小さんを真っ向から否定するような立場をとった。しかし談志は、客は落語家を観に、その言葉を聴きに来ているのだ、と芸人本位の考え方をとり、「芸は人なり」から逸脱することはなかった。立場こそ違えど、小さんの教えの中にいたのである。師弟の結びつきはそういうものだろう。破門されたからといって、まったく違う理論体系に移るのは落語家の生理ではない。

第四章でさん喬は、小さんの芸をどうやって誰が継ぐだろうかと聞かれてこう答えている。

さん喬　小さんの芸を継ぐ必要はないと思うんですよ。小さんの心を継げばね。[……]自分の中で小さんがどれだけの存在であるかっていうことと、どれだけ小さんをわかっていたかということ、これに尽きますね。[……]うちの師匠のやる「うどん屋」を、どうしても師匠のようにやりたいっていうことよりも、たとえば古今亭の噺だったり、三遊亭の噺を教えていただいて覚えたときに、「小さんはこういうふうにやるかな」と考える。そこで初めて小さんの芸が継承できるんです。表を踏襲してもダメ。どんな話をしても小さんがそこに介在することが、小さんの芸を継いでいくということになると思います。

喬太郎の話題から始めたが、実は本書を読んで強く印象に残るのはこうしたさん喬の言葉のほうなのである。弟子たちに真似ることよりも考えることを勧めた小さん一門だからか、芸についての言葉を書籍の形にしている弟子は多い。立川談志は別格として、現代と落語がいかに切り結ぶべきかを考えた五代目柳家つばめには『落語の世界』(現・河出文庫)があり、著書を残すことに消極的なことで知られる小三治にも楽屋の教えの集大成というべき『落語家論』がある。柳家小里《こり》んは、師匠の十八番に関する芸談をまとった形にすることで自身の考えを示す『五代目小さん芸語録』(聞き手・石井徹也、中央公論新社)を著し、小さんの孫である柳家花緑《かろく》は『僕が、落語を変える。』(現・河出文庫)他の著書によって落語という芸能の拡大を図っている。さん喬のライバルであり、爆笑王と讃えらえることも多い柳家権太楼《ごんたろう》にしても、寄席で日々の高座を務めることの重要性を説いた『権太楼の大落語論』(彩流社)という著書がある。

さん喬も二〇一七年に二冊の著書を上梓している。『柳家さん喬　大人の落語』(講談社)と『噺家の卵煮ても焼いても　落語キッチンへようこそ!』(筑摩書房)だ。前者は自作得意ネタについての本、後者は連載を元にした半生記である。いずれもさん喬の人柄はよく出ていたものの、その考え方を前面に押し出したものではなかった。今回の喬太郎との共著は、弟子と切り結ばざるをえないという事情もあり、落語家としての姿勢がより明確になった印象がある。柳家さん喬という落語家のひととなりを知るという意味では、実は本書が最も適した一冊なのではないだろうか。

さん喬が人気を得たのは若いころに「文七元結」を演じたことがきっかけで、人情噺が注目されるようになった。しかし本人としてはそれにイメージが固定されるのは痛し痒しの事態であり、ごく当たり前の落とし噺をやりたくてもやれないこともあるのだという。客商売の難しさを知っているからこそ、弟子の喬太郎にも心配する言葉を発している。

さん喬　［……］喬太郎の近年を見ていて思うのは、喬太郎を聴かせているのか、企画を聴かせているのかわからない、ということなんです。今の喬太郎はほんとに周りから企画をいっぱい押し付けられて、好むと好まざるとにかかわらず、企画に自分をはめていかなければならない。自分の芸を企画にはめないといけない辛さはあるんですよね。お客さんや主催者のニーズに応えすぎてしまうところがあります。ウルトラマンだったら自分でもやりたいんだろうけど。

喬太郎　はい（笑）。

ウルトラマンというのは二〇一六年に杉並公会堂で開催された、放送開始五十年記念の「ウルトラマン落語会」のことである。こうした形で柳家喬太郎ありき、で企画の会が催され、出番が増えていく。囃されたら踊れ、が落語家にとっては絶対の是であるが、それでも弟子が踊らされた挙句にどうなるか、を師匠は案じている。「彼（喬太郎）に対して、落語の表現のためには必要ではないものを要求する人たちがいる。そこに気をつけろということです」と語るさん喬は弟子の会にゲストとして呼ばれたとき「ご贔屓はありがたいのですが、贔屓の引き倒しという言葉があります」とまくらで言ってのけ、客を驚かせたことがあるという。

芸人なんだから囃されたら踊れ。現代に生きているんだから時代を見ろ。しかし自分が柳家の落語家であるという矜持だけは忘れるな。

そんな言葉が行間から聞こえてくるような思いがする。弟子という花に対して水をやることしかしない師匠は、俺を見ろ、とも決して言わないのである。なぜそう言わないか。弟子はそんな師匠をどう見ているのかは、本書を読めばおのずと理解できる。

柳家さん喬、一九四八年生まれ。柳家喬太郎、一九六三年生まれ。師弟といいつつも両者の歳は十五しか離れていない。入門によって疑似的な親子となる落語家の師弟ゆえの関係である。そんな二人であるがゆえの葛藤も師匠であるさん喬にはあった。本書でもっともチャーミングで、心を揺さぶるのは以下のくだりである。

さん喬　今はもう何を言ったって喬太郎も驚かないだろうから言いますけどね、師匠の葛藤もあるんですよ。俺がもし彼をつぶしてしまったら、落語の歴史に残る逸材を、俺が殺したことになるのかと思う。一方で、同じ噺家として情ない思いも抱えていた。極端なこと言ったら嫉妬です。

こいつを生かして、なんで俺が死んでいかなきゃいけないんだって、そういう嫉妬はありますよね。だけどこいつをつぶしたら、俺はこの落語界からはじかれてしまうような人間になるんだなと思う。喬太郎は私が育てたというより勝手に育った。それをつぶすことはできません。［……］

魂の叫びというべきだろう。師弟であり親子であるという以前に同じ人間である。その率直な思いをさん喬は本書でさらけ出している。魅了されざるをえないではないか。

この稿ではあえて師匠さん喬に焦点を当て、弟子の側の発言には一切触れなかった。この思いに喬太郎がいかに応えているかは、実際に本を読んでご確認いただきたい。落語家の師弟というものを考える上で、あるいはもっと大きな枠で言えば一つの理想を追い求める間柄においてもっとも大事なことに思いを馳せるために重要な発見をもたらしてくれる一冊である。非落語ファンにもぜひお薦めしたい。読めばさん喬と喬太郎を聴かなければという切迫した思いに駆られるはずだが。

笑福亭銀瓶
『師弟　笑福亭鶴瓶からもらった言葉』

西日本出版社／2021年

笑福亭銀瓶《しょうふくていぎんぺい》『師弟　笑福亭鶴瓶からもらった言葉』は、ひさしぶりに読んだ芸人本らしい芸人本である。どこが芸人本らしいのかと言えば、マニアではなく、どちらかといえば古典芸能とも語り芸とも無縁な生活を送ってきた青年が、師匠に魅了され、その薫陶を受けて落語家になることに積極的になっていく過程を描いた点だ。落語家の自叙伝としては、立川談春『赤めだか』に構造が最もよく似ている。談春が談志への思いを綴ったようなやり方で銀瓶は鶴瓶《つるべ》を語っているからだ。

銀瓶にはすでに『銀瓶人語 vol.1～3』（西日本出版社）という著書がある。MBSラジオ「こんちわコン

ちゃん お昼ですょ!」のレギュラーとして、身辺雑記のエッセイを毎週書き、それを朗読するというコーナーを二〇〇五年から銀瓶は担当している。西日本出版社がその書籍化を持ちかけたというのが本の出た経緯である。本を読むと、その身辺雑記をものするようになった背景にも鶴瓶の影響があるように思われる。

入門直後のエピソードである。鶴瓶は弟子たちに「お前、最近あった、何かオモロい話、やってみぃ」と声をかけることがよくあった。自身では「私落語」というべき私小説的な噺を手掛けているが、弟子がした話に対しても、ここはこういう風にしたほうがいい、というような助言を授けてくれたのだという。何も思いつかなかった銀瓶が仕方なく学生時代のことを話すと、こう言われた。

「銀瓶、『今』の話が大事なんや。そら、前にあったオモロい話もやることはあるよ。俺もする。そやけど、できるだけ最近あった話、それこそ、ついさっき起きた話をすることが大事なんや」

芸人たるものは四六時中笑いを拾うことに敏感になっていないといけない、という戒めだろう。こうして鶴瓶によって芸人体質に矯正され、落語の持つおもしろさに目覚めていくのである。

上方落語家ゆえ私自身は銀瓶をよく聴いているわけではないのだが、簡単に略歴を紹介しておく。一九六七年、兵庫県神戸市生まれで、明石高専卒業後に笑福亭鶴瓶に入門した。もともとは落語家志望でなく、鶴瓶についていけば自分の未来が拓ける、程度の思いであったようだが、見事にその才能を開花させ、二〇〇〇年代に入って目覚ましい成果を挙げている。二〇〇八年、繁昌亭奨励賞、二〇〇九年、同大賞、そして二〇一七年、文化庁芸術祭優秀賞と受賞歴も華やかだ。

なぜ、それほど興味もなかったのに鶴瓶に入門をしたか、という点が本書の肝になる部分である。冒頭で明かされているように、銀瓶は通名・松本鐘一《まつもとしょういち》、本名を沈鍾一《シム・ジョンイル》という在日韓国人三世だ。中学校から進学先を決める際、本当は神戸高校に行って教師になりたいという希望を持っていたのだが、韓国籍ではそれは難しいので高専を出てエンジニアになれ、という父親の意見に従ったという経緯がある。理系の学校に進んだもののまったく関心が持てず、腐っていたところに見出した一筋の光が笑福亭鶴瓶という人だったのだ。

在日という出自に銀瓶こと沈鍾一がどう向き合っていったのか、ということが本書のサブテーマになっている。幸いというか、銀瓶の育ったのは在日の多い環境であり、理不尽な差別を受けることもなく少年期を過ごすことができた。自身では韓国文化に対してさほど関心がなく、親戚たちの話す母国の言葉にも、ただうるさい言語だ、というような嫌悪感に似た気持ちを持っていたという。銀瓶はあるきっかけから自分が立つ土台そのものに無知であることに気づき、ウリナラ（韓国人による母国の呼称。我が国の意）の言葉を一から学び、韓国語で落語を演じることを決意して、ついにはソウルの同徳女子大学校で公演を成功させるに至る。その過程で日本語がいかに落語に適した言語であるかにも気づき、演者として高みに上ることになるのである。母国と自分の住む国、二つの文化をまたいで一つのことを成し遂げた者だけが見える視点を描いたという点で、在日文芸としても高く評価したい。在日三世という世代が、いかにウリナラと向き合っているかという典型を銀瓶は描いた。

銀瓶が最初に鶴瓶と話したのは、ラジオ大阪「鶴瓶・新野《しんの》のぬかるみの世界」の入り待ちをした際であった。突然訪ねてきた少年を邪険に追い払うことをせずに鶴瓶は応対し、ラジオの収録を見学させると、優しい言葉をかけて帰した。当時銀瓶は明石高専の最終学年にいて進路を考えなければならない時期であったが、その態度に感じるものがあり、卒業を前に入門を決意したのである。いざ弟子入りしてきた鐘一少年に、鶴瓶はこんな言葉をかけた。

「今日からお前は、在日韓国人でも、韓国人でも、日本人でもない。今日からお前は、芸人や」

帯に、入門二年目のエピソードが引用されている。弟子入りしたもののあることで悩みを抱えていた銀瓶は、自ら辞めたいと申し出たのである。それに対して鶴瓶は「俺は、お前を辞めさすつもりはない」と言ったのだという。この言葉はもう少し長く続く。さらにはこのときの記憶が後に、銀瓶が初めて公演を行った大阪松竹座でトリネタとしてかけた「百年目」へとつながるのである。「百年目」で試みた独自の演出がまことに素晴らしく、それが実際に師匠からもらった言葉に起因するというところに自分のすべてを噺に投影する、落語という芸の妙味があるように思う。だが、ここでは詳述は避けておこう。気になった方はぜひ本を読んでいただきたい。

このように鶴瓶からかけられた言葉を軸として進んでいく構成なのだが、実は師匠「以外」の言葉を芸談として紹介する本でもある。そこにも本書のおもしろさがある。鶴瓶はタレントとして売れた時期が長かった人であり、その落語との距離感を自らの芸として昇華させている感がある。ＡＢＣラジオ「東西南北 龍《りゅう》介《すけ》がいく」のレポーターを務める銀瓶が、落語に関することで鶴瓶に電話をかけて訊くと、期待通り「俺にそんな質問するな」という答えが返ってくる。もちろん聴取者は、そういう鶴瓶を待っているのだ。声高に芸談を唱えることは一切せず、人知れず自分の噺をつきつめていくのが鶴瓶という落語家だ。だから他の落語家に発言してもらう必要がこの本ではあったのだろう。

たとえば、桂雀々《じゃくじゃく》が行ったこんな忠告が、後に銀瓶を開眼させることになる。

「銀ちゃんはなぁ、丁寧に落語をやってて、それはそれでエエんやで。けどな、絵に例えると、銀瓶の落語は、鉛筆で描いた絵や。鉛筆で細かく丁寧に描いてる。それも大事やねんけど、これからは、そやなぁ、クレヨンで描いたような、荒っぽくてもエエから、輪郭を太く、ガッ、ガッと描いたような絵。そういう落語をやってみたらどないや」

これは落語だけではなく、さまざまな作りものの芸に従事する人を触発する言葉だと思う。たとえば小説創作では、プロットや設定の理屈にこだわりすぎると、登場人物が自然さを失い、作者の意のままに動く傀儡《かいらい》のようになってしまうことがある。それを打破するためには、自律的に動くキャラクターを生み出さなければならないのだ。「クレヨンで描いたような」輪郭の太さというのは、まさに至言である。

桂ざこばの、

「ネタに感謝せえ。噺に感謝せなアカンぞ」

という言葉も、簡潔ながら実に深い意味を持つ。落語は先人たちの積み重ねてきた改善や発見によって成り立っている。古典はもちろんだし、古典の技巧を用いて作られた新作でも同様である。そうした歴史があってこそ今の高座がある。そういう意味であろう。さまざまな落語家による、汎用性のある教えが詰め込まれた一冊でもある。ある先輩落語家に銀瓶は「弟子やったら、もっと師匠に興味を持つべきや」と言われたという。これなどは、立川志らくが常々立川流の基本として言い続けていることだ。

言うまでもなくこれは、弟子・銀瓶による師匠・鶴瓶への賛歌である。すべて目を通すと、鶴瓶という人の懐の深さがよくわかるはずだ。あることで決定的な失敗をしてしまっていた銀瓶は、勇気を振り絞ってその相手に関係修復の申し出をする。そのことを知った鶴瓶は何を咎めるでもなく「それでエエんや。それでエエんや」と弟子を肯定するのだ。辛抱強く、弟子を信じる態度がこの本で描かれた鶴瓶からは滲み出ている。実の親子以上の紐帯を持つ芸人、落語家の師弟ならではの姿であろう。

小佐田《おさだ》定雄《さだお》編『青春の上方落語』（ＮＨＫ出版新書）を読むと、こうした弟子の遇し方は鶴瓶自身が師匠の六代目笑福亭松鶴《しょかく》にしてもらったことを受け継いでいるのだとわかる。有名なエピソードだが、松鶴が入ったばかりのぺーぺーだった鶴瓶を守ってくれたことがある。一九七二年に始まった島之内寄席第一回のことで、木戸を務めていた鶴瓶が顔パスで入ろうとした評判の悪い新聞記者と揉めたのである。新弟子を「やめさしたる」と恫喝する記者を逆に松鶴は怒鳴りつけた。

「おのれ、コラ！　なにしとんねん！　いずれ、あいつになんぞ取材とかせんなあかんようになるかもしれんやろ！　いね！　カス！」

　これを聞いた鶴瓶は、なにがあっても松鶴についていこうと決心したという。

「俺も、そないして、オヤッサン（松鶴師匠）にしてもろたからや。してもろたことをお前らにやってるだけや」

　とは本書で紹介されている鶴瓶の言葉である。

　落語家としての顔よりもタレントの顔が先行する鶴瓶であるが、先述したように自身の噺と真剣に向き合う一面も持っている。〈水道橋博士のメルマ旬報〉執筆者である戸部田《とべた》誠《まこと》氏が著した『笑福亭鶴瓶論』（新潮新書）は、テレビというメディアを中心に露出し、国民的と言ってもいい知名度を得るに至った鶴瓶を現象としてまとめた好著だ。文献だけではわからない部分を放送資料によって補うことで鶴瓶像を組み上げた労作である。ただ、落語家としての内面は決して見せようとしない鶴瓶であるから、現象をすくい取ったときにはその部分が漏れてしまうことになる。同書で触れられたタレントとしての鶴瓶像は、本書に描かれた落語家としてのそれを合わせることでより立体的なものになるだろう。『笑福亭鶴瓶論』と本書をぜひ併読いただきたい。

『笑福亭鶴瓶論』の刊行は二〇一七年であり、この時期の鶴瓶は同書でも触れられているとおり、「私落語」

の演者として世間では認識されていた。私自身の認識も似たようなものであった。だが銀瓶によればそれより以前、二〇〇〇年代前半から落語家・鶴瓶には大きな変化があったというのである。間近で師匠を見てきたからこその証言が本書にはある。

——それまでは、鶴瓶のキャラクターを駆使した演じ方であったのが、噺の登場人物と鶴瓶自身をうまく融合させ、噺の世界観を大事にする、そういう高座に変化していった。だから、演じるネタも、よりストーリー性の高い演目を手掛けるようになった。

このへんの発見がたまらない。本書で展開されている落語論も非常に興味深いものである。

もうひとつ、落語ファンの食指を動かすようなことを書いておこう。先に『赤めだか』の書名を出したが、あの本を彷彿とさせる場面が本書にも出てくるのである。銀瓶は、人間国宝・桂米朝《べいちょう》に、十八番の一つである「一文笛」を演じる許可をもらいに行こうとする。稽古そのものは弟子である桂団朝《だんちょう》につけてもらえばいいのであるが、しかし重要なネタであるだけに、米朝本人に会わないわけにはいかない。緊張の極みで人間国宝を訪ねる銀瓶であるが。

ここで『赤めだか』になる。

読んだ人は思い出してもらいたい。桂米朝に「除夜の雪」の稽古をつけてもらいにいく場面である。書面ではいちおう演じる許可は下りていたものの、「米朝本人に会わないわけにはいかない」談春は、息子・小《こ》米朝《べいちょう》（現・五代目米團治《よねだんじ》）立ち会いで米朝邸を訪ねる。本音を言えば人間国宝の前でその十八番を演じることに恐怖心のある談春であるが。

——［……］かなりの間のあと、

「今、談春《アンタ》が、ここで演るんかいナ」

「そうです。談春さんは覚えています。そのために今日は来たんです」

いや、あの小米朝兄さん、それほど強い覚悟で来たわけじゃないんです。できれば許可だけいただいて、このまま帰る方がお互いの幸せかなァー、なんて……。

「わかりました。聴かせてもらいまひょ」

あらー、そうなの？　演るの、ここで。

大丈夫か、オイ。できんのか、談春《オレ》。


さて、このあと談春は無事に済んだのか。そして同じ運命を辿った銀瓶の前途やいかに。気になる人は『赤めだか』と『師弟　笑福亭鶴瓶からもらった言葉』をどうぞ。

立川こしら『その落語家、住所不定。タンスはアマゾン、家のない生き方』

光文社新書／2019年

立川こしらがポケモンGOのために海外に行ったらしい。そんな噂を聞いたのは何年前のことだっただろうか。

ポケモンGOが何かを知らないと話が通じないので一応書いておくと、これはスマートフォン専用のネットゲームである。グーグルマップと連動していて、スマートフォンを持ちながら歩いているとあちこちでポケモンが出現する。ざっくり言うとそれを集めるのがゲームの目的だ。

このゲームは世界何か国かで展開していて、ある国限定でしか出現しないポケモンも存在するらしい。そのポケモンを狩るために海外での落語会を企画して現地に行ったというのだ。

その話を聞いても実はあまり驚かなかった。こしらがＩｎｇｒｅｓｓに詳しくて、マニアにも注目される存在になっているのを知っていたからだ。

ＩｎｇｒｅｓｓというのはポケモンGOと同じ会社が先行して開発したネットゲームで、やはりグーグルマップと連動している。このゲームにも熱中していたこしらは、日本で開催されたＩｎｇｒｅｓｓの世界大会にゲストとして招かれた。数千人の参加者が熱狂したという。その流れでついにＩｎｇｒｅｓｓ落語会なるものも開いたそうなのだ。

そういう落語家だからポケモンGOのための落語会ぐらいはやるだろうと思った。このくらいのニュースには驚かなくなってくると、立川こしらファン初級ということになる。

もう一つ世間を騒がせた話がある。

一九七五年生まれの立川こしらは、一九九六年に落語立川流真打の志らくに入門した。前座名はらく平《へい》、二〇〇一年に二ツ目に昇進して改名、初代立川こしらとして二〇一二年に真打に昇進している。二ツ目まで四年、真打昇進が十六年目という修業の年月は落語家としては普通だが、談志存命時の立川流としては順調な出世といえる。弟子及び孫弟子の昇進に関して、談志の基準はかなり揺れたからだ。その揺れに左右されたのが立川雲水《うんすい》や生志《しょうし》といったひとびとだった。志らく一門の中でも弟弟子の志ら乃が先に真打昇進を決めるなど、必ずしも入門の順序通りにはなっていない。

そのこしらが二〇一五年に弟子をとったのである。志らくの弟子、つまり談志の孫弟子としては初めてのことだ。それ以前にも例外として志ら乃が著名人を弟子にしたことはあったが、彼らに前座修業をさせたわけではない。こしらが弟子にとった青年は楽屋に入り、もろもろの雑用から修業を開始した。その点はごく普通の前座である。しかし一つだけ普通ではないことがあった。こしらは彼の前座名をヤフオクに掛けたのである。結果としてはアイドルグループの仮面女子が落札し、青年は一年限定で立川仮面女子《かめんじょし》になった。翌年で命名権が切れたため、現在は立川かしめを名乗っている。

ネット・オークションでの命名という話題は落語界だけに留まらず世間一般に訴求力を持つもので、駆け出しの落語家にとっては強い武器となる。もちろん支払われた命名権料は師匠こしらの懐に入るわけで、いわゆるＷＩＮ・ＷＩＮの関係が成立したわけである。この命名権ビジネスには蒙《もう》を啓かれる思いがしたが、やはりそれほどは驚かなかった。こしらなら弟子も何かのビジネスに結び付けるだろうと思ったからだ。こしらは落語会での物販に力を入れており、他の演者の売り物がせいぜい自分の手ぬぐいやＣＤなどであるのに対し、自分が栽培した米や蜂蜜、岩塩などを独自ブランドとして売っていたのである。その延長と考えれば、弟子の名前ぐらい売ってもそれほど不思議ではない。

前置きが長くなった。まったくご存じない方向けに詳しく書いたのだが、こんな感じで一般的な落語家のイメージからはみ出した活動をしているのが立川こしらという人である。ただ、これだけ書くと、ちょっと目端の利いた、小利口なだけの落語家を想像してしまうかもしれない。それはちょっと違うのだけど。

一口で言うなら、落語家として、というより人として異質なものをこしらには感じる。マラソンの参加者に一人だけ沿道で見られる鬼瓦目当てのマニアが入り込んでいるような。自分の基準を貫くことに第一の関心があり、それ以外のことは可能な限り排除するというのが立川こしらの姿勢なのである。そういう人が、上下関係の厳しい落語家の世界にいる、という点がなんといってもおもしろい。

二〇一九年一月に刊行された『その落語家、住所不定。タンスはアマゾン、家のない生き方』は、こしら初の著書であり、まとまった形で自分の生きる「基準」について書いた本だ。何度も書いているように私は芸人が自分自身を文章化して表現した本に関心があるので、この本も強い興味を持って読んだ。だって、こしらは変だからだ。ちゃんと説明してもらわないとわからないことがたくさんあるのである。

「本当に家ないんですよ。今日帰らなくていいのでオール行きますか？　明日の夜、落語会があるのでそこまで行けますよ！」

こんな会話から本書は始まる。題名の通り、立川こしらには家がないのだ。悪いことをして捕まったときなどに書かれる「住所不定」というやつである。なぜ家がないのか、という疑問を持った人はサブタイトルにある「タンスはアマゾン」の文字にも首をひねるはずだ。「タンスにゴン」ではなくて「タンスはアマゾン」。本書は七章構成で、全体の約四十％が過ぎたあたりの第3章「実践・家もモノも持たない生活」を読むと、なるほど、と頷けるのだが、実際に本に当たってもらうためにここでは伏せておくことにしたい。一つだけ書いておきたいのは、家がないのは貧困ゆえではなく、故意に持たないようにしているのである。

余談だが、師匠に家がなかったために野宿を強いられた落語家がいる。落語芸術協会の瀧川《たきがわ》鯉昇《りしょう》がその人で、弟子入りした八代目春風亭小柳枝《こりゅうし》に家がなかった。より正確に書くと、小柳枝は離婚した元妻の家に間借りしていたのだが、月々のものをきちんと支払わないので退去を勧告されていた。そこに帰るのが気まずいので、しばしば草臥しを余儀なくされたのだ。

――師匠は、五分歩けば家があるのに、追い立てをくっていて居心地が悪いので、帰れるのに帰らないでわざわざ野宿をする。こんな時はスポーツ新聞を下着とシャツの間に巻いて眠ります。師匠は「五大紙（朝日、読売ほか）では死ぬ。活字は寒い、写真はあたたかい。カラーインクが染み込んだスポーツ新聞じゃないと命は守れない」って言ってましたっけ。（瀧川鯉昇『鯉のぼりの御利益　ふたりの師匠に導かれた芸道』東京かわら版新書）

この手のいわゆる貧乏話ではないので、心配はご無用である。

ネタばらしにならない程度にちょっと書くと、こしらが綴っているのは「生活の必要条件として誰もが思っている衣食住について、その当たり前を疑う」ということだ。

「持たない」ことについての考え方としてこんな一文が第1章にあり、早くも姿勢を正される思いがする。

――なぜモノが不要なのか。

結論から言うと、すでに持っているからである。

この「持つ」は「所有」とは異なる。つまり、「所有しなければ自分のモノではない」という考えを見直した方がいいのだ。使い方がわかる、特徴や特性を理解している、そんなレベルでも、「持っている」という概念に入れてしまうのだ。

この一点で人生が変わると言っても大袈裟ではない。

また別の一文。これは第3章からである。

——成長によって手に入れたモノはとてもあやふやで、何となく世間で通用しそうなカードばかりだ。こんなもの、ソシャゲのデータと何ら変わりない。

もっと言えば、私にとってデータの方がまだ価値がある。心の底から欲しいと思った瞬間があるからだ。

本書には他にもゲームになぞらえた表現が頻出する。それがいちいち的を射ているのだが、特に巻頭で真打という自身の立場について階級の「カンスト」と書いていたのには痺れた。カンストとはゲームの中でもうそれからレベルが上がらなくなる段階のことを言う。カウントストップの略である。真打はカンスト。言い得て妙ではないか。

こしらは最初から「持たない」人だったわけではなく、極貧であった前座時代にはむしろ大量に物を仕入れていた時期があった。第1章「持たない落語家になるまで」に詳しいが、廃品を仕入れ、修理して売るような商売で露命をつないでいたこともあるという。そのときには自室をとんでもないやり方で改造し、三倍近い収容能力を生み出していたのである。そんな貯め込み人生が正反対の方向になぜ転じたかが本書の肝といっていい。本当に持つべきものは何か。それに気づいたことがこしらを唯一無二の不思議な落語家にさせていく。

本書を読みながら思い出していたのが、中崎《なかざき》タツヤのことだった。中崎は『じみへん』(小学館)で一世を風靡し、同作品の連載終了と共に筆を折って引退している。そのストイックな姿勢は徹底しており、不要なものをどうやって生活から排除するかということに中崎は心を砕き続けた。著書『もたない男』(現・新潮文庫)はその特異な価値観を前面に押し出したエッセイで、自分がいかに物を持たないかを一冊を通じて書いている。持たないというより、捨てるのである。中崎は、自分には人並み以上に所有欲があるといい、新しいものを見ると欲しくなると書く。しかし使わない不要なものが身辺にあるのが我慢できず、捨ててしまうのである。たとえばボールペンのインクが無くなると、その分の長さがあるのが我慢できなくなる。だから無駄な部分を切って接着し直し、短いボールペンを作ってしまうのだ。

一時期喧伝されたシンプルライフ、ミニマルライフの行きつく先が中崎の生活ということになるのだろう。そんな中崎だが、別に不便な生活を送りたいと考えているわけではないので「お金」を捨てようとは思わない、と書く。

——私だって、ものが要らないということはなく、お金というかたちでものが必要なわけです。具体的な一つ一つのものはもたなくとも、お金というものに多くのものが含まれているんです。[……]私は他の人と比べて、ものをたくさん買っていると思いますが、ものは物理的に存在するから、制約が起ってきます。

お金だけにすれば、所有する煩わしさなしでものとつながっていられます。

同じ「持たない」でも中崎とこしらとは少し違っていて、こしらは「手に入れたいモノ、実現したい未来。そのための金策であって、それらを手に入れられるなら金は不要でないだろうか？」と考え、仕事の上で実行に移している。第4章「お金について考える」にある、金銭以外の形で対価を受け取る落語会がそれだ。欲しいものを手に入れられるならば金にはこだわらないとするこしらと、金があれば一つひとつのものは必要ないと考える中崎は、対立しているように見えて実は同じところを目指している。世間の価値観に縛られずに、自身の欲しいものを手に入れるという点は共通しているのだ。本書の中でこしらはしばしば現金のデジタル化という言葉を使っている。貨幣経済の前提となる価値を手に入れられるならば、実際の金銭授受という形式にはこだわらないということだろう。

第5章以降はこうした形でものを捨て、可能であれば金銭授受という商行為の基本になることまで排せないかと考えるこしらの仕事のやり方が綴られている。ここでも著者ならではの視点があり、たとえば「落語は最古のＶＲビジネス」と断じているあたりは実に目ざとい。落語という芸能には省略という利点があり、最低限の要素だけを高座に持ち込むから観客に想像することを促せるのだ、という指摘はたびたびある（たとえば立川吉笑『現在落語論』）。それを「ＶＲビジネス」という表現に結集させるのが立川こしらなのである。

演芸ファンにとって興味深い第7章「落語について」の「古典落語、改作の方法」の項についてのみもう少し触れておく。

一般に落語と言われるものには、古典と呼ばれる明治から昭和期にかけて整理され、現在の演出法が確立された噺と、新作と呼ばれるものがある。古典も出来立てのころは新作だったわけである。現時点で新作落語と呼ばれている噺は、古典ほどに演出の標準化が進んでおらず、オリジナルの作者に依存する部分が大きい。中には新作と呼ばれながら古典落語と同じように演出法が受け継がれ、多数の落語家が高座にかけるものもある（いわゆる芸協新作など）。それらも作者ははっきり意識されているわけであり、昔話のように話者が起源を意識せずに語れるようになっているか否かが古典と新作の分かれ目といっていい。

この新作落語だが、すべてが完全な「新作」にはならないという難しさがある。落語のプロットにはいくつかの定型がある。新しいシチュエーションを準備したつもりが、その定型にはまってしまうということが起きるのだ。厳密には「摑み込み」といい、他の噺のギャグを持ってきてしまう行為に近い。こういったものを新作と呼べるのか、という疑義も古典落語の愛好家からはしばしば呈されるのである。

こしらの落語はほぼすべてが古典だ。ただし、そのままのプロット、演出をなぞるのではなく、自由に改作が行われる。古典落語の改作にもいろいろなレベルがあり、時代が旧くなってしまって現代の観客には通じなくなった部分を更新するもの、談志の「権助提灯」のように映画的演出を取り入れたりしてよりデフォルメを際立たせたもの、などがある。共通点は、いずれにせよ古典落語の中に本質的な部分を見出し、それを強調するために不要な箇所を改変するということだろう。

ところがこしらの場合、この本質を抜き出すという意識が不在なのである。こしらにとって必要なのはそれぞれの噺が持っている人物設定であったり導入であったりといった物語としての外構のみであって、中にはまったく違った要素をつっこんでくる。古民家をリニューアルしました、と言われて入ってみたら、中は宇宙戦艦ヤマトのコクピットのような空間になっていました、というようなことが頻繁に起こるのである。私が聴いて最も驚いたのは「お神酒徳利」で、これは六代目三遊亭圓生が昭和天皇の御前で演じたことでも有名な大ネタだが、こしらはこれを「名探偵コナン」のように数珠繋ぎで事件が起こるミステリドラマにしてしまった。もともと奇譚であって本質を問うのも難しい噺だが、そこまでの改変は元版の形にこだわる人間には不可能な技である。

ここでもこしらの「持たない」姿勢が通底しているように思う。改作においてこしらが捨てたのは正統派落語ファンからの評価であり、古典落語をやる限り誰もが目指すはず、と考えられている「正解」だ。

――正解があるものに少しでも近づけるという作業が、うっとうしく感じるのだ。それが芸であり落語家というものだと定義付けされるなら、私は落語家ではないだろう。

このほか自身が開いている落語会「こしらの集い」や、積極的に学んでいるITのことなどにもページが割かれているのだが、ここでは触れない。こしら流落語ビジネスについて知りたい人は、いや、落語はどうでもよくてもその「持たない」生き方に関心がある読者は、ぜひ本書を手に取るべきである。

本書では一切触れられていないことを最後に書いて終わりにする。実は二〇一四年にこしらは一年近く休業している。当時はその理由が明かされず、休業は体のいい廃業なのではないかとファンは疑い、悲しんだのである。約一年で戻ってきたこしらは、その休業期間中に何をしていたのかを明かした。突如農業に目覚め、伊豆の山中に土地を借りて実際に挑戦しようとしていたのだ。先述の米と蜂蜜は、そのときに実際に手掛けたものである。土地を借りるとなると地元の人から信頼されなければならない。そのためにこしらは、あるホテルに住み込んで働き、腰を据えてやっていくという姿勢を見せた。休業期間がそのために必要だったのだ。いわば前座修業をやり直したようなものである。伝えられる言動だけだと世の中の先端を行くことだけを目指しているように見えるが、実はこういう努力も惜しまない。それが立川こしらという落語家だ。

六代目神田伯山『神田松之丞　講談入門』

河出書房新社／2018年

二〇一六年の暮れから二〇一七年の春先にかけ、三度にわたって講談師・神田松之丞《まつのじょう》（現・六代目神田伯山《はくざん》）にインタビューを行った。初めは生い立ちから芸人になることを決意して三代目神田松鯉《しょうり》に入門するところまで、次は松鯉門下での前座生活から二ツ目昇進、最後は二ツ目の現状と将来の展望、という具合に話を聞いた。雑誌《ｙｏｍｙｏｍ》にロングインタビューとして掲載した際は二回目の談話から始まるように構成したが、これは松之丞を知らない人向けの配慮で、いきなり未知の芸人の生い立ちを読まされるよりも、コウダンというよくわからないジャンルに入った若者が今時珍しい修業生活に耐える、という青春物語のほうが初見の読者にはなじみやすいだろうと考えたからだ。単行本化にあたりこの構成は改められ、生まれてから現在までを通しで読めるようになっている。二〇一七年に刊行された神田松之丞（聞き手・杉江松恋）『絶滅危惧職、講談師を生きる』（現・新潮文庫）はそういう本である。

本の企画を聞き、実際に出来上がったものを手にしたとき、僭越ではあるが「この本は里程標的評価を受けるものになる」と感じた。実際の売り上げを度外視した、一演芸ファンとしての感慨である。

なぜならば、世に初心者向けの講談本というものはまったく存在していなかったからだ。

このことはインタビュー中に松之丞本人とも話していた。『講談師を生きる』には採録されていないかもしれないが、話を聞く合間の雑談で、私から「この本をやるについて、類書との比較をしたくて大書店で本を探したんですけど、見事なほど講談の本ってないですね。古典芸能では落語、歌舞伎は多くて、文楽も発見できたんですけど、見事なほどに講談の本はありませんでした」と話題を振ると、松之丞は「そうなんです。入門書としてまず手に取るべき本が今は必要なのかもしれません」と応じた。

そのときは気づかなかったのだが、実は当時から本書の企画は進行していたのだろう。河出書房新社から発売になった『神田松之丞　講談入門』は、内容からして間違いなく一年以上の歳月はかけてある本だ。「おわりに」を見ると、企画を持ち込んだのは演芸カメラマンの橘蓮二《たちばなれんじ》氏であるらしい。全体は「1　松之丞に聞く、講談の基本」「2　松之丞全持ちネタ解説」「3　松之丞、人間国宝・一龍斎貞水《いちりゅうさいていすい》に講談の歴史を学ぶ」「4　松之丞が語る、過去・現在・未来」となっていて遺漏がない。聞き手と構成は元・読売新聞編集委員で演芸評を長年担当してきた長井《ながい》好弘《よしひろ》が担当している。長井は寄席に住んでいるとしても過言ではない芸能好きだから、これも適任だ。

『入門』書の必要性は、なかなか理解されないことが多い。あるジャンルに勢いがあったとき、試みに「これからジャンルに入ってくる若い方、特にティーンエイジャーが手にする、おもしろくてわかりやすい入門書を作ったほうがいいのではないでしょうか」と実力者に何度か提案したことがあるのだが、そのたびに返ってきた答えは「若者は背伸びをしたがるものですから、間口を広げてやさしい入門書を作るよりも、おもしろいものを提供すべきです」だった。つまり、向こうが無理をして越境するのを待て、ということである。この場合の越境はジャンルの壁を越えることだけではなく、自分の限界を超えて未知の世界に飛び込んでいく勇気そのものも指す。

小説のジャンルにおいては自分自身が越境者だった私が言うのもなんだが、それって不親切すぎるだろう。ほっといても来るやつは来る、の姿勢がいつまでも通用すると思うなよ。

たとえば一九八〇年前後のＴＨＥ　ＭＡＮＺＡＩブームでは入門書の役割を果たした本がきちんと存在した。「漫才とは何か」を正面切って論じた一般向けの本はほとんどなかったが、ツービート『ツービートのわッ毒ガスだ』（ベストセラーズ）を始めとする芸人本がテレビ・ラジオから切り離された場所にいる観客候補者にもアクセスの手段として提供された。一九七〇年代末のコント番組戦争はＮＨＫ「お笑いオンステージ」（三波伸介）、ＴＢＳ「8時だョ！全員集合」、フジ「欽ちゃんのドンとやってみよう！」のうち、

「欽ドン」のみが視聴者から応募されたコント台本を集めた形で本が刊行された。番組としての評価は別に、その内容についての記憶がよく残った原因の一つはパジャマ党によるこの「欽ドン」本ではなかったかと思う。この本を読んだ視聴者が内容を参考にして番組にハガキを送るという形で、コンテンツの再生産にも貢献していたはずである。芸人という生きた芸を売る人々を出すのだから、そうした形で観客の新規獲得、話題の拡散、芸（この場合は番組）の拡大再生産のためにも本は利用されるべきで、成功した芸人本はすべての条件を満たしている。

落語に関していえば、これは初心者向けの完璧な入門書だな、と感じるものはあまりない。最も近かったのは講談社文庫から刊行された興津要《おきつかなめ》『古典落語』全集だ。これは興津が落語家の語りを自身の筆で再構成したもので、「聴く」の要素が抜けた「読む落語」の本だが、少なくとも未見の観客に関心を持たせ、演芸番組にチャンネルを合わせさせる程度の動機付けには役立った。これに次ぐものとしては偕成社などから刊行された少年少女向けの落語本が入門書として役立っているはずである。偕成社のそれは加太《かた》こうじなどの演芸通が監修を務めており、末尾に用語集や江戸のくらしについての解説文が入るなど、深く読めばそれだけ見返りもある内容だった。何より、その前に収録された「読む落語」がエッセンスをよく残した形でおもしろかったのである。後年のらくご絵本に見るような、教育面に配慮した無用な脱臭など、当時の子供落語本には存在しなかった。

立川談志『現代落語論』という名著もあるが、あれは小中学生で落語の洗礼を受けた者が、さらにその魔力に引き込んでもらおうとして読む本である。もちろん感受性の強い読者なら、本を読んで未知の落語というジャンルに取り憑かれ、そこから逆に「聴く」という行為へ走ることもありえただろう。しかし「入門」のためには少し思想書でありすぎる。

落語・講談に限らず、どんなジャンルにも入門書は必要である。入門書が入門書たるための必要条件は、以下の三つだ。

① そのジャンルの全体像を概観できること。どんな初心者であっても「要するに落語（講談、その他）は○○のことだな」というわかりやすい把握が可能になる。

② そのジャンルを楽しむためには邪魔になる障害が排除されること。ファンには自明すぎて今さら語られることがないような知識でも、初心者から見れば立派な障壁になっていることがある。それを取り去る。

③ ①、②をおもしろくやること。「お勉強」「お説教」の臭いをなるべくふりまかず、入門書自体がエンターテインメントとして通用する水準の文章・構成を持つ。

落語に「初心者向けの完璧な入門書」がない、と書いたのは右の理由による。①〜③のすべてを満たしたものが存在しないのだ。自分の仕事なので例に出すのは憚《はばか》られるが二〇一六年の『桃月庵白酒と落語十三夜』（KADOKAWA）はまさにそれを意識した一冊だった。当代の爆笑派の一人である桃月庵白酒に自分語りをしてもらう。これは間違いなくおもしろいはずで③の条件を満たす。白酒の視点から落語・寄席を語ってもらい、それをどう楽しむかも質問で補う。これで①②の条件にも合う内容となるはずだが、十三の演目から落語を俯瞰するという試みがどの程度読者に伝わったかが問題にはなると思った。演目を選択したのは私なので、概観が難しい、内容が偏っているという批判に応えるべき責任はすべて自分にある。ともあれ、ああした形で「入門書」への解答を試みたつもりであった。

『絶滅危惧職、講談師を生きる』を手掛けたときも、同様に「講談入門書」とすることを意図していた。考え方は白酒本とほぼ同様で、神田松之丞という存在自体がおもしろい人間を前面に出して読者の興味を惹く③、元は観客だった松之丞の視点を軸に用いて「観客は講談をどう見ているのか。どう聴いたらいいのか」というヒントを示す②、松之丞が現在起こしている運動に随伴、ドキュメンタリーの要素を盛り込んでこの演芸の全体像を素描する①ということであった。これはいずれも成功したと考えている。

ただ、松之丞は別のアプローチを当時から考えていたわけである。それが『神田松之丞　講談入門』として結実したのだ。これは①〜③の条件をすべて満たした絶好の入門書である。講談という一ジャンルに限らず、古典芸能全般を見渡しても、これだけの入門書はなかなかあるものではない。

右に書いた本の構成を見てもらいたい。ここで企図されているのは必要条件のうち②を解消することで、初心者が講談に対して抱きがちな大小さまざまな質問に松之丞が答える形式になっている。その中には「修羅場とは何ですか」「講談の稽古はどのようにするのですか」といった当然あるべきものから、「高座にある机と、手に持つ扇について教えてください」などのトリヴィアルな質問までが網羅されている。机とは釈台で、それを叩く扇は張扇《はりおうぎ》というが、松之丞はその製作法も懇切丁寧に説明する。

――［……］張扇を作るには、僕は竹の板と、澱粉糊のような障子紙用の糊と、あとは西ノ内和紙という特殊な和紙とボール紙を使います。まず、竹の下に張扇大に切ったボール紙を入れて、その上に西ノ内和紙をぐるぐる巻いていくのですが、叩く面には糊をつけません。［……］張扇は一年もつことも、僕の場合は一回で終わるときもあります。だから作りだめしておいて、スペアを用意して出かけます。
［……］

読者・観客には、このディテールが必要なのである。

「松之丞全持ちネタ解説」と書かれた2は①にあたる部分である。講談という芸能を俯瞰させるために、まずどんなコンテンツがあるかを見せるのだ。つまり網羅にあたる部分だが、たいていの入門書がここで「説明」は丁寧だが、おもしろくはない、という間違いを犯す。落語でいえば十分から二十分で演じて初めて笑いをとれるものを、わずかな字数で結末まで説明してもおもしろいはずがないのである。だからあらすじや人物紹介などの要素はごく簡略にし、その上でこの話（根多、演目、読み物）は何が、どうしておもしろいのか、という勘所のほうを重点的に説明しなければならない。

本書の題名は『講談入門』ではなくて、あくまで『神田松之丞　講談入門』である。そのことがこの2で効いてきている。ここで網羅的に見せられるものは、講談全体のそれではなく、松之丞のネタ帳に何があるか、松之丞の「できますもの」なのである。手の内をさらけ出しているのだ。それによって読者は、それぞれの読み物を松之丞の芸談を通じて理解することになる。

たとえば「赤穂義士伝」の中でも人気のある「赤垣源蔵徳利の別れ」について、そのあらすじが簡単に述べられた後、松之丞が演じた体験を元にした談話が解説として語られる。そこでは、講談の中にどの程度虚構が含まれているか、という話題が出るのである。史実を元にしている前提の講談は原則としてノンフィクション、ドキュメンタリーの性格を持つが、物語として成立してきた過去の中で必然的に嘘も取り込んできた。ライブ芸として客がどのように反応するかを考えていけば、当然のことである。そのことについて、こう語る。

「赤垣には兄貴なんかいないし、酒飲みどころか、まったくの下戸で、名字も『赤埴』が本当なんです。そのうえ、赤垣が来た日に、雪は降っていない。つまり講談というのは、一パーセントの『本当』があれば、残りの九九パーセントは脚色していいんだと。でも、そこに兄弟の情愛が描かれていれば、それは真実なのです」

——これが、マクラで語られる松之丞の講談論だ。「講談はフィクションというか、その脚色の部分こそが命である」という持論を語ろうとすれば、『赤垣』を例に出すのが一番わかりやすいのだという。

（注・長井好弘筆）

この芸談を通過したとき、読者の何割かは「赤垣源蔵徳利の別れ」を聴きたくなっているはずである。「講釈師見て来たような嘘を吐き」の実《まこと》とは何かを確かめたくなるのだ。そうした動機を発生させるための仕掛がこの2にはふんだんに盛り込まれている。

芸談に限らず、松之丞が語る個人的体験も読者には関心事となるはずである。神田松鯉一門は連続物と呼ばれる長篇講談を重視する。もともとは寄席で少しずつ読まれてきたもので、講談の定席が減ってしまった現在では連続物の出番が少なくなり、需要自体が危ぶまれた時期もあった。それに対して、講談の本質は連続物にあり、と正しく主張したのが神田松鯉なのである。当然のことながら松之丞も師匠からそうした連続物を多く習っている。たとえば白浪物の「天明白浪伝」は十席から成るが、その一話一話がどんなエピソードかをわかりやすく説明してあるのが、本書の功績である。実はそういう資料はほとんど観客の眼に触れる場所にはないのである。その「天明白浪伝」のうち「稲葉小僧」は松之丞にとっては思い出深い読み物だ。

――［……］二代目山陽の命日、松之丞が松鯉に入門を願った日に、上野広小路亭の定席で松鯉が演じたのが「稲葉小僧」だった。客席にいた入門前の松之丞は「前（客席）から観られるのはこの『稲葉小僧』が最後だな。このネタを聴いたら、入門を願いに行こう。許してもらえるのかな」などと揺れる心を抑えながら聴いていたので、話が全然頭に入ってこなかったという。［……］（右同）

こうした個人的体験もまた読者の心に話の魅力として刷り込まれていく。

2がネタ帳（個人の、範囲が限られたものではあるが）披露という形で講談界に今あるものを網羅して見せるとすれば、続く3は歴史の証人を立てて、講談界の時間の流れについて触れるものである。つまり、横から縦への変化で、この章があることによって入門書は立体的になる。そして松之丞自身の未来について聞いた4へとつながっていくのである。よく考えられた構成だと改めて感じる。

一龍斎貞水という人間国宝の存在は重く、傾聴すべき芸談は多い。かつ、今日ではあまり知る人もいなくなった過去の講談師の消息について語られる貴重な箇所であって、対談自体の資料的価値は非常に高い。ここでもディテールに、おっ、と思うような箇所がある。

貞水　今はね、誰がいつの頃からやりやがったのか、（張扇の）芯棒に万歳扇じゃなくて舞扇を使うでしょ。あれの方がたしかに大きいしパタンと音がするけど、俺たちの頃にはあんなものを巻いた人は誰もいないよ。［……］それから、俺が最近気になってしょうがないのは、張扇の叩き方で、みんな同じ音がするということ。昔は張扇の音を聞いて高座にいるのが誰なのかがわかった。

世代を超えた芸人対談の楽しいところである。

『絶滅危惧職、講談師を生きる』制作の時点で松之丞は、メディアに露出するならばテレビではなくてラジオ、できれば「声」の仕事を入れていきたい、ということを呟いていた。本の刊行と前後してTBSラジオで帯番組のレギュラーを持って非演芸のファンが増えたことはご承知の通りであるし、二〇一八年に入るとアニメ「ひそねとまそたん」に主役として出演し、見事に「声」の居場所を確保することにも成功した。

松之丞が口にすることの大半は単なる思いつきではなくて、練られた考えに基づいている。『講談入門』の中にもその片鱗が見えているはずであり（ホームグラウンドについての発言に注目）、この先に期待する楽しみもできた。そういう意味ではファンブックとしても正解の作りである。入門書として正しく、またファンブックとしても十分の作りである。『絶滅危惧職、講談師を生きる』同様、この後何年も読み継がれていく、講談の基本図書に本作はなるだろう。

玉川奈々福『浪花節で生きてみる！』

さくら舎／2020年

可能な限り多くの芸人本を読むようにしている。

読みながら思うのは、結局自分は、なぜ芸人という自我に到達したか、に関心があるのだな、ということだ。

なぜ芸人になったか、について書いてある本は多い。だが、書いてあるのは「好きだったから」という答えがほとんどで、それは百パーセント本音だろうが、私の求めている本音ではないのである。各自の「好き」を形作るものは個々人で異なるはずで、それぞれがやむにやまれぬものに衝き動かされて芸人という生き方に進んでいるのではないかと思う。自分がそれに乗っかっているときにはわからないはずであり、感情や意識に言葉を与えられた回顧録になって初めて原初的な衝動ではないものになる。

その意味で最近もっとも興味深く読んだのが、玉川奈々福《たまがわななふく》『浪花節で生きてみる！』だった。

玉川奈々福は現在もっとも知名度の高い女性の浪曲師である。一九九五年に二代目玉川福太郎《ふくたろう》に入門し、初めは本名をとった玉川美穂子《みほこ》として曲師の修業を開始した。曲師とは三味線弾きのことで、浪曲は唸る浪曲師と弾く曲師が二人三脚で作り上げていく大衆芸能だ。二〇〇一年に浪曲師としても活動するようになり、次第にそちらの比重が大きくなっていった。二〇〇六年に玉川奈々福に改めて名披露目《なびろめ》を行っている。浪曲の世界には二ツ目や真打という制度が存在せず、だいたい四、五年程度で名披露目、年季明けなどと称した興行があって、以降は一本立ちの芸人として遇されるようになる。落語界で言えば前座から二ツ目に上がる段階に近い。

玉川奈々福として活動するようになったあと、二〇〇七年五月二三日に大事件が起きる。師匠である玉川福太郎が妻実家の農作業を手伝っている際に事故に遭い、そのまま意識を取り戻さず帰らぬ人になってしまったのだ。玉川一門にとって、また浪曲界全体にとっても痛恨の大事件であった。

玉川奈々福が浪曲師として頭角を現したきっかけは、二〇〇四年に師匠の独演会「徹底天保水滸伝」をプロデュースし、古臭いものと言われていた浪曲が、現代人の鑑賞に足る芸能であり続けていると証明したことである。『浪花節で生きてみる！』の記述は入門からこの「徹底天保水滸伝」を経て福太郎が亡くなるまで、そして奈々福が浪曲師として一本立ちしていくまでが主体となっている。それだけ福太郎の存在が大きく、かつ、現在の奈々福はまだ、総括するような芸人として自身を見ていないということでもあるだろう。このあとに『語り芸パースペクティブ』という対談集が出ており、併読すると奈々福が浪曲という芸にどのような矜持を持って臨んでいるかが理解できる。

『浪花節で生きてみる！』で興味深いのは奈々福が、若手時代の自分はまったく芸に対して前向きではなく、不肖の弟子であったことを告白していることだろう。もともと奈々福は筑摩書房で文芸書を担当する編集者であり、一生続けられる習い事を、という軽い気持ちで日本浪曲協会の主催する三味線教室に参加したのだった。そこからなぜか福太郎との縁ができ、その妻である曲師・玉川みね子《こ》にマンツーマンで三味線を教えられ、しかしいっこうに芸の上達がないためか福太郎から、浪曲師の気持ちがわかるように自分でも一度唸ってみろ、と命じられてそちらの道が開け、というような顚末は実際に本で読んでいただきたい。

以下は不肖の弟子時代について。

——そもそも、フルタイムの会社員。残業もあるし、土日も持ち帰り仕事がある。なのに、三味線の稽古もあれば舞台もあれば、師匠のかばん持ちもある。浪曲がどんどん侵食してくる！

休みが、一切取れなくなりました。こりゃカラダが持たないと気づきました。

どうしよう。……自分の身を守るためにはヘラヘラするしかない。

「真面目にやらない」という対策を取ることにしたのです。

かなりすごい話で、玉川みね子からは「少しは真面目なところを見せてください」という長文の手紙で叱られることになる。

この兼業生活は、母親から、浪曲を辞めないのなら会社を辞めて、と懇願されて専業になるまで、長きにわたって続けられた。二〇一四年退社だというから、かなり後まで兼業の浪曲師だったわけである。

同じく兼業時代を経験したことのあるライターとして、当時の生活がどうであったかにも私は興味があるが、最も知りたいのは、そのようにどちらつかずの生活を送っていた浪曲師に、いつ芸人としての魂が籠ったのか、ということだ。芸人としての開眼と言ってもいい。本書には残念ながらその瞬間は描かれていない。おそらくは、はっきりとした境目はなく、だんだんとそのようになっていったということなのだ。

しかし大ベテランの沢村豊子《さわむらとよこ》が相三味線となり、その縁から引退状態の大家・国友忠《くにともただし》に稽古をつけてもらい、といったような芸人としての脱皮を促すような出来事はいくつか起きている。おそらくは今後、そうした体験の中から奈々福は、自身の内面で起きた変化を言語化していくことだろう。『浪花節で生きてみる！』は現在進行形の本で、まだ回顧録と呼ぶには早いのである。

本書には奈々福が偉大な先人を振り返るページもあり、そこでは直接教えを受けた言葉なども紹介されている。

――「声を磨り込むんだ」「鳴る声をつくれ」と教わりました。その教え、いまはよくわかる。そう、声は磨り込むんです。（国友忠の項）

本書で玉川奈々福は自身の視点から少しだけ高いところからの展望も書いている。前述の『語り芸パースペクティブ』は題名通り、浪曲という自身の立場から語り芸全体を眺望しようという狙いの本であり、奈々福がどのように芸能を観ているかということは同書によって明らかにされるはずである。

もう一冊、芸人本を紹介しておきたい。ナツノカモ『着物を脱いだ渡り鳥』だ。こちらは舞台作家であり俳優でもある著者が、亜紀書房ウエブマガジン「あき地」の連載を自らまとめたもので、おそらく自費出版に近い形で世に出たものと推測する。私はネット上で購入した。

ご存じの方も多いと思うが、ナツノカモはプロの落語家として活動していた時期がある。二〇〇七年から十年弱か。しばらく休業していた時期があり、やがて廃業するとの宣言がSNSであった。本書では、なぜ彼が落語家を廃業したのかというような具体的なことは語られない。ゴシップ的な要素は皆無である。また、彼の人生において、落語以外にはどんなことがあったのかも書かれることはない。

どのようにして落語に魅了され、落語について考え続けたか。

それのみの本である。対象と距離を取れば、その分客観的に考えられる。そういう意味では冷静な落語理論書でもある。しかもそれを綴るのが元プロの演者であるという点に独自性がある。

もともと「お笑い」が好きだったナツノカモは、大学の落語研究会で初めてこの芸能に触れ、研究に没頭するようになる。元からの落語マニアではないというところがポイントだ。落語にはフラという言葉がある。その演者の個性によって生み出される独自のおもしろさ、台本化することが不可能なノイズのようなもので、そのフラを称賛される落語家も多い。生来の個性だから後天的に作り出すのは難しいもののはずなのに、落研からプロの落語家になったナツノカモは、これを人工的に作り出そうとするのである。

――「フラ」を作る、という言葉はそもそも矛盾している。しかし、コンマ数秒の間のズラシ、目力の調整、喋っていない時間の口の開き具合い、眉の上げ下げ、など意識して演技することは出来る。僕の「フラ」が一体どこにあるのか、僕は必死で探した。

やがて落語家を廃業するナツノカモだが、知人から請われ、閉じられたサークル内の会を開くようになる。もちろんこれには問題がないわけではない。プロ落語家の条件は、単に巧拙だけが問われるわけではなく、芸能の伝承に携わる義務を担うということがある。歴史の中に入ることによって責任を担う。その覚悟があるや否やということだ。責任から外れたところで趣味的に落語を演じることについて、元はプロであるナツノカモに葛藤が生じないはずはない。しかしそれは彼にとっては必要な時間だった。プライベートの会を経て彼は、落語の技術を応用した舞台空間という発想にたどり着く。初めは一人芝居として始まるのだが、後押しをしてくれる人があってそれはナツノカモ低音劇団として結実する。

衣装をあえて固定的なものにし、演者を通して観客が自由に空想を膨らませるようにする。そうした方法論については、立川吉笑『現在落語論』と共通するものがある。はっきりと名前は出されていないが、本書で言及されている落語家の友人の一人は吉笑なのだからそれも当然だ。吉笑が落語界の中で行っている実験を、ナツノカモはその外部で受け継いでいるとも言える。

——ところが『マグリット』(ナツノカモ作の台本)では、噺の半ばで、ある人物が喋っている途中にもかかわらず僕の首が動き出してしまう。つまり話者の切り替えではないタイミングで、演者である僕の首が動き始めるのである。観客からすれば、今、誰が何を喋っているかが次第に分からなくなる。意図的にそれをやることで、混沌とした世界に誘うというのが狙いだった。

——「高さ」の表現がしやすい……。

正座の落語の時よりも、高低差のある場面を描きやすかった。立って演じていることで、肩、胸、腰の可動域が広がり、よりリアルな「見下ろす姿」や「見上げる姿」を見せることが出来ていた。[……]また、人物の感情を言葉や声や表情だけではなく、「肩をすくめる」「肩を落とす」「腹を抱える」など、上半身の動作によって表現しやすくなっていた。実は正座の場合、身体の動きのみでそこまで伝えるのは難しい。

本書は落語に関する半自叙伝であると同時に、元プロの演者が分析した技術論にもなっている。それができたのは、落語家を辞めるという局面を著者が経験したからであり、「なぜ落語家になったのか」という芸人本の本質に当たる部分を逆説的に浮かび上がらせてもいる。廃業した落語家の書いた本の中には、自己正当化のためか、落語界そのものを否定する記述が少なくない。本書は、そうした惨めさからは奇跡的に無縁な元落語家本でもあるのだ。一般書店に並ぶ本ではないが、取り寄せて読む価値は十二分にある。

ところで、なぜ落語家になったのか、という問いに対してあまりに無邪気な答えが呈示されるのでびっくりした本がある。これは新刊ではなく、一九八九年に海越出版社から刊行された林家源平《げんぺい》『俺の三平』というものである。源平は初代林家三平の弟子で、愛媛から出てきて大相撲の二所ノ関部屋に入門するも三ヶ月で廃業、途方に暮れるも「そうだ、相撲取りが相撲を止めると、芸能人になってたっけ」と思いついてしまい、そのまま押しかけ弟子になったという人物だ。落語家の林家三平ではなく、テレビスターである林家三平を選んだのだ。

だから落語界のことはまったくわからない。新宿末廣亭の楽屋で大看板の師匠方が真ん中で火鉢に当たっているのを見ると、それに三平がペコペコお辞儀をするのが気に食わない。三平の着替えを手伝いながら「火鉢の所に居た年寄りは偉いんですか」と聞いてしまう始末である。「落語の神様」、八代目桂文楽《ぶんらく》がそこにはいたのだが。

また師匠の師匠、すなわち大師匠の七代目橘家圓蔵に対しても配慮が足りない言動をしてしまい、三平が弟子になり代わって身を低くしなければならなくなる始末。そうやってペコペコしている師匠を見て「こんなうるさい橘屋（原文ママ）がいたからこそ、今の林家三平が出来あがったのかも知れない」などと呑気に考えているからさらにすごいのであった。

しかし考えてみれば、芸人の弟子がみなその世界のことを知っていて、初めから気配りをできるほうが特殊な事態なのである。単なる憧れでやってくる弟子志願者は、みな初めは源平と似たようなものだろう。今でこそ少なくなったが、かつての浪曲界は三千人近くが所属し、芸能界といえば浪曲師のことを指すとしても過言ではなかった。そうした時代にはきっと、右も左もわからず、ただ芸人になりたいという一心で飛び込んで来る者が後を絶たなかっただろう。多くは消えたが、その中から昭和の大看板が出たわけである。そんな風に思うと、今よりもずっと大所帯で、荒っぽい形で浪曲界入りすることが普通だった時代のことがもっと知りたくなる。その時代のひとびとは、どのような気持ちで芸人になったのだろうか。

やはり、いつもそこに考えは戻ってくる。

玉川奈々福『語り芸パースペクティブ』

晶文社／2021年

今、緊急事態宣言解除前では最後の浪曲会から帰ってきたところだ。

ミュージック・テイト西新宿店で二〇二一年四月二九日に行われた「西新宿ぶら〜り寄席〝玉川奈々福『語り芸パースペクティブ』刊行記念の会〟」である。

それにしても、定員百三十人足らずの木馬亭興行ができない事態で、どうやれば東京オリンピックを開催できるというのだろう。

以下、記録のために書いておく。

新型コロナウイルス流行防止のために三度目の緊急事態宣言が発令され、東京都では広範な業種に対して営業自粛の呼びかけが行われた。

都内の四寄席は、演芸が社会生活の維持に必要なものであると主張して通常通りの営業をすると四月二四日に宣言していた。浅草木馬亭もこれに賛同していたのである。一九七〇年に月例の浪曲を開始した木馬亭にとって、二〇二〇年五月は五十周年にあたる重要な節目であった。第一回の緊急事態宣言でそれを中止せざるをえなくなり、一年後に再び記念興行を予定していたのだ。

だが、二〇二一年四月二八日になり、都内四寄席は一転して五月一一日までの休業を発表した。西村康稔《にしむらやすとし》経済再生担当相から協力の要請があったことが伝えられており、それには逆らえなかったようだ。最後まで去就を明確にしていなかった木馬亭も夕刻になって同様の発表に踏み切った。関係者は断腸の思いであろうと思う。

言うまでもなくコロナ禍収息は喫緊の課題である。各寄席の営業休止という判断はやむをえないものではある。

しかし、全寄席の定員を集めたよりもはるかに多くの人が集まる東京オリンピックはやるし、聖火リレーも中断しないし、ＩＯＣのバッハ会長は視察に来日するわけだ。

なんだろう、このちぐはぐさは。

というようなことを思いながら帰ってきたわけである。単行本化するから書いちゃうけど、演芸場の中にはお上に弱みを握られているところもある。文化庁文化芸術振興費補助金というものをもらっているからだ。それを人質に「懸命な判断」を迫られたら勝てないよね、というのは下衆の勘繰りというか、外野の憶測である。

まあいい。『語り芸パースペクティブ』浪曲会の話である。

本の刊行記念なので、初めにその話があった。『浪花節で生きてみる！』にも書かれていたように、玉川奈々福は元からのファンではなく、三味線のお稽古でもしてみるか、というような軽い気持ちから浪曲の世界に引きずりこまれた成り行きの入門者であった。だからずっと心の中に、浪曲という芸能はなんなのだろう、という今さら口には出しにくい疑問を抱え込んでいた。ずぶずぶのファンなら初めから気にならない、浪曲という芸の仕様、大仰さに対する違和感だ。それを確かめるためには浪曲そのものを掘り下げるのと同時に、隣接する語り芸について知らなければならない。

題名が『語り芸パースペクティブ』なのは他でもない玉川奈々福自身がパースペクティブ、すなわち見通しを得ようとした行為の結果が本になったものだからなのだ。単なる評論書ではなく芸人本だと認定する理由はここにある。芸人本にはいくつかの種類があるが、その一つが自分の歩む先を見極めたい、それを広く知らしめたいという思いから書かれたものだ。代表例はもちろん、立川談志『現代落語論』である。知りたい／知らせたいという思いが芸を言語化する試みにつながる。こうしたタイプの著書を発表した芸人の多くが、以降その本に書かれた内容を実践する形で活動している。おそらく奈々福もそうなるだろう。二〇二一年以降の玉川奈々福が本の中にある。

もともとの〈語り芸パースペクティブ〉とは、奈々福が企画開催した連続対談イベントの名称であった。二〇一七年四月一七日に映画監督の篠田正浩《しのだまさひろ》をゲストとして第一回が開催され、二〇一八年二月一九日まで計十一回が行われている。これは余談になるが、さぞかし大きな会場での開催かと思ったら、一回を除いて江東区亀戸のカメリアプラザ六階の和室だと書いてあったのでびっくりした。そこは、奈々福が二〇一九年から二〇年にかけて「ガチンコ浪曲講座」を開いていた場所なのである。私も通って、浪曲のイロハを教わった。あんな庶民的な場所で濃い話が繰り広げられていたのか。

篠田正浩には『河原者ノススメ　死穢と修羅の記憶』（幻戯書房）という著書があり、日本の芸能者に対して深い論考を重ねてきた人である。監督作品にも近松門左衛門《ちかまつもんざえもん》原作の「心中天網島」や盲目の漂泊芸人を描いた「はなれ瞽女《ごぜ》おりん」などの作品がある。その篠田が登壇した第一回は「日本芸能総論」と銘打たれ、以降「節談説教」「説教祭文＋ごぜ唄」「義太夫節」「講談」「女流義太夫」「能楽」「上方落語」「浪曲」「江戸落語」と採り上げる芸能分野を替えながらイベントは続いていった。篠田は源義経伝説を扱った作品を導入として、語り芸の脊梁《せきりょう》山脈を形成している精神について語り、イベント全体の枠組を示した。

節談説教とは浄土真宗の僧侶が聴衆を集めて行うもので、あまりに観衆（聴聞）がくるために御堂の床が抜けることから「御堂つぶし」と言われた範浄文雄《のりきよぶんゆう》など、大いに支持された説教者も出たという。解説者として登壇した浄土真宗本願寺派如来寺住職の釈徹宗《しゃくてっしゅう》はこう語る。

釈◉頭で理解するのをロゴス、ダイレクトに来るのをパトスと考えると、節談はパトスに直結する技術なんですよ。ですから、言うてることは何かようわからんけど、直接がっと揺さぶるみたいな力がある［……］

節談のところを浪曲に置き換えてもそのまま通用する説明だ。語り芸にはストーリーをいくら覚えても到達できない領域がある。理性ではなくて官能に訴えかけることによって聴くものの心を動かす技芸が含まれているからで、本来は言語による解釈も難しいと言える。それをあくまで言葉によって表現しようとするところに芸人本の意味があるのだが。

〈語り芸パースペクティブ〉における奈々福の芸能探訪は節談説教のような宗教性が高いものから始まり、次第に現代人の知る領域へと接近していった。その道筋はいくつかのロジックで構成されている。節談説教や宗教行為に源流を持つ説教祭文を聖と規定すると、そこから庶民の営みである俗へと降りていく道筋と見ることができる。最後の第十一回は能楽師の安田登《やすだのぼる》と作家のいとうせいこうがゲストであり「語りの芸の来し方、これから」と題された鼎談の中では主な話題としてラップが取り上げられた。ラッパーの行為は自分の身体を使って「語る」ことに他ならないわけであり、それを語り芸の系譜上に位置づける視点が斬新だ。

奈々福◆［……］五寸釘の寅吉という、殺人未遂罪で監獄に入って脱走して、また入ってを繰り返して、娑婆に出てきて浪花節をやった人がいたんです。そういう、罪人が懺悔録を節に乗せてやるというのは、大正から昭和初期にあって。

いとう◇わーっ、格好いいな。完全にギャングスタだ。ヤバい、ヤバい。

ノトーリアス・B．I．G．と五寸釘寅吉とが語り芸という地平で結びつくわけである。

日本において語り芸の歴史を遡っていくと、中世の芸能者に行き当たることが多い。彼らを身分制度の中にどう位置付けるべきかは、中世史学における重要な議論対象になってきた。定着せず、諸国を流浪して芸一つで生きていく彼らは、全体の人口からすれば圧倒的な少数だ。それゆえに身分制度からはじき出された存在と見る立場がまずある。一方で、芸能者が自分の由緒書を持っていること、つまり単なるアウトローではなくて正当な職掌として芸能で身を立てる「職人」だという自己認識を持っていることを重視し、身分制度内にもともと規定された存在であるという考え方もあった。網野善彦《あみのよしひこ》らが一九八〇年代に提唱したことで知られるようになる職人論である。

網野は、由緒書の中に天皇家からの勅宣を受けたことを誇るものがあることに着目し、この国の精神史において天皇がそうした形で支柱の役割を果たしていたことを示した。被差別の対象にもなった職人が、最高権威である天皇と結びつくという逆転の構造である。職人が示す天皇家との結びつきはそのほとんどが虚偽だろうが、それだけ誇りをもって自らの職掌にあたっていたということの現れだろう。盲人の職業であるごぜは、そうした中世的職人の遺児なのだ。萱森直子《かやもりなおこ》が師匠である「最後のごぜ」小林《こばやし》ハルから受けた教えに、その精神が表されている。

萱森◉［……］かつてはいろんな旅芸人がいましたよね。師匠から聞いた話ですが、ある人が何もなしで手拍子だけで歌っていたんですって。そこで師匠は「そこらに石があるろ。石と木ころを拾って打って歌えと言うてやったんだ」と。つまり、何も持たないで歌うのは「こじき」「おもらい」と一緒だと。そうじゃないんだ、自分たちは楽器が弾けるんだと、そういうことでしょうね。それを聞いて、ほうと思いましたね。

中世に起源がある職人たちも、時代が経つにつれてその由緒が怪しくなり、近世的な認識に呑み込まれていった。さまざまな流浪芸人を再び秩序の下に組み入れたのが明治政府であり、興行を許可する鑑札を発行するという形で管理するようになった。その結果生まれたのが関東の浪花節、関西の浮かれ節であり、これらの総称として現在の浪曲という芸能ジャンルが誕生することになる。こうした変遷とはまったく無関係に芸能としての純粋性を維持し続けているのが能楽というジャンルだ。極めて中世的である能楽と、近世の産物である講談・落語、近代の申し子であった浪曲を並べて見ることで芸能史を俯瞰することができる。非常に興味深かったのは、能はそれ自体が閉じた世界を形成するという理解だ。観客にわかりやすく教えるのではなくて、むしろ簡単には理解できないようにデザインされている。能楽者たちが作り出す世界に入っていくのが難しくなっている。そのわからなさが想像を招くのである。以下は能楽者・安田登の解説だ。

安田◉［……］いかに観客のニーズに応えないかにむしろ苦心します。観客のニーズに応えて風や水を出すのではなく、皆さんの脳内ARを邪魔しないよう、能舞台には基本的に何も置かない。大道具もないし、小道具だって最小限。常にあるのは松だけです。これは枯山水の庭も同じですね。何も置かないことによって、ご自分の何かを投影していただく。［……］

この考え方は高座で口演される落語などの芸能に酷似している。というよりは、そうしたピン芸の原点は能にあると言うべきなのか。演者の身体のみを唯一のメディアとして用いて表現する芸のありようについて、この章は多くの示唆を準備してくれている。

全体を通して見ると、要になるのはやはり浄瑠璃ではないかと思われる。その重要性を意識してか、人形浄瑠璃である文楽と女流義太夫とが本書では並置されているのである。浄瑠璃の中には歌舞伎の源流があり、演劇を含め、近世・近代に執筆された語り物の台本はすべてこの芸能から基礎の形をもらっている。そうした意味では、浄瑠璃こそが大衆芸能の起源なのだ。コンビ芸である浪曲も、明治の草創期には浪曲師と曲師が高座の上で並ぶ、浄瑠璃語りと同じスタイルで演じられていたことが知られている。

本書でたどられるもう一つの道筋は、この源流探しの旅だ。別の話題で興味を惹くのが、奈々福が「上方落語と江戸落語は本来別の芸能だったのではないか」という仮説を持って、二章分をこの芸能に充てていることだ。さらに江戸落語の章では、落語は「話す」芸であって「語り芸」からは最も遠いところにある、という主張が行われている。この見方に立つことで、講談・落語・浪曲という三つの大衆芸能の性格を整理することが可能なのだ。和田《わだ》（松本《まつもと》）尚久《なおひさ》『落語の聴き方　楽しみ方』（ちくまプリマー新書）は、落語をそのテキストではなく、演者が作り出す演劇的空間のほうから着目した画期的な評論書である。江戸落語の章ではその和田と五代目圓楽一門会の三遊亭萬橘《まんきつ》が登壇している。ここで和田が語り物と落語の違いを神がいる空間と神なき空間の違いだと解説している。

和田◉［……］強烈な神とか宗教といった世界を規定するフレームがあるのが前近代であり、語り物は運命の中で生きている人を物語ります。そういうものがなくなった時代に、寄る辺のない人物A、B、Cがばらばらに動いて、すれ違ってぶつかったり別れていったりする、それが落語です。［……］

和田の『落語の聴き方　楽しみ方』は筑摩書房で編集者を兼務していた時代の奈々福が企画した本だという。篠田正浩が概論を行う第1章と安田登・いとうせいこうが「その先」の展望を語る第11章はプロローグとエピローグ的性格を持っており、語り芸の連環そのものは節談説教で始まってこの江戸落語の章で終わると言っていい。奈々福自身が手掛けた本の著者をトメの位置に配することは、おそらく最初から決まっていたことだろう。最後の最後に、編集者時代の玉川奈々福が顔を覗かせている。

冒頭に戻って「まえがき」を見ると、その末尾には「故・小沢昭一《おざわしょういち》さんに、届きますように」の一文がある。小沢の芸能に関する著書はちくま文庫に入っているものが多いが、これは奈々福が担当したものだ。その中で最も重要なのが、当時は失われた芸能化しつつあった浪曲や、本当に失われてしまった女相撲、玉乗りなどの芸人を探訪して書かれた『日本の放浪芸』（現・岩波現代文庫）である。『日本の放浪芸』に対する尊崇の念が本書執筆の一因にはあるはずだ。こうして一冊を眺めれば、やはりそこに玉川奈々福という存在が浮かび上がってくる。本書を執筆することによって奈々福は、長い芸能史の中に自らを位置づけ、同時に現在進行形で発達し続ける語り芸の関係網を自分の言葉で表現するという武器を得た。こうなってからが芸人は強いはずである。二〇二〇年代の玉川奈々福を聴かなければならない。

ビートきよし
『もうひとつの浅草キッド』

連載の第二回で採り上げた本が、二〇一二年に刊行されたビートきよしの『相方　ビートたけしとの幸福』（東邦出版）だった。たけし・きよしの二人が出会ったのが浅草のストリップ劇場・フランス座であったことや、実は芸人としてはきよしの方が先輩で、たけしにコンビ結成を持ちかけたのも彼だったという事実など、その後トーク番組で繰り返されて世間に知られるようになった情報のいくつかは、同書が初出だったと記憶している。また、二人の共通の師匠は伝説の芸人と言われる深見千三郎《ふかみせんざぶろう》だが、なぜか松鶴家《しょかくや》千代若《ちよわか》・千代菊《ちよきく》やコロンビア・トップ・ライト門下であると紹介されたこともあった。芸人の処世術としてやむなき事情があったのであり、『相方』ではそれについても言及されていた。貴重な証言を伝える一冊だったのである。

ビートきよし『もうひとつの浅草キッド』の内容は、ほぼ『相方』と重なる。《週刊大衆》連載を元に構成された本であり、巻末にはたけしとの対談も収録されている。

同じ内容だから読む必要はないか、というとそんなことはなく、芸能史に関心のある読者にとっては興味深い記述が多い本だ。最終的にツービートの「一人が異常なスピードで喋りまくり、もう一人がそれに

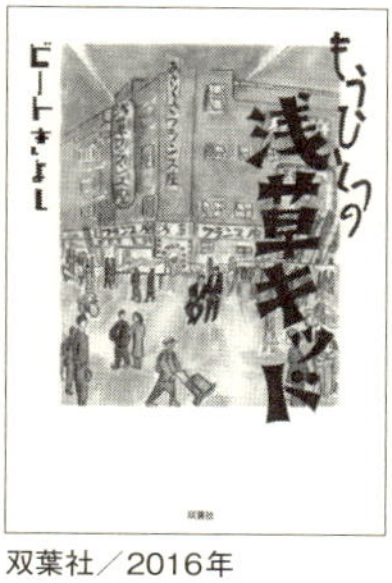

双葉社／2016年

合いの手を入れ続けるわんこそばのような漫才」にたどり着く二人だが、出発点はもちろんそうではなく、浅草芸人ならば誰もが経験したであろうネタで舞台を踏んでいたのである。まだたけしと出会う前、フランス座の前にロック座に上がっていたきよしが師匠・深見千三郎と組んで演じたコントについて、こんな記述がある。

――当時、浅草のストリップ劇場では、代々浅草芸人の間で受け継がれてきた伝統のコントを演っていた。深見師匠が独り芝居でコントを演じてみせてくれたり、舞台を見て自分で覚えたり、オレ（きよし）もそうやってコントを覚えていった。

「川の氾濫のコント」「中気のコント」「泥棒のコント」「乞食のコント」「ポン引きのコント」「痴漢のコント」……中でもオレが好きだったのが〝日本三大名作コント〟と言われてる「仁丹」（他の2つは「天丼」と「ハンカチ」というコント）。ストリップ劇場では女の子（踊り子さん）を裸にするような下ネタコントが多いけど、この「仁丹」は女の裸が出てこない。かっぱらい2人と警官のコントで、警官がツッコミ役。女のハンドバッグをかっぱらってきた2人と、警官の掛け合いネタで、警官が2人を取り調べる。［……］

おそらくこうしたコントのいくつかは、戦前のアチャラカに起源があるのだろう。今では作者の名前もわからないこうしたネタが、踊り子の裸目当てで来る客たちの前で繰り返し演じられてきたわけである。

やがてロック座が経営不振で人手に渡ったことから深見ときよしはフランス座に上がるようになる。フランス座はもともと別の場所にあったが、その時点では浅草演芸ホールの上階に移っていた。たけしこと北野武《きたのたけし》もそこに流れ着き、エレベーターボーイの仕事をしているときにきよしと知り合うことになる。

やがてきよしはフランス座を辞め、陰気な顔の青年を引き抜いて漫才コンビを組む。最初のコンビ名は「松鶴家二郎次郎」、その名前で名古屋の大須演芸場で初舞台を踏むのである。実はその名前は、きよしと別の人物とのコンビ名だった。大須演芸場で出番が決まっていたが、その人物が抜けてしまったために旧知のたけしを登用したのである。最初にかけたのは、やはり昔風の「国定忠治」ネタだった。

——まずオレ（きよし）が忠治の名ゼリフ。

「雁が鳴いて南の空に飛んでいか〜」

「……」

黙ってる相方にオレがツッコむ。

「ダメだよ、黙ってちゃ。お前は浅太郎なんだから」

そう言うと相方が、

「もう晩なんですけど」

「バカヤロー、名前が浅太郎っていうんだよ！」

……っていう古臭いオチ。

ここから交通標語ネタ、ブスいじめ、山形差別の毒ガス漫才まではかなりの距離がある。結成から約八年、鳴かず飛ばずの期間を二人は過ごすのだが、それは決して平坦なものではなかった。先が見えない生活の中でたけしが荒れ、共演者に嫌われるような言動を繰り返したり、舞台をすっぽかしたりするようになるからだ。それでもきよしは決して見限ることはなく、周囲の者から相方を庇い続けた。たけしがとった破天荒な行動についてはぜひ本書を読んで確かめていただきたいが、その長い年月を辛抱し続けたというのがきよしの芸人としての胆力、たけしという才能を見出した眼力の正しさを証明している。

自分が前に出るのではなくコンビが売れることを第一に考える、相方のおもしろさがどうやれば観客に伝わるかを常に優先するという引きの芸が見事である。その結果生まれたのが、あのツービートの舞台だった。

たけし　「何だ、それ!?」で笑っちゃって笑っちゃって。「ディチャーチン!」とかやったら喜んじゃって。

きよし　いきなりなんだもん、だって。

たけし　きよしさんが笑いだして、最初マイクセンターでやってたのに、だんだん俺がマイクの前に立っちゃって。きよしさんが俺が肩越しにツッコんできて、「肩越しにツッコむんじゃないよ!」って。

きよし　笑っちゃうと止まんなくなっちゃうから(笑)。(巻末対談より)

言われてみればツービートの漫才で、笑って喋れなくなったきよしが観客に半ば背を向けてしまい、たけしにそれをつっこまれる、という場面を何度か見た記憶がある。漫才師が相方の言ったことに受けてしまう姿を見せることは今では別に珍しくないが、当時は異常なことだったはずだ。ダウンタウンの松本人《まつもとひと》志《し》が自分で自分の言ったことに受けて笑うスタイルなども、この延長線上にあるのではないか。漫才を変えた芸人といって挙げられるコンビ名はいくつかあると思うが、ネタそのものよりもそこで生じた笑いを漫才師の身体が増幅させていくことで観客を巻き込んでいく演じ方は、ツービートが確立したものである。

ツービートにはもう一つの特徴がある。いまだに解散していないことだ。THE MANZAIブームの主役たちの中には解散したり、片方がこの世を去ったりして現存しないコンビも存在する。小林信彦《こばやしのぶひこ》が指摘するように、全盛期でコンビを解消した後、かつての光を取り戻せた芸人は数えるほどしかいない。立川談志は若手のころの爆笑問題《ばくしょうもんだい》に「コンビは解散しないものだ」と諭したという。そういう意味ではツービートは、コンビとしての筋を通した芸人と言えるだろう。

マスメディアからは異端者扱いされていたツービートが、実はもっともコンビらしいコンビ、芸人らしい芸人であったことを、本書は証明するものである。売れなかったころ（右に書いたとおり、当時のネタは呆れるほどつまらない）を経て、いかにコンビが開花するに至ったかも克明に描かれており、サクセスストーリーとして受け止める読者も多いことだろう。しかしもっとも大事な点は、ツービートが狂い咲きといえる時期を経て、それで消費され尽くすことなく残ったという事実だ。本書の後半では、ブームの中でますます冷静になっていく二人の姿が描かれる。売れることだけが本当に芸人としての最終目標なのか、という問いかけが、そこでも必然的に浮かび上がってくるのである。

ビートたけし『フランス座』

文藝春秋／2018年

ビートたけしがコントをやるときの動きを指して「あれは深見千三郎そのままです」と最初に指摘したのは、私の中では色川武大だということになっているのだが、今その記述が見つからない。御多分に漏れず私も深見の舞台は観たことがなく、初めてその名前を見たのは訃報だった。「ビートたけしの師匠が自室で焼死」という形で社会面に小さく記事が出たはずである。その報せを受けたたけしが「深見のおとっつぁんもバカだよな。死んだら人が焼いてくれるのに、自分で焼いちめえやんの」と軽口を叩いたというエピソードは、あちこちで紹介されている。芸人としての含羞が言わせた言葉だろう。

『フランス座』は、たけしが芸人としての第一歩を踏み出した浅草のストリップ劇場と、その座長であった深見千三郎のことを書いた作品だ。過去にいくつかの小説作品を発表しているたけしだが、本書は間違いなくこれまでの最高傑作である。一読すれば、自分の出発した場所と、その芸を誰から受け継いだかを正式な形で書き残しておきたいという執筆企図が明らかだ。電波に乗るような場では決して出さないような思いも、それゆえにはっきりと記されている。

明治大学の工学部に入った北野武は、早々に通うのを止めてしまう。「通学時間の長さのせい」である。明治の一、二年生は杉並区の和泉校舎で、三、四年は駿河台校舎に通うと思っていたのに、工学部は最初から川崎市多摩区の生田校舎だったのである（一九六四年から）。目白にアパートを借りていたが、すぐに乗換駅の新宿までしか行かなくなる。ジャズ喫茶が高尚な文化拠点と受け止められていた時代であり、そこでボーイのアルバイトを始めた。しかし「興味があるのは車のエンジン設計など」だった武青年は本ばかり読んでいる文科系集団には溶け込むことができず、学生運動などに首を突っ込んでいるうち、あっという間に時が過ぎる。気が付けば青臭い議論を闘わせていた連中はみな新宿を卒業してしまい、彼だけが一人取り残されていた。

――ボーイだけ残ってどうすんだ。客みんな消えたのに。

だから彼が浅草フランス座のエレベーター番アルバイトに応募したのは、芸人志望でもなんでもなく、他に行く場所がないために流れ着いただけだったのだ。そこでストリップの合間に行われるコントの座長を務めていたのが、浅草ロック座を辞めて移ってきた深見千三郎だった。エレベーターの前に立っている男をコメディアン志望だと勘違いした深見は声を掛けてくる。「コメディアンは何でも出来なきゃしょうがねえぞ、お前も暇な時はタップとかギター、それか本ぐらい読んでろ、これからタケでいいや！」と勝手に決められ、北野武は芸人のたけしとなる第一歩を踏み出すことになる。

――軍団は震えあがった。

「お前たちな、1週間でタップダンスをマスターしなかったら破門だ！」

殿のおことばである。殿が軍団に教えることは「芸人としての姿勢」だけだった。しゃべりのどこが悪い、ここを直せということを絶対に口にしない［……］その殿が、タップダンスをわずか1週間でマスターしろというのだ［……］

そのまんま東《ひがし》ら、たけし軍団の面々が綴った『ツノだせヤリだせ　たけし軍団物語』（太田出版）の一節である。この姿勢は、そのまま深見千三郎から来ているものだろう。テレビ時代の芸人を志望する軍団の成員たちにも、たけしはフランス座時代のやり方をそのまま踏襲させた。軍団の松尾伴内《まつおばんない》やラッシャー板前《いたまえ》、三軍の水道橋博士《すいどうばしはかせ》や玉袋筋太郎《たまぶくろすじたろう》など、弟子の中にもフランス座で修業期間を過ごした者はいる。だが、たけしよりも世代が下の彼らが足を踏み入れたときには、そこはすでに時代から取り残された場所になっていたのである。小屋が終焉を迎えたときの模様は浅草《あさくさ》キッド『キッドのもと』（現・ちくま文庫）に詳しい。

もっとも、たけしが奇縁によって修業を始めたときはすでに、フランス座は芸人の主流からは外れてしまっていた。ストリップ劇場としても時代遅れだし、座付き作者として井上《いのうえ》ひさしがいたという伝説もすでに遠い過去のものである。たけしは、楽屋にたむろしていっぱしを気取る先輩芸人たちに軽蔑の眼差しを送る。その中に兼子二郎《かねこにろう》こと、後にツービートの名前でコンビを組むことになる兼子きよしもいた。

しかし、深見千三郎だけは別格だった。深見が埼玉県の春日部から出てきた田舎者に扮し、ポン引きとの珍妙なやり取りを交わすコントを初めて観たたけしは、深い感銘を受ける。本物の芸であり、しっかりとした教養に裏打ちされたものであることが、駆け出し芸人にもはっきりわかったのだ。その同じポン引きコントを、深見の指名でたけしが演じる場面が前半のクライマックスだろう。いちばんの新米ではあるが、動きのおもしろさを評価した深見が、たけしに重要なポン引き役を振ったのである。

――「……」舞台ではもう師匠が「ああ、忙しい、忙しい」と俺のポン引きの声を待っている。夢中で俺は「旦那、旦那」と大きな声で呼びかけた。

「何だ、そんなデカい声出して、皆にバレるだろう。ポン引きか？　そんなデカい声のポン引きがいるか、馬鹿野郎」

すかさず師匠が、俺の芝居を直しながらネタを引っ張っていく。凄い人だ。

「どうです旦那、コレ！」と言って近づくと、「寄るんじゃねえ、ここは広いんだ、近づくな、距離を取って話せ」と、また芝居をしながら立ち位置を教えてくる。もう全部が実践コント教室だった。

コントそのものを目にしたわけではないのに、その位置関係、新米をいなすベテランの立ち居振る舞いまでが鮮やかに浮かんでくる。この華やかな板の上の姿を描き出すために『フランス座』は書かれた作品なのである。やがてたけしは深見に可愛がられ、飲みにも連れて行ってもらうようになるが、蜜月は長く続かない。時代の潮流は戻すことができない。フランス座のコントはもはや売り物にならなくなっており、その不遇さが深見を鬱屈させていく。彼はまた、愛弟子がフランス座の外に目を向けていることにも気づいていた。「芸もないのにすぐテレビやラジオに出たがる」若者を「ちゃんと修業しないと、売れてもすぐ人気なくなるぞ」と戒めるのだが、たけしは「一瞬でも良いから売れたいと思」い、先にフランス座を捨てていた兼子に誘われるまま、漫才コンビのツービートを結成してしまう。しかし待ち構えていた兼子が披露したのは「ブルース・リーがロケットに乗って、うちゅう！」といったようなひたすらつまらないネタだったのだが。

後半では、売れたい、売れたいともがきつつもまったく芽が出ないたけしの、焦りと師匠を捨てた後悔が募っていくさまが描かれていく。フランス座で短い期間ながら共に修業した仲間たちも、次々に浅草から去っていくのだ。行き場がなくて浅草に流れ着いたたけしは、それを真似ることもできない。

——他に行く場所あんのか？　浅草は最後の場所だ。皆、ここに流れ付いてしまったんだ。ここが死に場所なのに、ここを離れたら、皆、浮遊霊じゃねえか？

漫才ブームが到来してツービートが売れる少し手前で『フランス座』は終わる。「俺はまだテレビ、ラジオに未練があるな」と気づいたたけしが、本腰を入れて漫才に取り組むところで幕引きとなるのだ。たけしが新米コメディアンの「タケ」から漫才師の「ビートたけし」になったあとのフランス座、及び深見千三郎については四行、数十字で触れて慌ただしく完結する。「その後」を書くに忍びなかったからであろうし、師匠との関係のもっとも柔らかい部分は人目に触れさせて風化させたくないという思いもあったのだろう。いや、最も語るべきフランス座と深見千三郎の思い出は、板の上での芸が光り輝いていたあの瞬間だということなのかもしれない。本書によって、浅草の申し子というべき芸人の姿は読者の胸に深く刻み込まれた。

『フランス座』は、漫才師ビートたけしの誕生前夜の物語である。ツービートという怪物が世に出るまでの期間を、少し離れた場所から見つめていた人間がいた。綾小路《あやのこうじ》きみまろである。ビートたけしは、《オール讀物》二〇一八年九月号に原稿用紙二百枚の読切小説「キャバレー」を発表している。綾小路きみまろの視点から漫才ブーム前夜の時代を綴った、これも優れた芸人小説である。長くなってしまうので、別項でこの作品については書くことにする。

ビートたけし『キャバレー』

文藝春秋／2019年

ビートたけし『キャバレー』について某所で原稿にしようと思ったら、反社会勢力集団への闇営業なる問題がマスメディアで取り上げられてしまって、機会を逸したのであった。あの一件については、事務所を通さない直の営業（ショクナイ、と言うのではなかったか）が悪かった、そんな仕事をやらないと芸人が食えないようなマネジメント自体が駄目なんじゃないか、というような論調に移行しつつある。良くも悪くも芸能事務所に属していないと居場所のない現在の芸人像を象徴したような一件であった。

『キャバレー』で描かれるのは違う。ここに出てくる芸能事務所は海のものとも山のものともしれない会社で、家出してきた未成年の少女をそのままキャバレーまわりの歌手に仕立て上げてしまったりする。言葉は悪いが、作中でも言われるように人買い以外の何物でもない。

そんな時代を描いた小説である。頃は一九七〇年代の末だろう。ご存じのとおり申年にあたる一九八〇年にはテレビ番組「THE MANZAI」が爆発的にヒットし、笑い芸の主流が完全に漫才師のものになる。その前夜の物語であり、当時は芸人が営業する場の一つにキャバレーのショーがあった。日本のキャバレー文化は一九七〇年代に燃え尽きたが、燈心にまだ最後の灯りが残っていた時期である。客からチャージ料を取ってショーを見せる。決して添え物ではなく、いくら酔客の目的がホステスだとはいえ、芸もれっきとした店の売り物なのである。だからこそそこに出る芸人は厳しく選ばれたし、受けさせることができなければ次からは呼ばれなかった。そうした場で芸を磨いていったのが、本書にも登場する猛者たちである。立川談志、ケーシー高峰、佐々木つとむといった芸人たちがキャバレーでどのように振る舞ったのかが、同じ芸人である作者によって絶妙の呼吸で描かれる。

視点人物を務めるのは、綾小路きみまろだ。一九五〇年生まれのきみまろは、一九七〇年代の初頭から漫談家として芸人活動を開始した。長い長い下積み期間があり、陽の当たる場所に出られるようになったのは一九九〇年代も後半になってのことだったのである。そのきみまろが新宿歌舞伎町のキャバレーで、ケーシー高峰の出る舞台の司会をする場面から話は始まる。大物芸人の前で客を笑わせて認められようという目論見は大外れで、客席からは「早くケーシー高峰だせ！」と野次られる始末だ。代わって舞台に上がったケーシーは、売れないきみまろとは別世界の人のように光り輝く。後にテレビでも披露されるネタの多くは、このキャバレーの舞台で客を大受けさせたものだ。

「イラン革命の最高指導者を、次の三つから選びなさい。ホメイニ、したこた、したばってん」

「リビアの独裁者を次の三つから選びなさい。カダフィ、馬鹿よね、お馬鹿さんよね」

きみまろは舞台と客席を一体化させる大物芸人の力に圧倒される。これと対比されるように描かれるきみまろの漫談は、たしかにもっさりして、笑いどころのよくわからないものなのだ。このへんの口舌の差、芸としては何が拙くて、何が売れるのかがはっきりとわかるように書き分けられているのが本書の最高の美点である。売れないきみまろと売れているケーシーは芸人としては完全に別物だ。さらに言えば、同じステージの売れっ子でも立川談志のスタンダップコミックとしか言いようのないスマートな雰囲気も、はっきりとケーシーの粘っこい芸とは区別されている。まとっている空気が違うのだ。

きみまろはうだつの上がらない自分に嫌気がさし、キャバレー「ナイトクイーン」の司会者を辞めて地方に出る。といっても仕事場は同じキャバレーである。無名のきみまろはちっとも受けず、辛酸を嘗《な》める。函館のキャバレーでは一夜で首になり、青函連絡船に乗って帰ることになる。舞台に穴が空くということで芸能社が先輩芸人を代理でその店に送るのだが、きみまろが函館見物をして船に乗ると、その先輩芸人が三等船室でげーげー吐いていた。同じように一晩で首になったのである。

きみまろがきっかけを摑むのは仙台のキャバレーだ。ナイトクイーンでもやっていたホステスいじりを試してみたのである。

「今日は仙台ドリームナイト、御来店ありがとうございます。仙台といえば仙台美人で有名で、見て下さいこのホステスさん達の美人なこと！」

客席を見回しおもむろに一人のホステスを指さして「貴方は何処の出身ですか？」。

ホステスの周りの客が大笑いした。

こうなれば綾小路きみまろのペースだ。「この店のホステスさんになるにはテストがあって、それに合格しないと雇ってくれないんです、身長から体重、もちろん顔です。まず身長、身長は一メートル以上、体重は百キロ以下、大事な顔は、人が見て人間と分かるくらい」

このホステスいじりに加え、店の人間から仕入れた、ちょっとした個人情報を元にさらなる突っ込みを入れてみた。舞台と客席が嫌でも一体化する、飛び道具だ。客の大半を占める中高年の女性に最大公約数のようないじりネタを入れる、現在のスタイルの原形を見るようなステージである。これによって何かを摑んだきみまろは、もう一度勝負をし直すために東京に帰ってくる。

『キャバレー』の中心人物は綾小路きみまろだが、副主人公と言うべき存在がもう一人いる。「新宿歌舞伎町の突き当たり。コマ劇場ビル五階、六階に」あるとされるキャバレー「ナイトクイーン」の支配人、多田耕平だ。ナイトクイーンの守《もり》をしている、つまり縄張りとして持っているのは仙山会系木村組で、その若頭である高橋正一が店にしょっちゅう出入りしている。高橋は激情家であり、時に爆発して多田の肝を冷やさせるが、さすがに歌舞伎町のあぶくを吸って生きているだけあり、芸を聴く耳は肥えている。その高橋が、店の常連が多いのを気にして定番ネタをやろうとしないきみまろを叱り飛ばす。

「馬鹿野郎、同じ客に何度も同じネタやるんだよ、暗示を掛けるみたいなもんだ！　皆そうじゃねえか。『山のあな、あな、あな』だって『ゲロ、ゲーロ』だって。十八番てのを作れって言ってるだろう!」

そんなヤクザの言葉もきみまろの肥やしになっていく。『キャバレー』は反社会勢力などという言葉ができるはるか以前の話だから、水商売とヤクザはずぶずぶの関係だ。結局、この高橋のシマを狙ってちょっかいをかけてきた組があったことで抗争が起き、店の客層は荒れていく。それは一時的な現象ではなく、引き潮の始まりだったのである。「ショウをやらない店が増えて、代わりにおさわりキャバレーとか、変なサービスを売りにした店ができてきている」と多田が感じるように、一九八〇年代から九〇年代にかけて爛熟《らんじゅく》を極めた性風俗の波がそこまでやってきている。漫才ブーム前夜は、歌舞伎町が性都になる前の時代でもあった。そのことを知っている現在の読者にとっては、本書の背後に流れる滅びゆくものへの追悼歌が聴こえてくるはずだ。

本書ではもう一組重要な登場人物がいる。まさに売れ出す直前のツービートである。直接言葉を交わすことはないが、きみまろは自分とあいつらとは何が違うのかと羨望の眼差しで二人を見守る。同じように客をいじり、同じように暴言を吐いているのに、あいつらは売れてなぜ自分は売れないのかと。前作『フランス座』では直接自身の下積み時代を描いた作者が、本作では第三者の目から自分を描いている。自暴自棄に見えるステージの模様についてはこれまでの著書でも再三描かれてきたが、それを単純な美談にしないように綾小路きみまろの目を借りているのである。結局、売れるか売れないかは運の問題であり、芸というものは磨かれて洗練されることはあっても本質的にはくだらないものである。くだらないものを欲するのが客なのであり、それを徹底してやり抜くという以外に芸人の価値はない。
小説は功成り名遂げたきみまろとたけしが対談する場面で終わる。といってもたけし自身は言葉を発することがなく、きみまろの目から「カメラが止まってしばらく黙ったビートたけしのつまんなそうな顔を見て、俺も同じような顔してんだろうな、と思う」と書かれるだけだ。売れるために死に物狂いであがいてきたが、いざその座に到達してみれば、売れるということには何も意味がなかったというアイロニーが最後にきみまろの独白として語られる。

——こんなものに命がけで……いや命なんか、賭けてなかった。苦しんで、もがいて、命削って、漫談をやっていたわけではない。ただ売れなくて、受けても知ってくれる人がいなくて、それが面白くなかっただけ。苦労した時代が懐かしいなんて負け惜しみだ。サウナは出た後が一番気持ちいいんで、入ってる時間は長くても短くても関係ない。なら、早く出たいに決まってる。

この本音を自分の口から語ることができなかった。それゆえに漫才ブームの裏で影法師のような人生を送ることを余儀なくされた男を借りる必要があったのだろう。それが綾小路きみまろなのは、言うまでもなく一時代を築いた芸人であり、自分の言葉を喋ってもらっても失礼のないほどの地位があるからだ。小説全体に含羞と気配りが滲み出ている。だからこそ芸人の書いた芸人小説として完璧なのだ。
申し訳ない。前項で『フランス座』をビートたけしの小説における最高傑作と書いたが、訂正する。『キャバレー』が記録を更新した。含羞のなせる業か、「どの本を自分で書いたか忘れた」とゴーストライターの存在を匂わせる発言をするたけしだが（そして作品によっては誰が書いたかが判明しているものもあるが）、本作に限っては芸人ビートたけしの筆によるものと言って間違いない。芸人という存在の本質的な無意味さ、そんな芸人だからこそ備わっている品の良さが全編に漂い、読後には可笑しさと同時に哀しみの感情も湧き上がってくる。芸人が、芸人の形を描くことにより、芸人でしか共有しえない気持ちを読者に感じさせるために書いた。これはそういう小説である。

レッツゴー正児『三角あたまのにぎりめし』

一つの家から二人以上芸の道に入る者が出るというのは大変なことである。

若いうちはなんとも思わなかったが、いざ自分が親の立場になり、目の前にまもなく成人を迎えようという子供がいるとさすがに思うところがある。といっても歌舞伎は世襲が基本であるし、五代目古今亭志《し》ん生《しょう》の長男が十代目金原亭馬生になり、次男が三代目古今亭志ん朝になった、などというのは初めから世

ワセダ企画／1983年

間が違う話題である。

ここで言うのは、ごく普通の家庭から二人以上の芸人が生まれたような例であって、そうなると私は、ルーキー新一《しんいち》とレツゴー正児《しょうじ》のことを思い浮かべずにはいられない。

ルーキー新一といっても、私はその全盛期をほとんど知らない。実弟・正児と組んでしろうと演芸コンテストの番組で漫才を披露したことで芸界入りの糸口をつかみ、黒崎清二《くろさきせいじ》こと後のルーキー清二《せいじ》とのコンビで売り出して、吉本興業に引き抜かれる。一九六五年一月から吉本新喜劇の座長格となるが、わずか一年も経たないうちに白羽大介《しらばだいすけ》、森信らを連れて独立することになり、大阪・千日劇場を根城にルーキー爆笑劇団を旗揚げした。ところが一九六八年に劇団員絡みの恐喝事件に巻き込まれ、翌六九年には本拠地である千日劇場が閉鎖されるなどの不運が続き、以降、表舞台にはほとんど出ることがなく一九八〇年に没した。私は一九六八年生まれなので、完全に間に合わなかった芸人なのである。

ルーキー新一こと直井新一とレツゴー正児こと直井正三は香川県琴平町の生まれだ。一家は祖父と両親、そして四人の兄弟姉妹の七人である。新一は自分のことを書き残していないが、弟の正児には『三角あたまのにぎりめし』という半生記の著書がある。以下はそこから、直井家に関することを抜き書きしてみたい。

正児が小学四年生、新一が中学三年生のときに父親が病気になり、兄弟が大阪で訪問販売をして家計を助けたことがある。正児のあかぎれだらけの手を見せて同情を引くやり方だから、いわゆる泣き売である。正児が高校に入学した直後、今度は母親が病気になって転地療養をしなければならなくなった。そのため正児は三ヶ月でせっかく入った高校を辞め、父親が親方を務める鉄工場で新一と共に働くことを自ら選んだという。このときは父と新一が組み、正児が助手を務める形で作業が行われた、後にコンテストで二人が勝ち抜けたのは、訪問販売といい鍛冶屋といい、このころから息を合わせることが自然に出来ていたからではないか、などと夢想するのである。

父親は正児が高校二年生のときに亡くなった。すでに新一は芸人としてデビューを果たしていたが、その時点では正児は単なる漫才好きな高校生である。卒業後、正児は関西汽船に就職するも、三年勤めた後に辞表を書き、兄と同じ芸人を目指す。このとき母親は、正児の将来を心配して胸を痛めたという。

――あのときの母の言葉を思い出す。

「おまえは無理や。新一は順応性があり、融通がきく。上の者が黒いものを白やというても、『白っぽいですね』と話を合わせられる男や。そやけど正三（私の本名）おまえにはそれだけの融通というか余裕があれへん。いうたら一徹者や。サラリーマンのとき、どうやったん。関西汽船で客相手に、上司相手にしょっちゅうけんかしとったやないか。そんな性格では芸能界ではやっていけへんで、おまえが芸人になるのんやったら心配で見てられへん。なるんならお母ちゃんが死んでからなって、生きてるうちは心配ささんといて」

しみじみといわれたものだった。

母親の言葉にあるとおり、正児は後のレツゴー三匹《さんびき》での顔からは想像が難しいような正義漢であり、かつ頑固者だった。高校を入学後三ヶ月で辞めて働き始めたのは家族思いの気性がなせる業だったが、母親が快癒して帰ってくると、二年遅れで同じ市岡商業高校を受験して入り直す。他の学校に行く選択肢もあったが、そうすれば制服その他をまた買い直さなければいけなくなる。そんな負担はかけさせられないと、あえて二年上にかつての同級生がいる高校への再入学を選んだのである。高校では剣道部に演劇部、校外では週に五日、兄・新一の経営する珠算塾で講師として働いて学資を稼ぐなど忙しく動き続けた。実は学業は優秀で、小学校から高校までずっと級長に選ばれ続けもした。その性格が周囲にも愛される、優等生だったのである。ただ、漫才も無性に好きだった。

ここからは正児のみに関することを書く。関西汽船を一九六四年の三月に辞めた正児は、信じられないことに同年四月上席のうめだ花月でプロの漫才師としてデビューを果たす。やはりルーキー新一の実弟であるということが後押しをしてくれたのではないか。コンビ名は「やすし・たかし」、たかしが正児で、やすしは後の横山《よこやま》やすしである。「やすし・たかし」は人気も出てきたが、一年足らずで解散する。直接の原因は、雄琴ヘルスセンターの仕事で、雨の中正児が先輩芸人の「あひる艦隊《かんたい》」の荷物を運んだのに、やすしが手柄を奪い取る形でいい顔をしたからだという。

──私はつくづく思った〈まあ、この男はなんと要領のええ男やろ、こんな男といっしょにこれからの長い道のり、男一生の仕事をやっていけるか〉私も若かった。やすし君ぐらいの調子の良さは、この世界ではある程度必要なのだ。要領の悪いドンくさい男では、生存競争で取り残される。それをいちがいにやすし君を悪と決めつけた私も修業が足りなかった。

関西汽船を喧嘩で辞めた気性がここでも発揮されたわけである。その後は同じ吉本興業でトリオ漫才のスリージョークスに加入する。リーダーのホップを名乗ったのは一世を風靡した平和《へいわ》ラッパ・日佐丸《ひさまる》で何代目かの日佐丸を名乗った人で、ジャンプがコメディアン・和田志朗、ステップが正児である。ここで、やすし・たかし時代とは違うトリオ芸のコツを摑み、将来自分がメンバーを選んで漫才をやるならトリオがいいと考えるようになる。漫才は二人の対決だが、トリオであれば芸のパターンが広がるからだ。「一対二の対決」「二の中の一人が裏切って一のほうへつく、寝返りのおもしろさ」「ひとりひとり別々で対決する、三つどもえのややこしさ」「三人が順番にぐるぐる回ってやっていく交代の変わり身」「三人いっしょに一つのことに取り組む団体芸」と正児は分析する。近年のトリオ芸人のパターンもこの中にはすべて収まるのではないか。

スリージョークスがホップの病気のために解散した後は、正児は吉本新喜劇の座員として芝居をしていたが、前述のごたごたがあって兄・ルーキー新一が退社する。正児に脱退の意図はなかったというが、兄弟ということで連座させられ、自ら退社してルーキー爆笑劇団の旗揚げに参加した。このときに後のレツゴーじゅんこと渡《わたり》じゅんと出会っている。この劇団で正児は理想のスタイルである「レツゴー三匹」を結成した。メンバーは、正児、じゅんの他、後に第二次「すっとんトリオ」に参加することになる森一修《もりいっしゅう》。「レツゴー三匹」という名前は、三人が結成前にあれこれ相談しながら飲んでいた居酒屋が「三匹」だったからで、その上に正児が付き合っていた女性のアイデアで「レッツゴー」を乗せた。

ルーキー爆笑劇団が消滅後、一修も抜けたレッツゴー三匹はいったん解散の危機を迎えるが、コミックバンド「あひる艦隊」を抜けた永原誠《ながはらまこと》ことレッツゴー長作《ちょうさく》を新メンバーに迎えたことで蘇生する。長作の師匠にあたるタイヘイトリオの洋児《ようじ》が松竹芸能で顔が利いたことから救われ、再起が可能になるのである。正児はこのタイヘイ洋児を生涯の恩人と考え、当時の芸名を正二から改めている。ルーキー新一の問題で自らも損失を被ったにもかかわらず、「兄は兄、弟は弟」としてレッツゴー三匹を弟子として迎え入れてくれたからだ。

タイヘイ洋児は人気絶頂のときに失踪して以降は行方不明なのだが（『三角あたまのにぎりめし』によれば「キャバレー経営と女性で失敗」したため）、温厚で下の者には慕われる人柄だったらしい。ただ麻雀好きで、レッツゴー三匹がNHK上方漫才コンテストに出たときも、弟子の晴れ舞台を観にいかず、出陣の報告を雀荘で受けた。しかしそれはポーズで、実際には三人が会場に出かけると、後から車を飛ばして駆けつけ、結果を確かめに行ったという。そのとき出場していたチームのうち、最終まで残った中にトリオはレッツゴー三匹しかいない。結果発表の際、舞台にトリオ用の三つ組のトロフィーが置かれているのを確認すると、洋児は雀荘へと取って返した。

――われわれは意気揚々と先生のいるマージャン屋へ報告にいった。

「先生、とりました！」

「そうかよかったなあ、リーチ！……当たり、親マン、一万二千点」……。

そんな洋児先生だった。

振り返ってみると、ルーキー新一の後を追うようにして芸界入りしたレツゴー正児は、十代のころの兄との関係からコンビの呼吸を学び、話題性という意味でも恩恵を受けて恵まれた芸人生活を始めている。しかしそのルーキー新一という名前の大きさが災いして、一旦は挫折しかけているのである。その窮地を救ってくれたのは肉親ではなく仲間であり、先輩の芸人だった。このへんに兄弟で芸人として成功することの難しさがあるように思う。ルーキー新一の全盛期とレツゴー三匹のそれは完全にずれていて、一九七〇年代以降はまったく交わっていない。

もう一冊本の話をしたい。最近、八十四歳の芦屋小雁《あしやこがん》が初の自伝『笑劇の人生』（新潮選書）を上梓し、話題になっている。芦屋小雁は本名西部秀郎《にしべひでお》、二歳上の兄芦屋雁之助《がんのすけ》（本名清《きよし》）、六歳下の雁平《がんぺい》（本名重一）と共に息長く活躍してきた、関西を代表する喜劇俳優の一人である。看板が大きくなっても助け合ってやってきたという点では、兄弟芸人を代表する存在かもしれない。なにしろ芦屋雁之助の当たり役である「裸の大将放浪記」は、舞台版では兄の死後は小雁が代わって山下清を演じ、二〇一三年には雁之助版から数えて百回目になる記念公演を行っているのだ。『笑劇の人生』によれば、晩年の雁之助は病気の影響もあって長年属した松竹芸能を辞め、小雁の個人事務所である「小雁倶楽部」に属していたという。

小雁が人気者になったきっかけは、草創期のテレビドラマ「番頭はんと丁稚どん」である。同番組は毎日放送が一九五九年三月から放送したものだが、セットを組む予算がないために難波の映画館・南街シネマを借りて、客を入れた上での公開生放送を行うという画期的なものだった。最初期のキャストは、番頭役に東京から大阪に来ていた佐々《ささ》十郎《じゅうろう》、丁稚役が小雁と大村崑《おおむらこん》、茶川一郎《ちゃがわいちろう》だった。ところが佐々が、番頭が儲からないいじめ役であることに難色を示して降板する。また後には、番組の制作が東宝から松竹に移ったことから、前者に属していた茶川一郎も出演できなくなってしまうのである。その代わりに番頭と丁稚に入ったのが雁之助と、当時は普通の勤め人だった雁平だった。トラブルが兄弟競演の機会を作ったことになる。

西部家は京都で型友禅染の工場を経営していたが、戦争のために物資が手に入らなくなって休業、もともと芸能好きだった父親が若松屋喜正という名をもらって漫才師となり、地方巡業や満州慰問などで旅をするようになる。雁之助もそれに連れられて行くことがあり、見様見真似で芸を習ったのである。小雁は小学校を中退した後にさまざまな職を経て商業美術を学び、映画の看板を描く仕事をしていたところで、父と雁之助が旅から帰って来る。そして父親から、兄弟で漫才をすることを勧められたのである。

最初の芸名は「若松ただし・きよし」、金がなかったために、紙でできた背広を着ての舞台であった。その後、上方漫才の長老であった芦乃家雁玉《あしのやがんぎょく》に弟子入りして「芦乃家小雁・雁之助」となり、このコンビで戎橋松竹に出ているときに劇作家の花登筐《はなとこばこ》に芸を見初められる。そこから運が拓け、花登が後に手掛ける「やりくりアパート」「番頭はんと丁稚どん」などのテレビドラマ出演に結びつく。そして一九五九年には花登が中心となって劇団「笑いの王国」が旗揚げされ、雁之助と小雁はその主軸になっていく。

駆け出し時代は雁之助・小雁・花登で共同生活を送っていたほどの仲だった三人だが、その「笑いの王国」で運命が分かれる。人気の絶頂期に内紛の種が芽生えたのである。花登の心ない貼り紙に小雁が激怒するという通称「貼り紙事件」が起きて、劇団は解散してしまう。『笑劇の人生』によればこれは、雁之助の芝居を花登が揶揄するような内容のもので、小雁は、なぜ直接本人に言わないのか、と腹を立てたものだという。このあと芦屋兄弟は劇団「喜劇座」を旗揚げ、東宝が専門の劇場を作るというのに乗って松竹を離脱した形なのだが、その約束は果たされず、結局劇団は一九六九年に解散して、兄弟は以降別々の道を歩むことになる。

小雁は二歳上の雁之助を芸の「師匠」でもあると言う。芸能界の決まり事に無頓着であり、喧嘩別れした花登筐とも声がかかれば一緒に仕事をする小雁に対して、雁之助は上下の順を守り、自分の位置を厳格に決めてからではないと動かない。その態度に学ぶことも多かったのである。故・藤田《ふじた》まことと兄弟は、売れない「若松ただし・きよし」の時代に出会い、琵琶湖遊覧船の上で「早よ、有名になろな」と励まし合いながら弁当を食べたという仲である。その藤田とも雁之助は共演をしようとはしなかった。

——藤田まことにしても、売れっ子になってから、雁ちゃんに自分の舞台を演出してほしいとか、脚本を書いて欲しいとか、共演して欲しいとか、ぼくを通してよう言うてきたけど、雁ちゃんは「そんなもん出れるかい」と、なかなか首をタテに振らんかった。デビュー前の無名時代、彼は雁ちゃんを

「大きい兄ちゃん」、ぼくを「小ちゃい兄ちゃん」と呼んでた。そんな時代を知ってるから、自分の方が先輩やというライバル意識があったんやろな。そやから、ぼくだけが出ることがようありました。

そういえば、朝日放送制作の時代劇〈必殺〉シリーズにおいて、雁之助と藤田は共に何度もレギュラーで出演をしていながら、互いのドラマにゲスト出演を果たしたことが一度もなかった。組み合わせとしてはあり得たのになぜか、と思っていたが、おそらくはこのへんのことが理由だったのではないだろうか。ちなみに小雁は、一九八二年の大晦日に放映された「マル秘　必殺現代版　主水の子孫が京都に現われた　仕事人VS暴走族」に重要な役どころで出演している。このへんの構わなさが、八十四歳の現在までつつがなく芸能生活を送れてきた、元気の秘訣なのかもしれない。

本書は芦屋兄弟の関係だけに光を当てたものではなく、三回結婚して二回離婚した私生活の話や、あの小林信彦も認めたホラー映画マニアのシネマディクトぶりなどについても語られている。元祖眼鏡っ子ともいえる斉藤《さいとう》とも子《こ》との二十八歳の年の差婚は当時話題になったし、映画「スター・ウォーズ」のフィルムを日本で初めて上映したという伝説についても言及がある。

個人的には「東西お笑い考」の章が興味深かった。板の上で客を見ながら進める笑いのコツや、東西の笑いについて質の違いを述べたくだりには傾聴すべき点が多々ある。

――関西のお笑いは、関西弁という言葉の面白さで成り立っていて、一方、東京のお笑いの面白さは動きの面白さ。今でもその基本は変わらんと思いますが、東京は形を作っておもしろくする。それに対して、関西は言葉で面白く言う。

自身が何度も出演しているＮＨＫの朝ドラをまったく見ないというのもおもしろい。「テンポが遅くてかなわん」「何だかずっと説明的な回し方で、普通の年寄りにはそのテンポがいいのかもしれんけど、ぼくはダメ」と切って捨てるのである。好きなのは「24　ＴＷＥＮＴＹ ＦＯＵＲ」や「ＥＲ緊急救命室」のようにテンポのいい海外ドラマ、というのがいかにも映画マニアらしい。

今回採り上げたレツゴー正児と芦屋小雁の共通点は、吉本興業に属していたことがありながら、短期間で辞めていることである。正児の場合はルーキー新一を巡る政治的な駆け引きの犠牲になったのだが、小雁は兄・雁之助と共に目指しているものが違ったのが原因である。戦前から続いている古い笑いのスタイルは兄弟にはなじめず、洋画のコメディに学んだり、社会風刺にペーソスの要素を取り入れたものを目指したりと、新しいものを作り出す方に志は向いていた。兄弟は松竹新喜劇からも声をかけられているのだが、藤山寛美《ふじやまかんび》とは同じところに立てない、とこれも断っているのである。もし花登筺との「笑いの王国」が分裂しなかったら、「喜劇座」が成功していたら、芦屋雁之助・小雁の兄弟が大阪の笑いを変えていたのかもしれないのである。過去をのどかに語る言葉の後ろにそんな妄想をしながらこの本を読み終えた。

澤田隆治『ルーキー新一のイヤーンイヤーン人生』

澤《さわ》田《だ》隆治《たかはる》さんが二〇二一年五月一六日に亡くなられた。享年八十八、天寿を全うしたというべきところおかしな物言いになるのだが、訃報を聞いて真っ先に思ったのは、まだまだこれからの方であったのに、ということであった。晩年の澤田さんは自らが築き上げた大衆演芸界についての記録を文字で残すことに意欲的であったからだ。その情熱はまだ燃え尽きていなかったはずである。

澤田さんと直接お目にかかったことは一度しかない。二〇一九年の暮れに催された新作落語の会に、三遊亭圓丈さんを訪ねて楽屋に見えられた。そのときたまたま会である役割を振られて楽屋にいたため、お会いする光栄に浴したのである。圓丈さんに挨拶された澤田さんは、古今亭志ん朝の落語について、番組を作った者ではないとなかなか気づかない観点から話をして、楽屋を去っていった。戦前の生まれにしては身長が高く、杖は使っていたものの矍鑠《かくしゃく》とした立ち居振る舞いであったことを記憶している。

二〇二〇年六月刊行されて話題を呼んだ『永田キング』（鳥影社）は、和製グルーチョ・マルクスぐらいの認識しかなかった喜劇人に体技の達人や野球を使った形態模写の先駆的な芸など、意外な側面があることを紹介して光を当てた画期的な評伝だった。『決定版私説コメディアン史』（元版は一九七七年）、『決定

つちや書店／2021年

版上方芸能列伝』（元版は一九九三年。以上、現・ちくま文庫）などと並ぶ著書の代表作である。著者は当時の新聞広告やパンフレットなどの一次資料を入手してそれまではわからなかった永田キングの足取りを推理しており、ミステリの謎解きに近い味わいがあった。さらに驚いたことには永田キングの近親者をつきとめて、風説の正しいところを確かめており、人物評伝としては完璧である。

これは勝手な類推となるが、朝日放送で黎明期から演芸番組の作り手であった澤田さんは、喜劇人に対して戦友のそれのような親しみを感じていたのだと思う。番組制作者は玄人と素人の境界におり、気風は決して芸人ではないものの、ひとごととは思えない共感を彼らに対して抱いていたのだ。同じく番組を作ってきた者として、しかもゼロからすべてを生み出してきた世代ゆえの自意識であり、澤田さんの芸人への親しみは、余人には到達不能な領域に達していた。

ここからは敬称を略して書く。その澤田の遺作が訃報直後に刊行された。『ルーキー新一のイヤーンイヤーン人生』である。失礼ながら『永田キング』の鳥影社以上に無名な出版社で、本書を手に取るまでつちや書店を存じ上げなかった。大部であった前著と比べると簡素な作りであり、分量もかなり少ない。二百余のページ数のうち、半分近くがルーキー劇団の台本「狙われた男」に割かれている。これは貴重なものだが、本文を十分に埋めるだけの余力がすでに著者には残されていなかったのかもしれない、とも思わされる。

ルーキー新一は全盛期が短く、長い後半生を不遇のままに終えた人である。消えた喜劇人というべきで、評伝が書かれることには大きな価値がある。そうした意味では得がたい一冊ではあるのだ。ただし、これが澤田隆治の最良の仕事であるかと問われれば、残念ながら否定せざるをえない。約百ページの本文のうち、新たな発見に基づいて書き下ろされたと思われる部分はごくわずかで、ほとんどは『私説コメディアン史』『上方芸能列伝』からの引き写しに過ぎないからだ。

別項で書いたように、レツゴー三匹の正児はルーキー新一の実弟である。新一のルーキー劇団解散後に正児がじゅん、長作らと結成したのがレツゴー三匹だが、松竹芸能の専務が三人を連れて澤田に売り込みにくる場面がある。その部分を引用する。

「ルーキー新一の弟というのは、正直言ってかなわんのや」と私は正児さんにはっきり言った。それでもレツゴー三匹を使う気になったのは、正児が少年時代『漫才教室』の生徒だったことと、私の父親もいた関西汽船に勤めていたのをやめて漫才界へ飛び込んだという経歴に動かされたからだ。(『決定版上方芸能列伝』)

「ルーキー新一の弟というのは、正直言ってかなわんのや」と私は正児さんにはっきり言った。それでもレツゴー三匹を使う気になったのは、正児さんが少年時代、『漫才教室』に出ていたことと、市岡商業高校卒業後、関西汽船に勤めていたことだった。私の父も勤務していた船会社だ。その会社を辞め、漫才界に飛び込んだという経歴に何かの縁を私は感じ、使う気になった。(『イヤーンイヤーン人生』)

ご覧いただければわかるとおり、いくつかのディテールが足された以外はほぼ同じ文章である。このように『イヤーンイヤーン人生』は『上方芸能列伝』の記述を底本とする補強版というべき内容なので、ちくま文庫をすでに持っているという人には、澤田隆治のファンでもない限りはあえて買うことをお薦めできない。著者の意向を確認することが難しかったのだとは思うが、版元は旧著との異同について本のどこかに明記すべきだったのではないだろうか。

しかし、旧著を持っていたとしても、この本を手に入れるべき理由はいくつかある。一つは右にも書いたような、一次資料を重視する著者の姿勢が随所に流石の光を与えているからだ。たとえば、ルーキー新一が最後に公の舞台に立ったときのチラシ写真が本書には掲載されている。一九七九年六月十一日〜十五日の琵琶湖紅葉パラダイスである。チラシ上部にはその月の看板となる芸人・芸能人の名前がある。歌手で香坂《こうさか》みゆきや大川栄策《おおかわえいさく》、若原一郎《わかはらいちろう》、浪曲師で玉川勝正《かつまさ》、初代京山幸枝若《きょうやまこうしわか》、冨士月《ふじつき》の栄《え》といった面々だ。その下に囲みで「お笑いポケットショウ・ルーキー新一劇団」とあるのが最後の出演を報じるものなのである。このチラシの実物写真が掲載されているのが凄い。一次資料派・澤田隆治の面目躍如と言うべきなのである。

証言という意味では、ルーキー新一の最期を看取った弟子、梅乃《うめの》ハッパの談話が加えられているのが重要だ。梅乃ハッパは最初の芸名をミッキーおさむ（修）といい、元はミュージシャンだった。一時的に復帰を果したルーキー新一が一九七五年に澤田隆治の前に姿を現した際、漫才の相方として連れ歩いていたのが当時のミッキーおさむだった。右の紅葉パラダイスのチラシにもミッキー修の名がある。

その復帰もうまくいかず、過度の飲酒によって体を壊したルーキーは大阪府寝屋川市のスナック二階に住みつく。梅乃ハッパは別の芸人とトリプルパンチというトリオを組んでいた。その芸名で初めてギャラをもらった報告を新一にし行ったときのことが書かれている。


「おい、鍋しようか」

といって、鍋と材料を下の階のスナックから調達し、電気コンロで二人で鍋をつついた。やがて、下のスナックに降りて、飲みに来ているお客さんに、

「今日は、うれしい日です。ここにいる弟子が一本立ちして舞台に立ちました」

といってルーキーは挨拶した。そして、気がつけば、

「スナックのお客さんを前に師匠とふたりで漫才をしていました。思えば、あれが人前でやった師匠との最後の漫才でした。それから半年も経たない間に師匠が亡くなりましたから……」

寄席小屋に十日間出てもらったギャラが三千円。そのスナックでお客さんにいただいたご祝儀が六万円だったという。ルーキーはその六万円を半分に分けて「これはお前の取り分や」とハッパに渡した。そして。

「はよ、芸人はやめよ」と笑いながらいい、

「芸人を続けても、ルーキーの名前は使うなよ、ルーキーは俺一代でもうエエ」

と言った。

この短い一幕にルーキー新一という人の晩年が凝縮されている。ルーキー新一はスキャンダルにまみれて表舞台から消えた人だが、それがどのようなものだったのかは書かないことにする。ネットに転がっている情報であり、それがどの程度正しかったかについては澤田も自身が仄聞《そくぶん》したことしか書いていないからだ。ウィキペディアに物足りない人は本書を読んでもらえばいいと思う。一つだけ言えることは、澤田の姿勢は首尾一貫しており、ルーキー新一を肯定も否定もしていないのである。ただ、残念に思う、とだけ言っている。他人の人生について言えることは、本来それがすべてだろう。残念だからこそ、ルーキー新一という芸人の自分が愛した側面をなるべくありのままに伝えようとしたのである。

本書を読むべき理由の第二は前述した台本とルーキー新一の生涯にわたる詳細な年譜が付されていること、そして第三が巻頭の「序にかえて」だ。ここに澤田隆治という人の姿勢が書き尽くされている。

実際に原文に当たってもらいたいので要約のみ記す。演出家の中には「人気の階段を昇る芸人につきまとう」ようなことをする人もいて、それは苦手だと澤田は言う。演出家はあくまで「その芸人がスターへのスポットライトがあたる道を用意して、手助けをするものだ」からだ。ほとんどの芸人は澤田の期待に応えて大きく羽ばたいてくれたが、ただ一人だけ例外がいた。それがルーキー新一なのだ。

つまりルーキー新一は演出家として生きてきた澤田にとっての唯一の気がかりなのである。自身の生涯を振り返ったとき、その例外である存在に対して、あてきれなかったスポットライトをもう一度向けてやらなければならないという思いがこみ上げてきた。それが最後に、たとえ旧著からの文章引き写しがほとんどであっても一冊の書物を遺さなければならなかった理由だった。

澤田は、演出家が芸人を引き上げる行為を「エレベーターに乗せ」ることに喩えている。この感覚は書評家がまだ世間に知られていない作家を取り上げるときのものに非常に近いように思う。ある程度までエレベーターで上がったら、自分は下りて、いつまでもつきまとうようなことをしないというところも同じだ。私も「展望台まで一緒に行く」ような真似はしたくないという思いがある。澤田隆治という人に対して私は言葉にしづらい共感を覚えていたのだが、この文章を読んで初めてしっかりと言語化できた気がした。

エレベーターに乗せる役であって、自分は一緒に上がらない。

そこを確認したのが私事ながら最大の収穫であった。繰り返しになるが、本書は完璧とは程遠く、澤田隆治の完成形ではない。レツゴー正児のくだりで父親について書いていることから推測すると、ルーキー新一という芸人を通じて演出家としての自分を振り返る、鏡像を利用した自叙伝が最初の意図だったのではないかという気がするのだ。しかしこれ以上を求めるのはないものねだりである。一ファンとして、『ルーキー新一のイヤーンイヤーン人生』という遺著が公刊されたことを天に感謝したいと思う。

本来は取り上げたい本がもう一冊あったのだが、思いのほか『ルーキー新一のイヤーンイヤーン人生』について長くなってしまったので別の機会に譲ることにしたい。その代わりに言及しておくと、刊行されてから結構時間が経ってしまったが、乾《かわ》き亭《てい》げそ太郎《たろう》『我が師・志村けん』（集英社インターナショナル）が期待以上の良書であった。げそ太郎は志村《しむら》の付き人を七年間務めた人で、今は郷里である鹿児島県に拠点を戻して活動を行っている。彼が至近で見た喜劇人としての志村像が豊富なエピソードと共に描かれており、貴重な資料となる一冊だ。類書もなくて芸人本好きなら絶対に買うべきである。たとえばこんな一言。

「一時間番組で一〇本のコントをやるなら、一〇本全部を一〇〇点のコントにしたらダメだ。[……]全部一〇〇点にしたら、どれも印象に残らない。どれも平均点、どれも五〇点のコントに見えてしまう。一〇本の中に六〇点とか七〇点のコントがちりばめてあるから、一〇〇点のコントが際立つんだよ」

ここを読むだけでも志村式のコント作法が知りたくなるではないか。本書を先に読んでから『イヤーンイヤーン人生』を手に取ったので、ルーキー新一と梅乃ハッパのくだりを読んだときには志村師弟が知らず知らずのうちに重なって見えて、感慨深かった。さすがに「イヤーンイヤーン」を「アイーンアイーン」と見間違えはしなかったが。

小林信彦、萩本欽一
『小林信彦 萩本欽一 ふたりの笑タイム 名喜劇人たちの横顔・素顔・舞台裏』

現・集英社文庫／2014年

小林信彦『日本の喜劇人』は、一九七二年に晶文社から刊行された。当時の名義は小林が評論を執筆する際に使っていた筆名の中原弓彦《なかはらゆみひこ》で、一九七七年に定本版として同社から再版、一九八二年に新潮文庫に入った。現在は再び『定本 日本の喜劇人』として新潮社から刊行されているが、これは《夕刊フジ》連載の『笑学百科』（現・新潮文庫）や渥美清《あつみきよし》、植木等《うえきひとし》、藤山寛美を扱った評伝三作を合本とし、単行本未収録作を併せた完全版である（その後、二〇二一年に新潮社から『決定版 日本の喜劇人』が刊行された）。

ファンならば最新版を買わなければならないのだが、これから小林の喜劇人論を読もうと考えている人は、古本屋や図書館で比較的手にしやすい新潮文庫版からでいいだろう。この本の価値の一つは、現在では絶対に目にすることができない高度成長期前夜の舞台や、ソフト化されていない映画、初期のテレビ番組についての詳細な記述があることだ。新潮文庫版でもっとも新しい「喜劇人」として紹介されているのは映画「戦場のメリークリスマス」出演以前のビートたけしなので、若い読者が喜劇史を俯瞰する、という本来の用途には十分足りる。その上でさらに詳しいことが知りたくなれば、右記の『決定版』を手にすればいい。

もう一つの価値は、それらのソフトを「喜劇人のもの」としてとらえ「芸」を紹介する、という態度で書かれていることだろう。その「芸」とは今でいうところの「ネタ」や「ギャグ」に留まるものではない。芸人が全身を駆使して行う体技、出演者同士でぶつけ合うアドリブ、そして観客の空気を読んで行う舞台上の人心操作など、すべてが対象とされている。

それらは、小林の見巧者《みごうしゃ》としての蓄積によって裏付けられている。小林は戦前の日本橋区（現在の中央区の一部）出身だが、幼いころから映画を観続け、戦後は舞台にも足を運んだ。簡略化していえば、東京の舞台喜劇は、まず大正年間までに浅草オペラが発達した。これは海外作品の翻案で、非常にモダンなものだったという。それが関東大震災で壊滅した後も浅草には軽演劇が人気をとり、少なくとも一九六〇年代ぐらいまでは繁栄が続いた。並行して山手の丸の内には日劇などの、もう少し高級とされたバーレスク・レビューが発達し、これは一九七〇年代で息絶える。一九五〇年代初頭で無くなったが、独立系のような形で新宿にムーランルージュがあり、由利徹《ゆりとおる》や森繁久彌《もりしげひさや》が出た。

こうした舞台に満遍なく足を運び、かつ映画の封切もチェックし続けるというのは並大抵のことではない。それを苦労と思わずに続け、芸人に付き合ったというのが見巧者の証しなのである。加えて言えば小林は初期のテレビでは放送作家の仕事もしており、大橋巨泉《おおはしきょせん》や前田武彦《まえだたけひこ》、青島幸男《あおしまゆきお》らとほぼ同時に出演者にもなっている。したがって小林の喜劇番組に関する発言は、ブラウン管の観客ではなく、関係者からのものでもある。テレビ黄金期に関する豊富な体験を持っている書き手は、もはや小林以外にはいない（大橋がまれにテレビなどについて発言することがあるが、海外在住の彼は、あくまで「外野」だ。小林は今でも「あまちゃん」を連続視聴したりする、「現役」なのだ)。こうした小林の喜劇論はおもしろく、頼りになる。現在活躍中の芸人の中にも、本書に影響を受けた者が少なからずいるはずである。

私は一九六八年生まれなのでテレビでいえば「シャボン玉ホリデー」には間に合わず、ハナ肇《はじめ》とクレイジーキャッツの活躍は後から名画座で観た映画の記憶しかない。バラエティ番組でいえばザ・ドリフターズと萩本欽一《はぎもときんいち》(コント55号ではなく)の全盛期であり、一九八〇年代に入って土曜夜の勢力図が「オレたちひょうきん族」によって塗り替えられていくのを目の当たりにした世代でもあり、その記憶に強い影響を受けている。

私は角川文庫の黒い背表紙を毎月のように買う子供だった。毎月のように出る横溝正史《よこみぞせいし》を買っていたからだ。そのときに一緒に買ったのが同じ黒い背表紙の小林信彦の本だった。小林の初期傑作『虚栄の市』『監禁』『冬の神話』(以上、現・角川文庫)であり、ユーモア小説の〈オヨヨ大統領〉シリーズを小学生のときに読んでいる。後者には小林自身を思わせる中年の放送作家や、テレビ・ラジオの業界人が頻繁に出てくるので、そこから喜劇の世界にも関心を持った。『怪人オヨヨ大統領』(現・ちくま文庫)にはサム・グルニョンという変人の探偵が出てくるのだが、これは「マルクス捕物帖」でグルーチョ・マルクスが演じた役柄のそのままである。それでマルクス兄弟にも関心を持ち、当時はビデオなど普及していなかったので、数年に一度ある名画座での上映機会を「ぴあ」で探すようになった。

要するに、自分の中に今ある喜劇の要素は、すべて小林からもらったものである。

前出の『笑学百科』は表紙が映画「ブルース・ブラザース」のジョン・ベルーシ&ダン・エイクロイドで

あったり、「ビートたけしのオールナイトニッポン」の神がかった可笑しさと鈴木清順《すずきせいじゅん》の芸術映画「ツィゴイネルワイゼン」の隠しギャグを並列で語ったりと、「笑いの今」を切り取った尖鋭的な内容であり、一九八〇年代以降に書かれた同時代批評の最良のものである。この本が出た一九八二年にはすでに私は小林信彦のフリークといってもいい読者になっていたので、刊行と同時に即買った記憶がある。そういえば私が最初に聴いた「ビートたけしのオールナイトニッポン」はたしか、たけしが小林信彦に会った話をしていたはずだ。いわゆる芸人のネタ話で「家に上げてもらって寿司をとってもらったんだけど、それにあたって腹下しちゃった」という内容であった。私は途中からその話を聴いたのだが、放送の中で「小林さん、小林さん」と言うのだが、芸人にそうやって呼ばれる評論家など一人しかいないはずなのでドキドキしながら下の名前が出るのを待ち受けていた。

その『笑学百科』に「〈ギャグ〉という語の誤用」という回がある。「ギャグとは観客を笑わせるための所作や言葉の総体のことを指す」のだが「現役（もちろん当時の）の漫才師の中にはキャッチ・フレーズ（流行語）をギャグと取り違えている人が多い」ということである。いちいち説明しないが、芸人が受けるために繰り返し用いる言葉は今も昔も量産されているのでどれでも好きなものを思い浮かべればいい。『笑学百科』の時代にあったかどうかはわからないが、「流行語大賞」の候補になるようなフレーズをギャグと思い込んでくれるな、という苦言だろう。小林にとっては「観客を笑わせるための」という部分が最重要だったはずであり、その目的から切り離されたところにあるものには関心が向かなかったはずだ。それが舞台の時代から「笑いの芸」を見続けてきた小林の評価基準である。たぶんその感覚は、平成の今は共有されにくくなっている。

ならば。

では、小林の言うギャグとはどういうものなのか。

そして。

どういう人がギャグの担い手、小林の言うところの「喜劇人」として認定されるのか。

それを知るためには前出の『日本の喜劇人』を通読するのが最良の道なのだが、初心者には少し荷が重い。もし以上の文章で関心を持ってもらえたのなら、手に取りやすい『小林信彦 萩本欽一 ふたりの笑タイム 名喜劇人たちの横顔・素顔・舞台裏』をお読みになることを推奨したい。

これは萩本欽一と小林信彦による対談集である。というよりも、九歳下（小林一九三二年、萩本一九四一年の生まれ）の萩本が、小林の自分の知らない昭和の喜劇人話を聞くという構成になっている。喜劇人による評論家のインタビューというのは成立しにくく、小林ほどの見巧者で初めて許されることである。萩本が終始おねだりの姿勢になっているのがおもしろく、小林の話を聞いては大袈裟にびっくりしてみせる。小林信彦のファンにとっては旧聞に属する話も多く出てくるのだが、萩本という良い聞き手を得たことでまた新しい印象で読むことができる。

もちろん聞き手が喜劇人だから、萩本自身のエピソードも多く紹介される。第二章にあたる「コント55号の時代」は、まるまる萩本についての内容だ。

『日本の喜劇人』の新潮文庫版では、コント55号についてこういう記述がある。

――コント55号のコントは、たとえば、てんぷくトリオ（三波伸介、戸塚睦夫《とつかむつお》、伊東四朗《いとうしろう》）のコントとは、根本的にちがう。

てんぷくトリオの場合は、ルールを決めた上での一種のゲームのようなもので、大人が幼児の遊びを真似ているような莫迦莫迦しさが取柄であった。

コント55号のコントにあるのは、二人の決定的であり、断絶である。正気の世界にいる坂上二郎《さかがみじろう》のところに、狂気の世界からきた萩本欽一が現れて、徹底的に小突きまわす。それは、とうてい、マスコミが名づけたような〈アクション漫才〉というようなものでなく、イヨネスコ的世界であり、その狂気は主として萩本の内部から発していた。

その後小林は「彼らのコントのおかしさは、筆で表現しようもないが」と断りながら、「よく眠っている坂上二郎を萩本欽一がたたき起こし、『大鵬《たいほう》と力道山はどちらが強いか』を聞く」というコントのやりとりを（おそらくは記憶で）再現してみせている。

『ふたりの笑タイム』を読むと、このコントがいかにして成立したかが判る。そうした実演者からの解析があるのが本書の一つの楽しみである。萩本によればこのコントは、「東映の大部屋（役者）の長はすごい」というエピソードから生まれたのだそうだ。

萩本　東映の大部屋長がなんですごいかって言うと、大スターの嵐寛寿郎《あらしかんじゅうろう》さんが寝てるところを起こして、「寛寿郎さん、大鵬と力道山が闘ったらどっちが強いですか?」って聞いたんですって。寛寿郎さんが「はっ?　わしゃ寝てるんだけど」って言っても「だから、どっちが強いんですかね?」って聞く。それでも寛寿郎さんは怒らないで自分の意見を述べたら、「じゃあ、2度闘ったらどっちが強いですかね」って、さらに聞いたって言うの。[……]

萩本欽一は下戸で、かつ小心者で用心深い。それに対して坂上二郎は酒呑みで天然気味のところがあったという。その坂上をいじっているうちにできたのが、「飛びます、飛びます」というフレーズだ。それは日劇で二人がかけた「結婚コンサルタント」というコントで、コンサルタントの萩本のところに結婚を控えた坂上がやって来るところから始まる。「船上結婚式をやろう」「ジェット機を四機飛ばします」と大きなことを言う萩本に対して、坂上は「お弁当の中にはコブは入ってますか?」というような細かいことに執着する。その最後に問題のやりとりが出てくるのだ。

萩本　そうなんです。で、最後に「じゃあ飛行機を飛ばすところをやってみましょう」って、手で飛行機をつくるんだけど、二郎さんはそれをいきなり飛ばそうとする。「管制官に『飛びます』って伝えてから飛べ」って言ったら、二郎さん、演技じゃなくほんとに恥ずかしがってね。ち～さな声で「飛びます、飛びます……」って。あの恥ずかしそ～な感じが、二郎さんの素敵なところですね。[……]

コント55号の初期の作品はほとんど映像として残っていないという。残念なことに、萩本欽一の体技を実際に見て確認できない。

小林の著書では喜劇人の体技が重要な要素として採り上げられている。たとえばエノケンこと榎本健一《えのもとけんいち》を「本質的には走る人であり、突然うたい出す人であった」として、おそらくは浅草オペラにおける下積み時代に培った体技を「芸にまでみが」いた天才であり、「あれだけ、ドタバタをやって、品があるというのは珍しい」と讃えている（その幾分かは「エノケンのちゃっきり金太」などの映像で確認できる）。『ふたりの笑タイム』でもその評価軸が中心に据えられている。対談相手が、浅草出身という経歴を持つ萩本欽一だからだろう。小林が萩本を讃えて言う評価の中の一つが「跳ぶ」である。シミキンこと清水金一《しみずきんいち》をたとえに出した以下のやりとりをご覧いただきたい。

小林　久保田《くぼた》（二郎《じろう》。ジャズ評論家。故人）さんによると、「シミキンは舞台に置いてある座卓をもったまま、向こうのほうまで跳んでた」って。ぼくはあなたの舞台を全部は観てないけど、日テレの番組で椅子に腰かけたまま跳んじゃうのを観たことがある。あなたも相当すごいよね。

萩本　日劇では『西田佐知子《にしださちこ》ショー』のあと、『北島三郎《きたじまさぶろう》ショー』にも出演させてもらって、『机』をやったんです。55号の最初のコントで、ぼくは講演する学者の役なんだけど、机の脚の長さが違ってどうにもバランスが悪い。長さを同じにしようとして、学生役の二郎さんが講演中に机の脚を切っていくんだけど、ますますバランスが悪くなって、ぼくが演台に寄っかかると机ごと真横に倒れちゃう。受け身をとらず、直立したまま倒れるのを1ヵ月毎日つづけてたら、いろんな人に「痛くないんですか?」って聞かれましたね。[……]」

これから本書を読む人は、ぜひこの「跳ぶ」というキーワードに注目してもらいたい。「笑い」の総合技術の中で「体技」の占める割合の大きさを実感できるはずである。最終章で芝居「雲の上団五郎一座」の三木《み》のり平《へい》について触れている個所があるが、このくだりのただならぬ高揚感は特筆すべきものがある。実際に体技を見られないのが残念な限りだ。

『日本の喜劇人』の中で小林がエノケンに続く存在になりえた、として名前を挙げているのがフランキー堺《さかい》なのだが、ごく早い時期に違う方向に行ってしまったという。たしかに川島雄三《かわしまゆうぞう》監督の映画「幕末太陽傳」などを観ると、その片鱗がうかがえる（有名な、羽織を投げ上げて着る場面など）。その後に出てきたのが植木等で「これは純粋体技型ではないが、大別すると、こちらに属する」という。萩本欽一はそれに続く、というのが『日本の喜劇人』における小林の萩本評だ。

『ふたりの笑タイム』は萩本が小林に自分の知らなかった世界、すなわち萩本が足を踏み入れる前の浅草軽演劇や、売れる前のテレビの芸人たちについて聞くという構成になっているので、植木はその3の「笑いをジャズのリズムに乗せて」というところで語られる。フランキー堺やタモリなど、ジャズからテレビ界へ流入した人脈について語られるのがこの章の読みどころだろう。

その4から時代はさかのぼり、エノケンら浅草芸人の話題へと移る。重要なのは渥美清を中心にしたその6で、冒頭で萩本が「渥美清さんはね、ぼくら世代の浅草コメディアンにとって憧れの人なんです」と言っているのがすべてを表しているように思う。「フーテンの寅」の演技で知られる渥美の素顔はまったくそれとは異なる寡黙なインテリで、芸人仲間とも付き合おうとせず、孤独を貫いたという。小林は渥美の雌伏期間からのつきあいを『おかしな男　渥美清』（現・新潮文庫。『定本　日本の喜劇人』にも収録）という評伝に書いている。テレビとは距離を置き、映画俳優として世間との間に立ち入れない膜を作った渥美は、小林の言う「喜劇人」の必然的な姿であったのではないか。自身の私生活までも逐一切り売りせざるをえないテレビ芸能人とは対極のありようである。

続くその7には渥美とは対照的に、自身の巨大な存在感によってテレビという場さえも呑み込んだ喜劇人が登場する。森繁久彌である。森繁の芸歴は古く戦前からあるが、新宿のムーランルージュを出て映画界に入ってから人気が爆発した。芝居「屋根の上のヴァイオリン弾き」でシリアスな演技力を見せ付けてからの活躍ぶりは改めて言うまでもない。

渥美と森繁という成功例と、同じく喜劇人の生き残りでありテレビの寵児として一世を風靡したことのある萩本とは、一般に与える印象としては正反対であるはずだ。しかし三者は軽演劇という同じ出自の存在であり、後半生のありようこそ違うものの、芸の根底には喜劇人としての技能が存在する。本書は、そのことを読者に強く再認識させるものなのである。本書では萩本は品よく聞き役に徹し、自身のテレビの寵児時代のことについては、ごく初期のエピソードに言及するに留まっている。若い読者の中にはそのことに不満を持つ向きもあるだろうが、小林という語り手がいる以上、それは必然の結果なのである。

ここには紹介しなかったが、トリヴィアルなゴシップも多数紹介されている（益田喜頓《ますだきいとん》のあきれたぼういずを新興キネマの社員になっていた伴淳三郎《ばんじゅんざぶろう》が引き抜きにくる話など）。そうした話題目当てで読んでも楽しめる本である。『日本の喜劇人』ファンにも、そうではない人にもお薦めする。

おぼん・こぼん『東京漫才』

飛鳥新社／2022年

おぼん・こぼんの二人が不仲だったなんて、別に意外でもなんでもない。

しばらく前に、テレビ番組で二人を仲直りさせるという企画があった、らしい。観ていないし、ネットニュースで流れてきたときも、そんな他人様のご内証をわざわざ番組で弄《いじ》るのは変だし、その話題を二次使用して記事にする人も浅ましいな、としか思わなかった。

コンビ芸人が舞台を下りたら不仲であるという話はそれこそ星の数ほどある。仕事だから組んでいるのであって、それがなければ口もきかない、というコンビはおぼん・こぼんだけではないだろう。不仲だから解散するかといえばそうではなくて、仕事が続けば別れる必要はない。食えるんだからそのまま続ける。食えないから解散する。芸人の選択肢とはそういうものだろう。

『東京漫才』は結成五十七年（出版時）になるおぼん・こぼんが初めて著した本である。おぼんこと井上博《いのうえひろ》一《かず》、こぼんこと馬《ば》場《ば》添《ぞえ》良一《りょういち》の二人がおそらくは別々に取材を受けて、両者の語りを交互に並べる形にして構成されている。うまい作りである。最後にあとがきを兼ねた対談があるが、おそらくは二人が同席したのはこのくだりだけなのではないかと思う。

前半がデビューして売れるまでの半生記、後半がバラエティ番組「水曜日のダウンタウン」内で二人が仲直りするまでについて、という構成である。後半についてはさんざん騒がれたことなので、あえて紹介するまでもないだろう。そのときにどう思っていたかという当人たちの言葉は引用しておくことにする。

――あの番組のあの時間は、ダウンタウンもナイツも［……］そして俺らも、みんな自分に割り当てられた役割を完璧に演じ切ったんだ。

打ち合わせだとか演出だとか、そんなのは一切ないよ。本当にガチンコだったから。それでも番組が形になっていく中で、自然とそれぞれ自分のやるべきことを理解してサ。みんなが最高のパフォーマンスをした。

それでいいと思うんだ。俺ら芸人、漫才師にとって一番大事なのはネタだとか構成だとかよりも、お客さん――番組を見ていた視聴者に喜んで貰うことだから。（おぼん）

――ある意味、みんな演じていたんじゃないかなと思います。僕だって、言い方は悪いですけれどあの状況を作られたら〝仲直りする〟以外の選択肢はないですからね。

それでも、向こうが戻って来て握手する直前まで「もう辞めや」と心に決めていたんですけれど。「……」なんやかんや、それなりに続けていればお金が入ってきますもん。そのためにはコンビで居続ける必要があるんです。（こぼん）

この二つの談話以外に付け加えることはない。

一九八〇年に起きた漫才ブームは多数のコンビを世に送り出した。二人が売れたきっかけは「お笑いスター誕生!!」で十週勝ち抜きを達成したことだ。十週ストレートの勝ち抜きを最初に達成した芸人はB＆B、おぼん・こぼんは二番目だった。東京・フジテレビの「THE MANZAI」、大阪・関西テレビの「花王名人劇場」というブームを牽引した二つの番組にも出演を果たし、知名度を上げていく。

だが、私の乏しい記憶に頼っていえば、おぼん・こぼんはその中でも別格扱いだったはずである。「おぼん・こぼんはタップダンスがうまい」「楽器もできる」というような特別であることの説明を、テレビで見かけるようになったごく初期から聴いていたはずだ。澤田隆治編著『花王名人大賞　にっぽんの芸人392』（レオ企画）が手元にある。「花王名人劇場」を記録した全集の第三巻にあたる本だが、一九八一年九月二七日に放送された「漫才・マンザイ京都顔見世」の出演者を花井伸夫《はないのぶお》が紹介しており、おぼん・こぼんについてはこうある。

――キャリアと実力のほどは大変なものである。この若さ⁉で　コンビ歴十五年にも。ただ、他の人気者たちとは、ちょいと違うのが目指すはエンターティナーというところ。ジャズにダンスにタップにコント。江戸前の粋さとは、出身が大阪ということもあって縁がないが、どんなに泥臭い舞台ぶりを見せようとも、おぼんとこぼんの身上はスマートさ。マジメさと稽古熱心さとがより花開くのは、つまりは楽しむ側がより大人でスマートなセンスを身につけた時といえる。二人は明日のギャグ・プロフェッショナー。

『東京漫才』前半部の要旨がだいたいこのコメントに集約されている。おぼん・こぼんの出身は大阪府、大阪福島商業（現・履正社）高校の同学年だったが、在学中からアマチュア出演者として各番組で頭角を現した。単なる一アマチュアにすぎないのに夏木陽介《なつきようすけ》主演映画「これが青春だ！」（一九六六年）にも本名で出演を果たしている。当然のように芸能プロダクションから声がかかり一九六六年一一月、高校三年生の秋に東京の事務所に所属した。池袋に漫才コースを併設した専門学校を作る話ができ、その学校が経営する事務所でタレント兼講師を務めることになったのである。高校は試験だけ受けに戻れば卒業させてくれるという話がまとまり、さっそく上京、浅草演芸ホールと上野鈴本演芸場でプロとしての初舞台を踏んだ。

信じられないくらい好調なデビューだが、好事魔多しでその事務所は九ヶ月で潰れてしまう。やむなく別の事務所に所属して仕切り直しを行い、今度はキャバレー営業が主という生活を始める。タップダンスもこのころに習ったものだった。当時のステージ芸人にとっては必須科目である。

──タップを入れるのは〝ラクしたいから〟という考えもありました。10分なら10分の持ち時間をいかにラクに乗り切れるか──つまり「モノマネや喋りの時間をなるべく少なくしよう」と僕らは考えていました。オープニングに2コーラス唄えばそれだけで2分半。ラストにタップを入れればそこでも2分使うから、喋りは5分で済みます。なぜ喋りの時間を少なくしたかったかといえば、ネタの数がなかったんです。（こぼん）

漫才やコントだけではなくてタップや楽器演奏も入れて、どんなに持ち時間が短くとも総合的なステージを客に提供するというおぼん・こぼんのスタイルは、このころに源流があると思われる。

やがて転機が訪れる。赤坂コルドンブルーのオーディションを受けて、合格したのである。

赤坂コルドンブルーはキャバレーではなく、ディナーを楽しみながらダンスや歌を楽しむ、日本初のレストラン・シアターである。総合演出を担当したのは日本テレビで〈天皇〉の異名をとった井原高忠《いはらたかただ》プロデューサーだ。井原は「光子の窓」「九ちゃん！」「巨泉×前武ゲバゲバ90分！」「スター誕生！」などの人気番組を手がけた人物で、頻繁に渡米してショービジネスやテレビの最先端を学び、テレビ界に技術革新を起こした。草莽《そうもう》期のテレビ制作は手探りで進めるしかなく、試行錯誤しながら一から作るか、先進国であるアメリカから着想を貰ってくるか、その二つしかなかった。辻真先《つじまさき》『馬鹿みたいな話！ 昭和36年のミステリ』（東京創元社）は、NHKのテレビ組入社第一期であり、「バス通り裏」などさまざまな生放送ドラマを手がけた著者が、そのときの経験をミステリ小説の形で書いた作品である。これが前者の典型だとすれば、井原は後者であった。『元祖テレビ屋大奮戦！』（文藝春秋）に詳しいが、さまざまなテレビ演出は井原が持ち帰って来たものなのである。

その井原が手がけたのだからショーの完成度は極めて高かった。『赤坂コルドンブルー　駒野カズアキ写真集』（ジャパンコミュニケーションサイエンス）はこの店のステージ記録を二十五年にわたって撮り続けた駒野の貴重な資料だ。井原は自著でもこの仕事を引き受けた経緯を語っているが、本書に寄せた序文では井原がこう書いている。

――ちょうど「ゲバゲバ」が終了したところで、気分転換したい心境でもあり、大舞台ではなく極めて小さい舞台空間にSHOWを創り出すのは、小さなフレームでのテレビで演出を二十数年に渉って本業としてきた自分にとっては、まあ、自家薬籠中のものですから、喜んでお引き受けしました。

〈天皇〉と呼ばれた男がやってきたのだから、スタッフたちは大変だったはずだ。照明デザイナー・藤本《ふじもと》晴美《はるみ》も、自身が赤坂コルドンブルーに参加した経緯について書いている。最初に連絡があったのは一九七一年初夏、開店まであと五日という切羽詰まったタイミングだったという。井原が「店のオープンに間に合わないから〝あの照明の藤本晴美〟を連れてこい！　と怒りまくっているので何とか来てください」とスタッフに懇願されて呼び出される。顔を合わせると井原はこう言った。

「わたくしね、TVと同じように15秒とか30秒でガンガンとシーンを照明と映像で転換するスピィーディーなショウを演出したいのに、いくらリハーサルをやっても全然出来ないので、何とかまとめてほしい!!」

――早速「THE STAGE」と言うタイトルの演出内容を聞いてみるとSHOWは四十分で五十シーンくらいあって、照明のシーンを数えたら百キュー以上も必要で、それを毎晩三回公演するという過酷な現実であった。

店は地下八十坪、天井高わずか二メートル五十センチほどの小さな空間だが、そこで毎晩三回のステージが繰り広げられた。ここにおぼん・こぼんがレギュラーとして加わったのである。


――コルドンブルーはパリのクレージーホースをイメージに、イギリス、オーストラリアから外人マヌカンダンサー4名と日本人ダンサー数名（男性、女性）、ゲスト歌手1名、コント1組を基本に構成しました。（インターナショナルカルチャー代表取締役・松野正義）

ゲストには綺羅、星の如き出演者の名が連ねられている。秋川《あきかわ》リサ、大信田《おおしだ》礼子《れいこ》、鹿島《かしま》とも子《こ》、加茂《かも》さくら、沢《さわ》たまき、朱里《しゅり》エイコ、夏木《なつき》マリ、ピーター、引田天功《ひきたてんこう》、辺見《へんみ》マリ、前田美波里《まえだびばり》、黛《まゆずみ》ジュン、山本《やまもと》リンダといった面々だ。ふらっと来て歌っておしまい、ではない。「50シーン」もある構成のステージにおいて、レギュラーのダンサーたちと絡みながら踊り、歌わなければならなかったのだから、準備にも時間を取られたはずである。それだけに芸達者でなければコルドンブルーは務まらなかった。
ゲストとして出演した人々の談話をいくつか紹介しよう。

――1日3回ステージは初めてのことで、2回までの経験より、はるかに厳しいものでした。当時、博品館劇場「アイアムミュージカル」の舞台稽古と重なっていたので、日中は稽古、夜は2時まで踊って歌うというハードな1ヵ月の中、急に足を痛めてしまい、包帯をして出演した時もありました。(眞帆《まほ》志《し》ぶき)

――ステージでは振り向くと着替えるといったように、テンポの早いショーの展開で、まるで戦場のようでした。私はみるみる痩せていったのを覚えています。でも、まさに日本のレビューショーの黄金時代を体験できた幸せな時でした。(夏木マリ)

――コルドンのショーの最大の特徴は「速変わり」ですが、これは本当に大変！　8小節でヘアー・ピース、衣裳、アクセサリー、靴と全部変える時があり、あらゆる知恵を振り絞り、出遅れないように最善を尽くしました。(鹿島とも子)

コルドンブルーのショーは暗転がなく、照明と早変わりのマジックだけで進めていく独特の演出であった。《ル・モンド》紙に「パリのクレージーホースとジャポンのコルドンブルーが世界の雄」と讃えられたこともあるという。コルドンブルーが存在したのは一九七一年から一九九四年まで。高度経済成長期を経てバブルがはじけるまで、日本がもっとも裕福だった時代だ。五桁の金をとるレストラン・シアターが一日三度客を集めることができた。グランド・キャバレーやレストラン・シアターでのレビューが成立した、おそらく最後の時代であろう。

おぼん・こぼんという芸人の基盤は、このレビューにある。漫才ブームではないのだ。だから「お笑いスター誕生!!」に出た一九八〇年の時点で、もはやベテランの域に達するほどの芸達者になっていた。

――一緒に出演していた「おぼん・こぼん」さんが「お笑いスター誕生」で十周勝ち抜き優勝の時は、ショータイムをずらして、お客様と一緒に「おめでとう」の垂れ幕を作ってお祝いしました。とても楽しい思い出です。（秋川リサ）

二人は師匠がなく、デビュー後すぐに野に放り出されたため、事務所から与えられた営業を一つひとつこなして次につなげるという以外に芸人として名を上げる道がなかった。その彼らが摑んだ最初の大きな機会が赤坂コルドンブルーであり、十年間を勤めあげることで見事に芸人としての花を開かせたのである。「タップダンスがうまい」どころの騒ぎではない。日本のレビュー文化をその身で受け止め、ステージを成立させた、最後の芸人がおぼん・こぼんである。

二人が赤坂コルドンブルーを卒業したのは一九八〇年、さすがにテレビからの仕事が増えてステージに立つのが難しくなっていた。後釜はまだ若手だったとんねるずである。『東京漫才』では半年間と書かれているが、実際には三ヶ月でお役御免になったらしい。その後の活躍を見れば、コルドンブルーでのステージは石橋《いしばし》・木梨《きなし》向きではなかったろうな、とは思う。それもまたとんねるずらしいが、二人がこのころのことをどう語っているのかは寡聞にして知らない。一度きちんと調べてみなくてはなるまい。

短めに書いてもう一冊漫才師の本を紹介するつもりだったのに、だいぶ長くなってしまった。これにて『東京漫才』の話はおしまい。「長い間喧嘩していたが仲直りしたベテラン芸人」という話題でおぼん・こぼんが語られるのは、知らない人に興味を持ってもらうためにはいいのだが、彼らの存在が矮小化されてしまうのがちょっと困る。いかに異質で、芸人史にその名を刻まれてしかるべきであるかということを書いておきたかった。現在も二人は元気に舞台を勤めているが、こぼんは七十歳のときにアミロイドーシスによる余命宣告を受けた身であるという。アントニオ猪木《いのき》が罹患したことで知られるようになった難病である。残り五年から十年というからそれほど差し迫った余命ではないのだが、体に負担のかかるタップダンスはもう踊れない。漫才協会での指導も、すでに後進に引き継いだという。

しかしこぼんは、あくまでも淡々と語る。

——こんな面白くもない病気の話をしましたが、そんな大層なことでもないんです。

みんな誰もが言わないだけで、それぞれ色々抱えながら人生やっているわけでしょう。特別でもなく、ごくごく自然に普通にね。

ごくごく自然に素晴らしい。それがおぼん・こぼんだ。

オール巨人『漫才論』

ヨシモトブックス／2022年

オール巨人《きょじん》『漫才論』は、現場の人間だからこその発見が多い一冊である。

漫才師の側からこの芸を語ることは難しいのだと思う。台本があるにしても、コンビによって作り上げていく非言語的な要素の方が大きく、大原則のようなものはない。あるいは、時代と共に目まぐるしく変化していく。第一次漫才ブームにおいて時代を築いたビートたけしにしても自身の芸を第一とはせず、現在から見れば遅いしゃべりになるだろうという趣旨の発言を近年はしている。そのコンビに当てはまることが他の芸人でも正解とは限らないのが漫才というものだ。客観的な視点ということで画期的だったのは、ナイツ塙宣之《はなわのぶゆき》『言い訳　関東芸人はなぜM－1で勝てないのか』（集英社新書）で、関東と関西の違い、M－1グランプリのような賞レースに限定した分析ながら、比較的広範囲に当てはめられる尺度を提供した。現時点でもっとも汎用性の高い漫才論ではないか。

ここへきて重鎮の著書が出現した。前項のおぼん・こぼん『東京漫才』はどちらかと言えば芸談というよりも半生記である。ほぼ同時に刊行されたオール巨人『漫才論』は違っていて、これはほぼ全篇が巨人の考えるいい漫才とはどういうものか、という概念論であり、技術論なのである。これは巨人の単著としては三冊目になる本で、この前に自身の半生について語ったものが出ている。それもあって今回は、「今の漫才をオール巨人はどう考えているのか」という主題に絞ったのではないかと思われる。

芸風をご存じの方には言うまでもないが、オール巨人が至上と考えるのは、伝統的なしゃべくり漫才である。ただし若い世代、たとえばマヂカルラブリーのような視覚重視の漫才も否定しない。それは「深化」ではなく「新化」であるととらえ、多様化していくのは結構なことと認めつつも「二十代、三十代前半に視覚重視の漫才で人気が出たとして、四十代、五十代と年を重ねるに従って、いつまでもひっくり返ったり動き回ったりはやっていられません」。やはり巨人にとっては、基本はしゃべくり漫才なのだ。

漫才の中にはそれぞれが役割を持って芝居に近いことをする、つまりコント形式の漫才もある。それについても否定はしないものの、やはりしゃべくり漫才の優位を語らずにはいられない。

――コントは見た目でその場の空気を表現できるから、お客さんへのネタ振りは必要なく、ぱっと見ただけで笑いをとりやすい。対して漫才は、場面設定や状況をしゃべりだけでお客さんに想像させる技術が要求されます。そう考えると、一回の舞台で比較したら視覚に頼れるコントのほうが楽だなあと感じてしまうんですよねえ。

前項で取り上げた『東京漫才』は、この『漫才論』と併読すると趣深い。並べて紹介したかったのは、特に、弟子入りの過程を比較してみるとおもしろいのである。

オール阪神《はんしん》・巨人、おぼん・こぼんは共に高校在学中からアマチュアとして頭角を現し、スカウトに近い形で芸界入りが決まった。違うのはそのあとで、おぼん・こぼんは東京の芸能社に属することになり、タレント兼養成所講師という異例の形で、高校三年生ながらデビューを果たした、というのは前項で書いたとおり。

オール阪神・巨人は人気番組「ヤングおー！おー！」のプロデューサー・林誠一の勧めで吉本興業入りの話が進んだが、当時はまだNSC（吉本総合芸能学院）が存在しなかったため、誰かの弟子にならなければならなくなった。南出繁《みなみでしげる》こと後のオール巨人は一九五一年生まれ、高田昭徳《あきのり》こと後のオール阪神は一九五七年生まれ、年齢の開きがそれだけあった。二人はアマチュア時代から親交があり、コンビを組むことがあらかじめ決まっていた。だが、高田が卒業するまで一年近くは待たなければならない。実家の卵屋を手伝って仕事をしていた巨人は辞めて身軽になり、先に本格的な修業に入った。

その際、巨人が最初に弟子入りを希望したのは島田洋之助《しまだようのすけ》・今喜多代《いまきたよ》だったという。夫婦《めおと》漫才で一世を風靡したコンビである。だが、弟子が多いので、という理由で断られてしまった。すでに門下には島田一《いち》の介《すけ》や今いくよ・くるよ、後の島田紳助《しんすけ》らがいて、巨人が入る余地はなかったのだ。そのときたまたま、吉本新喜劇の座長を務めていた岡八郎《おかはちろう》（当時。二〇〇三年、八朗に改名）には付き人を勤められる弟子がいなかった。

弟子入りの挨拶をしたのは一九七四年七月二四日である。関西漫才界の大物である花菱《はなびし》アチャコがこの日に倒れ、翌二五日に亡くなっている。二四日の新喜劇舞台が終わると、岡八郎はうめだ花月の楽屋から谷《たに》しげると共にタクシーに乗り、慌ただしくどこかに向かった。一緒に来るように言われた巨人はアチャコ師匠の見舞いに行くのかと思っていたが、二人が向かっていたのはキャバレーの営業だった。「そういえば八朗師匠は紺のシルク生地のようなえらく派手なスーツを着て病院に行かれるんだな」と巨人は不思議に思っていたそうだが、そんなわけはないのである。誰が倒れようと、営業や舞台に穴を開けるわけにはいかぬ。芸人の鉄則だ。

『漫才論』にはここまで詳しく弟子入りの経緯は書かれていない。以上は、二〇一二年にやはりヨシモトブックスから刊行された『師弟　吉本新喜劇・岡八朗師匠と歩んだ31年』からの引用である。この『師弟』を併読することで巨人が「吉本の風紀委員長」たる所以が見えてくる。

岡八郎は厳しい人だという評判があり、巨人も弟子入りが決まったときにはしつこいくらいにその話を聞かされたという。だが、巨人自身が師匠を怖いと感じることはなかった。性格的に近いものがあったためか、やがて吉本興業でデビューすることが決まっていた預かり弟子のような立場だったためか。それはわからないが、八郎・巨人は初めから親密な間柄となった。入門して半年が経ったころ、師匠が萩本欽一司会の人気番組「オールスター家族対抗歌合戦」に出場することになり、なんと巨人も八郎の従兄弟という名目で出してもらったのである。入門したばかりの弟子に対しては異例の厚遇だろう。それぐらい巨人は、八郎から愛されていた。

もちろん、よく気が付く弟子ではあったらしい。几帳面な八郎に合わせて、常に先回りをして師匠を気持ちよくさせることに集中していた。たとえば師匠がどこかで仕事があると聞けば、前日にその会場までの道を下見に行く。自分のスーパーカブに乗り、どういう道なのか、途中にはどんな店があるのかを確かめておくのだ。八郎が芝居をしている小屋では、冬には熱いお茶、夏には冷たい氷水をさっと出す。コンビニエンスストアなどない時代だったから「南出はいつもいろんなもん、どこから持ってくるねん」と周囲からは不思議がられた。実は楽屋近くのガードマンがいる事務所に頼んで、そこの冷蔵庫を使わせてもらっていたのである。こうした気配りが隅々まで行き渡っていた。それは好かれる弟子になるだろう。

——あるとき、大阪厚生年金会館での舞台があり、会場に到着した師匠が、

「うわー、しもた！　今日は小道具の胸毛がいるねん、胸毛ないわー」

と慌てはったんです。

僕が「ちゃんと持ってきてます」とそれを出すと、めっちゃ喜んでくださいました。その芝居では胸毛がオチのポイントにくることを僕は把握していましたから、あらかじめ準備していたんです。

弟子として完璧な修業時代を過ごしていたからこそ、『漫才論』の「NSCの功罪とは」の項には耳を傾けるべき指摘がいくつもある。「NSCができてから、タテの関係が薄れてきた」「礼儀作法を学ぶ授業がない」のではないか、と危惧する巨人はある後輩の例を挙げて、挨拶をきちんとできない芸人は絶対につぶれる、と断言する。またNSCの別の罪として「ネタにルールがなくなっていった」とも。昔の漫才は「何でもええから笑わせてくれ」という客にははまらず、ミヤコ蝶々《ちょうちょう》・南都雄二《なんとゆうじ》、いとし・こいしといったコンビの漫才は若い人にはよく分からないだろう、と巨人は言う。そのいとし・こいしがなぜ面白いのか。

――いとし・こいし師匠は、それぞれに強い個性があるわけではなく、まったく色も匂いもない。言わば、普通のおっちゃんです。普段は無色透明なのに、しゃべりだした途端に多彩な色を出して、笑いをとる。色の無限のバリエーションを生み出す、光の三原色さながら。これこそが本当の芸なんです。

巨人が最上位に考えるしゃべくり漫才のあるべき姿である。こうした先人の芸を深く知るためには、その世代への尊崇の念が先に立っている必要があるだろう。単に礼儀作法だけの問題ではなく、芸人として大成するための姿勢を言おうとしているのだ。

おもしろいのは、このような罪の部分がありつつも、やはりNSCの功は大きいと評価している点だ。

「昔はお笑いの世界に入るには、誰かに弟子入りしなければな」らず「一人前の芸人になるには、乗り越えるべきハードルがいくつも待っていた」が、現在はNSCがあることで多くの才能がそこに集まってくる。数の論理によって昔は低かった芸人の社会的地位を総合的に引き上げることができたのだ、と巨人はNSC体制を評価する。こうした公平さがこの人の特質なのだろうと思う。『師弟』と併読することによって、さまざまなものが見えてくる。

『漫才論』の構成を書いておこう。第一章「劇場漫才師の矜持」では「劇場ネタはテレビではやらない」というようなオール阪神・巨人の基本的な姿勢が語られる。第二章「なぜ、あの漫才は面白いのか」は、面白さの分析というよりも漫才師に求められる素養についての章である。第三章「紳助とさんま、そしてダウンタウン」は、同期や後輩、弟子についての評価。第四章「M－1グランプリと漫才の〝新化〟」が最も『漫才論』というタイトルに沿った章であり、本に関心を持った人はまずここを読むべきではないかと思う。終章「漫才適齢期とはいつか」は、オール阪神・巨人の現在と将来についての章で、巻末に置かれたオール阪神との特別対談「漫才コンビ論」につながっていく。

阪神との関係についても少し触れられている。「阪神君とは今でこそ非常に仲がいいですが、結成十五年目くらいまで関係性は最悪でした」と書かれているように、やはりコンビ芸人は基本的に仲が悪いものなのである。それが改善されて「今でこそ非常に仲がいい」関係になった経緯を知りたいゴシップ好きな方は、とりあえずお読みいただきたい。オール巨人にはもう一冊『さいなら！　C型肝炎　漫才師として舞台に立ちながら治療に挑んだ500日の記録』（ヨシモトブックス）という著書がある。オール巨人が感染した

C型肝炎の治療に集中した日々について語った本で、阪神についての言及もある。

——先ほども書きましたが、治療が始まって副作用が出始めると、みんなから「巨人君、顔色悪いな」と指摘されながらも、阪神君だけは何も言わずにいてくれました。

舞台で僕の腕をつかむたびに「痩せたなあ」と感じていたのに、それを口に出すと僕が落ち込むのがわかっていたから黙っていてくれました。

僕には何も言わなかったのですが、周りの友達や芸人仲間には「うちの相方、相当しんどいみたいやねん。気にするから、あんまり言わんといたってくれ」と話してくれていたみたいです。全部、治療が終わってから聞きました。

『漫才論』には先行する『師弟』『さいなら！　C型肝炎』と重なる記述が多い。実家の卵屋での仕事が芸人修業でも役立ったという回想や、阪神との関係回復など、前の著書を読んでいる方には既視感を覚える箇所もあるはずだ。ほとんど書かれていないのが師匠である岡八朗の晩年に関する部分である。吉本新喜劇の座長として、つまり喜劇人としての頂点を極めたと言うべき岡八朗は、表舞台から急に消えた。その経緯や師匠の最期を見届けたことについては『師弟』の後半に詳しい。全五章のうち幸せな記憶について書かれているのは三章までである。その終わりに「八朗師匠がお酒さえ飲まなかったら……。いえ、そこそこ楽しむお酒なら良いんです。ただ溺れるようなことがなかったら……」という文章があり、深い悲しみが感じられる。

『師弟』はアルコール依存症の壮絶な闘病記にもなっている。依存症についての理解は現在よりも進んでおらず、岡八朗の社会的信用は見る見る間に失われていく。このくだりを読んで、横山やすしの晩年を連想する向きも多いだろう。素晴らしかった芸人からその輝きが奪われるさまを、至近距離で見続けた記録でもあるのだ。おそらくは、その無念が現役として最前線に立とうという現在の気持ちに結びついている。『漫才論』の終章には「芸人たるもの、常に元気に、舞台に立たないと。例えば病気で痩せこけてしまうような見た目に悲壮感が漂って、お客さんに心配や同情をされるようになったらおしまい。僕は潔く引退します」「アスリートではないけれど、まだ余力が残っているタイミングで、〝惜しまれつつ〟辞めたい」と綴ったとき、巨人の胸中に岡八朗の面影がよぎったのではないか。

『漫才論』を多くの人は、M－1グランプリを頂点とする賞レースの教典として読むのではないかと思う。それは正しいのだろうし、本書の中で語られた技術論には教えられる部分が多い。そういった本の中にも私は岡八郎とオール巨人師弟という、人間のつながりを見てしまうということである。芸人をそういうものとして考えているのだろう。

塙宣之
『言い訳
関東芸人はなぜM－1で勝てないのか』

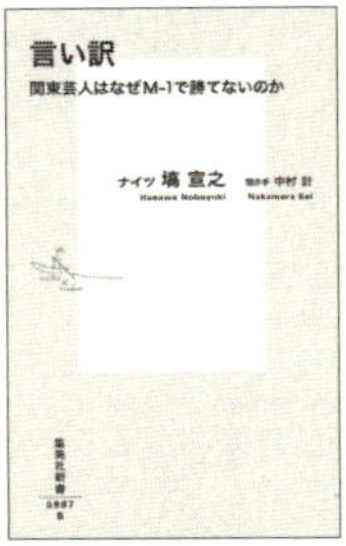

集英社新書／2019年

正直に告白すると、落語・講談・浪曲といった古典芸能と呼ばれるジャンルに比べ、漫才にはそれほどの執着心を抱いていない。漫才ブームが沸き起こった一九八〇年には十代だったので影響は受けている。しかし、落語家や浪曲師の若手を追いかけるような形で新しい漫才師を聴いてはいないのである。

一つの理由は、テレビというメディアを通じて浸透してきた側面が現在の漫才にはあるからではないだろうか。テレビを観る習慣がないと、新しい漫才師が出てきてもなかなか気づかないのである。特に、二〇〇一年から始まったM－1グランプリは通しで観たことが一度もないと思う。キングオブコントやR－1も同様である。

にもかかわらず。

ナイツの塙宣之が『言い訳　関東芸人はなぜM－1で勝てないのか』という本を出したと聞いて、刊行直後から気になって仕方がなかった。M－1でどのコンビが優勝しようと関係ないと思っているのに、なぜだろうか。そんなにナイツが好きだったのだろうか。自分でも訳がわからないので、とりあえず本を買って読んでみた。講談社ノンフィクション賞を受賞した中村計《なかむらけい》が聞き手を務めており、質問に対して塙が答える形式になっているのでテンポがよくて非常に読みやすい。あっという間にページを繰り終えてしまう。一度目を通しただけでは自分が感じている引っ掛かりの正体がわからず、結局三回読まされてしまった。定価八二〇円なので十分に元は取った形である。

本書は六章構成になっている。第一章でいきなり塙は、身も蓋もない結論を読者につきつける。現在人口に膾炙《かいしゃ》している漫才という演芸は、しゃべくり漫才のことであり、その本場は関西であると。関西では日常会話の中に笑いがある。また、言葉に感情を乗せやすいのも関西である。ゆえによそゆきの言葉で話す関東芸人は絶対にしゃべくり漫才ではかなわない。もし勝てるとすれば、しゃべくり漫才ではなく、コント漫才しかない。M－1第一期（二〇〇一〜二〇一〇年）ではコント漫才が四回優勝しているが、うち非関西弁のコンビが三組。実は非関西弁のコンビはこの三組、アンタッチャブル、サンドウィッチマン、パンクブーブーしか第一期は優勝できていないのだ。

「関東芸人はなぜM－1で勝てないのか」が問いのすべてだとすれば、この本は第一章で終わりである。関西弁ではないから、が答えだ。しかし第二章以降も話は続いていく。第二章で塙は、M－1第一期の大会委員長であった島田紳助の言葉を二つ引用している。一つは「ナイツの漫才は寄席の漫才だから勝つのは難しいよな」、もう一つは「俺は、漫才は三角形になってないとアカンと思うねん」である。

漫才の三角形というのは、ボケとツッコミと客席を結ぶ関係性のことなのだが、これについては端的な言葉で表現されているわけではない。ボケとツッコミのコンビが互いを見るだけではなく、客席の反応を取り入れる形で機敏に話を動かしていく、というくらいの意味だと思うのだが、実際に本文を読んでもらったほうがいいだろう。もう一つの「寄席の漫才だから」という言い方のほうが本の内容を理解するための補助線になる。東京の寄席で漫才コンビはだいたい十分から十五分、長いところでは二十分貰える。それと最長でも四分しかないＭ－１の舞台とでは自ずと戦い方が異なる。中・長距離と短距離走くらい、喩えるならば筋肉の付け方が変わってくるのだ。

塙はこの話題からＭ－１という場の性格を浮き上がらせる。そこからＭ－１で関東芸人が勝つことができるとすれば、という話題に進み、第四章「逆襲」、第五章「挑戦」、第六層「革命」における関東芸人各コンビの分析につなげていくのである。「将来において勝てるとすれば」という基礎論の話なので具体的な提言がされているわけではなく、話もコンビの各論から先には踏み込んでいかない。だが、本書の中で最も惹かれる表現があるのは、この他のコンビについて言及した部分なのである。ちょっと引用しておこう。

第四章。海砂利水魚《かいじゃりすいぎょ》、現・くりぃむしちゅーについて。

――のちに「たとえツッコミ、と呼ばれましたが、時期的にズレていることに対し「一一月に冷やし中華を始めましたみたいなもんだろ」とか、[……]あれくらい言葉に敏感なら、軸足を漫才に移しても遜色なくできていたはずです。もう五年早くＭ－１が始まっていたら、関東芸人で最初に優勝したのは海砂利水魚だったのではないでしょうか。

第六章。南海《なんかい》キャンディーズの山里亮太《やまさとりょうた》について。

——山ちゃんは終始、しずちゃんをなだめているだけです。もっと言えば、あやしています。音楽で言えば、子守唄のようでした。〔……〕山ちゃんのツッコミは言い方はソフトです。でも、言葉自体の意味は強い。ソフトに言うからこそ、その強さが際立ちます。〔……〕関東の日常語だからこそできる漫才。それを最初に示したのが南海キャンディーズでした。

海砂利水魚のところで「軸足を漫才に移しても」としているのは、コンビの芸がコントだったからである。コントだが、言葉のやりとりは漫才に近いと塙は言う。第四章に漫才とコントの違いについて、端的に言えばスタンドマイク一本で勝負をするか、小道具を使うかという違いだと定義されている。

そこから前出の「コント漫才」とは何かという疑問が生まれる。これも第一章の初っ端に定義がある。コント漫才とは、「おまえコンビニの店員やって、俺は客やるから」と芝居に入っていくパターンの漫才、のことだという。私は初めて動いている横山やすし・西川《にしかわ》きよしを見たとき、「自動車教習所」を演じていたという記憶がある。あれはコント漫才の部類に入るものだろう。単なる日常会話から派生したしゃべくりではなく、役柄を決めての漫才ということだ。このへんから話が少し面倒なことになっていく。

第二章で呈示されている話題の中に、二〇一八年のM－1で物議を醸した上沼恵美子《かみぬまえみこ》審査員の発言のことが出てくる。ネットで炎上したので番組そのものを観ていない私でも気づいたのだが、上沼はこのとき、いくつかのコンビに対してかなり辛辣な発言をしたのだという。これも引用する形で書けば、自虐ネタを繰り広げたギャロップに対し「自分をさげすむっていうのは、基本的にはウケないっていうことを、これだけのキャリアあったら、知っとかなあかんわ。何してたんや、今まで」と切り捨てている。塙はこの上沼発言に対して肯定的なのである。その前段では別の芸人を例に引き、「自虐ネタはフリートークだと言いたいのです」と断言さえしている。自虐ネタはネタではない、と言い換えてもいいだろう。

日常会話により近い形でしゃべくるのが関西漫才。しかし、それはフリートークではなくてやはりネタなのだ、と塙は言っていることになる。M－1第一回の王者である中川家《なかがわけ》について、彼らの「台本は箇条書きで一〇行前後、大まかな流れが書いてあるだけ」「だから、あんなに自由に、楽しそうにできるのです」としているが、やはりそれはネタなのだ。やや話は逸れるが、中川家の説明の前に、しゃべくり漫才の強みとして「その日の環境や客層に合わせて、もっともいい温度で漫才を提供している」ことが挙げられており、前出の「三角形」の理論はここにつながってくるものと思われる。

塙のネタについての定義は、漫才以外の演芸から補助線を引く形で行われている。落語である。本書の中には落語について言及された箇所が三つあるが、個別にそれを読むと漫才におけるネタとは何かということを別の形で言い換えているように見えてくる。


――僕らは東京の寄席に毎日のように出演しています。東京の寄席は落語がメインなので、落語からも多くのことを学びました。

落語家は同じ演目をいろんな人が演じます。それは話がよくできているからです。それをネタと言うのだと思います。（第二章）

――落語家もウケる人ほど余計なことは言いません。今も残る古典落語は、話の筋がしっかりしています。稽古を積めば積むほど、ネタへの信頼度が増していく。だから、少々笑いが起きなくても、その時間を待つことができるのです。(第四章)

――(ハライチの)岩井《いわい》はM－1で自分たちのネタを披露することを、古典落語のコンクールで新作落語を発表しているようなものだと語っていたことがあります。[……](第五章)

最後のものは少々意味合いが異なり、第二期になってM－1が新しさよりも経験値を重視するようになってきた傾向を古典と新作の落語に喩えているのである。新作落語のような珍奇な趣向に出ると、古典落語を重んじる基準からは外れるということだ。注目してもらいたいのは前の二つで、「同じ演目をいろんな人が演じ」られるほどに「よくでき」ているものがネタであり、「ウケる人ほど余計なことを言」わず「少々笑いが起きなくても、その時間を待つことができる」ほどに身を委ねることが可能なのだという。

これを言い換えるならば、ネタとは客席に笑いを起こせる言葉のパターンであり、笑いに行きつくためのメカニズムだということではないだろうか。以降は塙ではなくて私の表現になってしまうが、そのパターンなりメカニズムを摑むために笑芸は修練を重ねるのであり、コンビ芸の漫才も例外ではないということになる。ならば演者二人と客席を結んだ三角形を重視することも、本質的にはフリートークになってしまう自虐ネタに傾倒するのを戒めることも延長線上で理解できる。

第一章で関西系が圧倒的に強いしゃべくり漫才、関東勢が巻き返しの機会として選ぶコント漫才という対立項が呈示されたのも、ここへ誘導するための仮の構造に過ぎないということになる。だからこそ「関東芸人はなぜM－1で勝てないのか」という問いの答えが第一章でいきなり示されるのだ。塙が本書を著した真意は、西高東低の絶対優位という見かけに目を眩まされることなく、新しいネタのパターン、あるいはメカニズムを見出すべきだと考えるからだろう。だからこそ第六章で山里亮太の「関東の日常語だからこそできる漫才」が特記されているのである。

ここまでくると漫才に限定せず、もう少し表現全般にまで話を広げたくなる誘惑に駆られる。私の専門は文章表現なので、やはりパターンやメカニズムを把握するためにはどうすればいいか、と問題を置き換えたくなる。本書に強く惹かれたのも、おそらくは普遍的な問いへと通じる門の存在を感じたからだ。

ここまで触れなかったが、塙は本書の中でナイツというコンビについても存分に語っている。ファンならば現在のナイツの基調となっている小ボケの連発、俗にヤホー漫才と言われるスタイルがいかにして生まれたかということを知りたいだろう。それは本の核だと思うので、ぜひ実際に読んで確かめていただきたい。

ご存じのとおり、M－1にはコンビ結成年数の制限があるため、ナイツは優勝を果たせぬままに卒業した形になっている。本書の題名が『言い訳』なのは、二〇一八年に塙が審査員に就任しているからである。「おまえが偉そうに何を言っているんだ」というツッコミに対する「言い訳」であり、「青春時代、恋焦がれたM－1に振られた男が腹いせで本を書いているくらいに思っていただければ幸い」と塙はプロローグに書いている。

だが私の目には、塙はM－1で優勝するよりももっと大きな目標を見据えているように見える。本書で追求されているネタについての考えは、関東・関西を超えて漫才という芸の指標になりうるものなのではないか。

現在の塙は、一般社団法人漫才協会の副会長の任に就いている（注・その後、二〇二三年からは会長職）。協会が活性化のために若手を起用した結果だと思うのだが、自身にも何か期することがあるのかもしれない。十年後の塙は、もしかするともしかするぞ。

山里亮太『天才はあきらめた』

自分は何者でもない。
自分はまだ何者でもない。

現・朝日文庫／2006年

ほぼ同じ内容の文章なのに「まだ」という留保をつけるだけで救われた気持ちになれる。「まだ」は「じゃあ、いつなの」という問いとセットにしなければならないのだが、そのことに気づかないふりをすれば、無期限の優待券を手に入れることができるのだ。

もちろん無期限というのは嘘で、ある日突然時間切れを無情に突き付けられることになるのだが。

青春記を描いた読物には、この残酷な留保を描いたものがいくつかある。過去に読んだ中でベストに挙げたいのは、芸人本ではなくて申し訳ないが漫画家東海林《しょうじ》さだおの『ショージ君の青春記』（現・文春文庫）である。刻一刻と時間切れが近づいてくる中で現実を正視できずに東海林さだおが悶え苦しむさまは、深い共感を呼ぶと同時に読者に悪夢を見させる源にもなるだろう。あるいは吉村昭《よしむらあきら》『私の文学漂流』（現・ちくま文庫）。吉村昭と津村節子《つむらせつこ》の夫婦は、津村が先に芥川賞という大きな栄誉を手にする。何度も選に漏れ、一度は受賞通知までもらいながらそれを寸前に取り消されるという残酷な仕打ちまで受けた吉村が、妻が先に栄誉を得たことをどう思うか、と無情な質問をされる場面は、読んでいて背筋に冷たいものが走る。吉村は生活のために会社勤めを始め、それでも諦めずに小説を書き続けるのである。

芸人小説、及び芸人が書いた自伝的ノンフィクションにも、こうした雌伏期間を扱ったものは数多い。最近の収獲でいえば山田《やまだ》ルイ53世《せい》の『ヒキコモリ漂流記』（現・角川文庫）だろう。出世してからの回想記ではない、つまり現在進行形で苦闘中の本坊元児『プロレタリア芸人』（扶桑社）もいい。

単行本で刊行されたときは見落としていて、文庫化されたときにそのおもしろさに気づいたのが、山里亮太『天才はあきらめた』だった。何がおもしろいのかというと、山里が本書で一貫して書いているのは、自分がいかに本質から目を逸らしながら生きてきたか、という分析なのである。家族や先輩という庇護者がいる間はそれに甘え、可愛がられることで弱さと向き合わずに済ませ、NSCに入って芸人の卵として活動を始めてからは、他人に責任転嫁をすることで自分を守った。過去の自分に現在の自分が駄目だしする、自己告発本なのである。当たり前といえば当たり前なのだが、その告発がいちいち的確で、つい笑ってしまう。

たとえば思春期の衝動について。思春期をこじらせる、という言い方を最初に使い始めたのは誰だか不明だが、創作者の自我形成について表現するとき、肯定的に用いられるようになったのは二〇〇〇年代以降ではないかと思う。つまり、性的衝動が突き上げてくるのを直接的に表現できない者が、それを創作への欲求に変換させるという図式である。この言い方の少し厭らしい点は屈折した自己肯定感があることで、挫折を経ない人間は駄目だ、というような前時代的な価値観を裏返しにしただけにも見える。また、モテる／モテないは創造性とは関係ないのではないか、と冷静に突っ込まれたときに、まともな反論も不可能なのである。モテない人間が全員クリエイターになるわけじゃない。

山里もこのモテ問題を著書の頭に持ってきている。ただし、扱いは非常にスマートだ。モテる／モテないという案件は創造性とはほぼ関係なく、むしろ言い訳に近いことを次のような書き方で暴露してしまっているのである。

――「何者かになりたい」という目標を掲げると挫折が早くに来る。だからこそ手前、もっと手前……

そしてたどり着いたのが「モテるために」だった。[……]『何者かになる』という夢のゴールを隠し持った「モテたい」というパワーは、わかりやすく絶大だった。

本来の目標は遥か先にあるが、「モテたい」という隠蔽材を置くことによって、そこに傷がつかないようにする。真の目標を最初から明るみに出してしまうと、それが否定されたときに取り返しがつかない。ゆえに「モテたい」を前に出しておくわけだ。これは他人に対してというより、自分自身への隠蔽工作として有効だろう。挫折を味わったとき、いちばん手強い弾劾者になるのは他人ではなく内なる自分自身だ。それが真の目標まで否定してこないように、仮の目標「モテたい」を置くわけである。

「モテないので創作をやるしかなかった」という物言いには、才能と努力という自分にとって最も大事な部分を表沙汰にしないための自己防衛を感じる。それに比べると山里の「モテたいを表向きの口実にして創作をやった」という告白は、はるかに素直である。このくだりを読んで、『天才はあきらめた』という本に私は興味を抱いた。

といっても本書の内容は到底好感を持てるようなものではない。すでにウィキペディアなどにも紹介されていると思うので詳細は省くが、山里はしずちゃんと南海キャンディーズを結成する以前にも複数回のコンビ解散を経験している。その理由は本人も分析するとおり、パワーハラスメントである。芸人として成功するためには二十四時間打ち込まなくちゃ駄目だ、と相方を洗脳し、効果があるのかどうかもわからない努力を強いる。以下は、ＮＳＣ時代最初にコンビを組んだＭ君への仕打ちの抜粋である。

――「なんでやねん」だけを3時間言わせたときもあった。ほかにも、バイトを休ませてまで、僕が選んだお笑いのビデオを数十本見せ続けたり、故郷の三重から彼女が来た日に急に呼び出してネタ合わせを入れデートをつぶしたり、1日30個のブサイクいじりワードの宿題を課したり、遊びに行ったらその先でのエピソードを必ず10作ることを要求したり……。［……］

そうした暴力（と言うべきだろう）が、自分の弱さから目を逸らすための責任転嫁であることは間違いない。他人を叱ることで得られる達成感がいかに大きく、気持ちいいかということはご存じの通りである。だが、そうやって得ていたつかの間の万能感は現実を前にしたときに無慈悲に砕け散る。山里に現実を知らしめたのは同期のキングコングであった。本書で客観的に紹介されているエピソードを読むと、いかにキングコングが頭角を現すのが早かったか、芸人としての才能があったかということが理解できるはずだ。キングコングすごい。手放しで称賛したくなるほどすごい。

ＮＳＣには卒業公演というものがあり、そこに出演できる芸人は残酷にランク分けされるのだという。ネタ時間が一分組、三分組、五分組と振り分けられるのだ。山里が当時組んでいた「足軽《あしがる》エンペラー」は五分組に入っていた。五十組ある中で五組しか入れない最高ランクである。悦に入る山里だったが、その満足感はすぐに否定されることになる。卒業公演のＭＣはキングコングだったのだ。横並びどころではない。そこには圧倒的な差があった。

山里は羨望の眼差しでキングコングを見るだけではなく、同じことを自分ができるか、と分析もする。答えは否である。そして「忘れない、この嫉妬を」「これをエネルギーに変えることが、これからの僕を絶対救ってくれる」と胸に刻み込む。

二度目の相方である富男《とみお》君に捨てられ、他の男と組んでいた山崎静代《やまさきしずよ》ことしずちゃんを略奪し、後に南海キャンディーズと命名されるコンビを結成する場面が本書の転回点である。自分を騙すためのパワーハラスメントは以降も続くのだが、それに加えて嫉妬の処理という厄介なものが持ち上がってくる。同世代の才能ある者たち、自分を評価してくれない業界人たちに対する嫉妬と怒りが山里の中を埋め尽くしていたのだ。本書の後半部はその暗い感情をどう御するか、という闘いの記録でもある。

とある劇場では出演芸人が一軍、二軍、三軍に分けられる。自分の名前が一軍になかったことを知った山里の胸中にはまたもや嫉妬の炎が噴き上がってくる。だが、それを抑えて別のものに転化させるだけの知恵もすでに備わっていた。

――1軍の人たちのウィニンググランの会話や行動をじっくり見る。そして嫉妬の炎にガンガン薪をくべる。一番調子に乗ってることを言ってる奴をぶっ倒すためには、どの努力をしなくちゃいけないかを考える。イライラを使って、とりあえずムカついているときにやることをたくさん決める。そしてそれをメモに取る。

やるべきことと、そのきっかけとなったムカつく奴の言葉を一緒に、すぐそれに取り掛かる。そうすれば勝てるし、ムカつく奴も僕の餌になってくれたということで怒りが収まる。僕の中のクズとの最高の付き合い方だった。

本書の圧巻は、文庫版で一六四ページから一六五ページにわたって書かれている「これまで書き殴ってきた復讐というガソリンたち」というメモだろう。なるほど積み重ねていけばたいした燃料になるはずだ。そして、これをSNSに垂れ流しているようでは、ネットという海洋を汚染するだけで、誰のためにもならないだろうと思うのである。実物はぜひ本で見てもらいたいので、ここには例示しない。せっかくの山里の内燃機関をガス漏れさせては、もったいないではないか。

周知のとおり南海キャンディーズは、しずちゃんがボクシングでオリンピックに挑戦するという出来事もあり、しばらくの間開店休業に近い日々が続いた。もちろん彼女だけの事情ではなく、ここまで読んでいただいた方なら察せられるとおり、山里自身の妬心も原因の一つである。その二人が再び南海キャンディーズとしての単独ライブを行い、一緒に舞台に立つ場面でこの本は終わる。そこに一抹の苦みが残るのは、完全な和解として再会を描かなかったからだろう。現実とはそういうものだろうし、山里が抱えた屈託もそんなに小さいはずがない。これほどまでに暗いものを抱えた人間でも自分と和解し、現実と妥協することができるのだと思い、そのことに救いを感じた。いい人になる必要はない。いい人ではない自分を直接他人にぶつけなければいいだけのことなのだ。

山田ルイ53世『ヒキコモリ漂流記』

現・角川文庫／2015年

ちょうど五十になりました。

この一文をあるメロディに乗せて読んでしまうのは、たぶん私と同い年か、それより上の演芸ファンではないかと思う。さらに言えば、落語協会よりも落語芸術協会が贔屓だった人。

ベテラン、東京《とうきょう》ボーイズの持ちネタの一節である。

東京ボーイズは旭《あさひ》五郎《ごろう》、菅六郎《すがろくろう》、仲八郎《なかはちろう》のトリオ芸人で、五郎がアコーディオン、六郎が三味線、八郎がウクレレを持って舞台に登場する。「天気が良ければ晴れだろう。天気が悪けりゃ雨だろう。雨が降ろうと、風が吹こうと東京ボーイズ、ほーがらーかーにー」と当たり前のことを三人で歌ってからネタに入るのが通例で、そのフレーズが聴きたくて、東京ボーイズの出番を調べては芸協の定席に通っていたのであった。そうやって追っかけた色物の芸人は、落語芸術協会では東京ボーイズ、落語協会では三遊亭小円歌、現在の二代目立花家橘之助だけであった。

冒頭に書いたネタを、記憶を頼りに文字で再現してみようと思う。

当時の東京ボーイズは、リーダーが旭五郎でMC役、よく仕事をするのが若い仲八郎、三味線を持ってぼうっと立っているのが菅六郎という分担であった。六郎は言われない限り何もしないので、その態度をしょっちゅう五郎からつっこまれる。「おまえも歌いなさい」と促されて始めるが「中の島ブルース」のサビを二人に横取りされたり、ずっこけて五郎に叱られたり、という役どころなのである。そのネタの一つが「ハルちゃん」であった。正式な名称は知らないがハルちゃんの歌なので私たちはそう呼んでいた。

五郎に、サボってないで歌え、同級生のよしみで（五郎と六郎は同じ中学校だった）俺が前を歌うから、それにアドリブで歌詞をつなげろ、と命じられて演奏が始まる。

五郎　ハルちゃん、今年でいくつなの？
六郎　ちょうど五十になりました。
（演奏止めて、五郎が『終わっちゃうじゃねえか』と叱る。『つなげて、もっと長くやるんだよ』と指導が入り、演奏再開）
五郎　ハルちゃん、今年でいくつなの？
六郎　（莞爾と笑いつつ、客席を指さし）前の奥さんと同じ年。
五郎　（うなずいて）それなら奥様いくつなの？
六郎　ちょうど五十になりました。
（『また終わっちゃったじゃねえか』）

これが基本形で、六郎が出をとちるなどの、バリエーションがあり、いくらでも長くやれる。この「ちょうど五十になりました」のフレーズは、一度耳にしたら絶対に覚える調子のいいものなのだが、現在ではよくやるネタではなくなっている。残念ながら旭五郎が他界してしまい、東京ボーイズがトリオからコンビに移行してしまったからだ。二人体制になってからひさしぶりに出番の高座に触れたとき、それまで置き物のように喋らなかった六郎が八郎と絡んでいるのを見て、びっくりしたものであった。当たり前の話だが、無口というのは演技だったわけである。

現在の東京ボーイズは八郎が喋って六郎がつっこむという形で高座が進行していく。かつての名物ネタも二人用にアレンジして使われており、定番となっているのが謎掛け問答である。「○○を謎掛け問答で解くならば」とウクレレを弾きながら八郎が独唱するもので、豊富な時事ネタが魅力だ。「最後に東京ボーイズを謎掛け問答で解くならば、種を蒔かない畑です。いつまで経っても芽が出ない」が落ちだ。

この「いつまで経っても芽が出ない」はもちろん芸人らしい自分を落とす笑いである。最後に自分を落とすことでそれまで喋ったあれこれをすべて帳消しにして去っていく、というのは笑いの基本形で、大なり小なりすべての芸人がやっていることだ。それがフレーズとして定番化しているのである。

ギャグとフレーズの別については、前の方で触れた小林信彦の以下の文章を引用させてもらいたい。

――なぜ、こんな初歩的なことを書くかというと、大阪の漫才師の中に、ギャグという言葉を〈キャッチ・フレーズ〉〈流行語〉の意味に間違えている人が見られるからだ。

「今年こそ、ギャグを作りたい」

とか、

「ザ・ぼんちはギャグを持っているからうらやましい」

などと、発言する漫才師がいる。

これは、

「今年こそ、〈流行語〉を作りたい」

「ザ・ぼんちは〈流行語〉を持っているからうらやましい」

の意味なのである。

だいたい、漫才は、ギャグを連発しなくては成立しないのに、「ギャグを作りたい」などと言われると、がっくりくる。［……］。「〈ギャグ〉という語の誤用」（『笑学百科』）

小林のこの文章は一九八一年前半に書かれている。THE MANZAIブームの時期である。これより古い日本人の文章でギャグとフレーズ（流行語）との誤用について触れたものを見た記憶がないので、小林が釘を刺したのが最初ではないかと思う。問題になるのが用語の誤用であれば「言葉というのは世の移り変わりで意味も変わるものだから」と小林に反論する人が出るかもしれない。だがこの文章で最も大事なのは引用最後の「だいたい、漫才は、ギャグを連発しなくては成立しないのに、『ギャグを作りたい』などと言われると、がっくりくる」の部分だ。さきほどの東京ボーイズの例でいえば、謎掛け問答で連発される時事ネタがギャグ、それを受けて最後に落とす「いつまで経っても芽が出ない」の部分がフレーズということになる。数々の時事ネタがあるから最後のフレーズが印象に残るのに、「いつまで経っても芽が出ない」の部分だけを定番ギャグとして取り上げてもまったく意味はないということだ。作っては捨て、作っては捨て、していくであろうネタこそが身であるのに、それを客に提供するためのわかりやすい皮に過ぎないフレーズを身だと勘違いしてしまうことの虚しさについて、小林は一九八一年の段階で察知し、警告していた。

ライブの場では新鮮な「身」を提供できない出演者には本来居場所がないはずである。ところが驚いたことに、寄席というライブ会場にはときおり、まったく鮮度のない干物しか提供しない芸人が出演する。漫談には「〇〇の穴」というジャンルがあって、流行歌のおかしな歌詞などを皮肉って客を笑わせる。それ自体はいいのだが、「最近の歌にはおかしなのがあるよね」と言って取り上げるのが最近どころではない懐メロだったりするわけである。そのアナクロニズムについては立川談志もしばしば失笑交じりに皮肉っていたが、さすがに最近の寄席にはこうした干物芸人の出番も少なくなっている。それでも私が寄席に通い始めたころにはまだ健在で、干物を通り越して化石としか思えないネタに客が同情の籠った笑いを送るのに悶え苦しんだりしたものであった。いや、今となってはそうした空間の生ぬるさも含めて寄席だと思えるのであるが。

自分自身ではほとんど使う機会がない言葉に「一発屋」がある。語義についてはいちいち説明する必要もないだろう。打ち上げ花火が一発で終わってしまい、あとは鳴かず飛ばずの芸人や歌手、作家などのことを指す。

話題を芸人に限るならば、この言葉が普通に用いられるようになったのは一九八〇年代以降ではないか、と私は考えている。きちんと精査したわけではない。前出のTHE MANZAIブームによってテレビに出演する人の顔ぶれががらりと変わった後、それ以前に売れていたが現在は落ち目の人、今テレビに出まくって売れている人を区別する笑いが一般化したのである。それを流行らせた土台は「ビートたけしのオールナイトニッポン」にある。時代遅れになっていることを気づかないキャンプな芸能人（村田英雄《むらたひでお》やポール牧《まき》）のズレぶりや、せんだみつおのような前時代の芸人がいかに落ち目か、といったことをデフォルメしてリスナーに伝える裏話的な笑いは、木曜深夜のあの番組がなければここまで広まらなかったはずだ。

一方で「ビートたけしのオールナイトニッポン」は、テレビの表舞台には出てこないレベルの芸人を発掘してその奇芸ぶりを笑うということもやっている。ホラッチョ宮崎《みやざき》なる怪芸人などは、この番組がなければ全国ネットに出演する機会など一生回ってこなかっただろう。もちろんその前に赤塚不二夫《あかつかふじお》や山下洋輔《やましたようすけ》がしろうと芸人だったタモリを拾って名前を広めた前例はあったわけだが、プロの参加するジャズ・セッションに飛び入りしてきたアマチュアが一夜にしてスターダムに上ったようなタモリの例とたけしの番組の例は根本のところが違うのではないか。テレビというマス・メディアの持つ傲岸さ、異常さに自覚的で、それを形にするのが一九八〇年代のビートたけしは抜群に巧かった。かなり乱暴な言い方をすれば、その後のテレビ芸人のありようさえも変えてしまったのである。

前置きが長くなった。山田ルイ53世という芸人がいる。髭男爵《ひげだんしゃく》というコンビを組んでいて、相棒のひぐち君《くん》と共にブルボン朝の貴族のようなコスチュームで現れ、何かやり取りをしては「ルネッサーンス」と合唱してワインで乾杯する、というのがテレビで売れたときの形であった。あまりテレビのバラエティ番組を見る習慣がない私でもフレーズと言葉の調子を覚えているというのは、露出が格別に多かったことの証拠だろう。もっとも、そのフレーズがいかなるギャグの後に繰り出されたのか、ということについてはまったく記憶がない。芸人に対して、たいへん失礼なことである。

山田は二〇一五年に『ヒキコモリ漂流記』という半生記を出して話題になった。小学校までは神童であったと自称する山田が名門中学に入っていかにつまずき、引きこもりとなっていかに雌伏の日々を送ったかが綴られた本で、すでに挫折しているということを認めないことに十代のすべてを費やした過去の自分と、子を持つ立場になって客観的にそれを見られるようになった現在の山田との距離の取り方に興味を抱きながら私は読んだ。

著者はまだ十代の屈辱を自身の中で消費しきれていない、というのが一読した感想である。本の内容として重く書きすぎることができないという事情もあるのだろうが、著者は過去を乗り越えたように見えてまだそこに囚われていて、持病のようにそれを引きずるしかないという自覚もあるのだろうな、という印象を受けた。過去の事件を扱うときの筆致は軽く書いているように見えて後味が悪く（たとえば所《ところ》ジョージ『成りさがり』〔広済堂出版〕などと比べると一目瞭然である）、糊塗し切れない心の闇が覗けて見えてしまう。それが私にはおもしろかったのだが、最も印象に残ったのは以下の文章だった。

――反面、僕が当時思っていたことといえば、いまだ「だいぶ人生が余ってしまったな～……」ということだった。持て余していたのだ。あまりに思い描いていたものと違う人生を、キチンと考えて生きる気力もなく、意味も見出せていなかった。［……］

僕は、誰とも同じ時間を過ごしてはいなかった。薄いガラス一枚隔てたパラレルワールドにいるような誰とも心の底からは嚙み合わない感覚が常にあった。

横に居ても横にはいない。

何となく社会復帰できたと思っていたが、まったく、順応できていなかったのだ。［……］

『ヒキコモリ漂流記』でもっとも真意が露呈しているのはこの文章だろう。二十代前半にしてすでに余生。その恐ろしさは、体験したことがない人間には実感が難しいはずである。このあと何十年も寿命は残っているのに、すでに社会に居場所がない。そうした人はもちろん山田以外にも無数にいる。山田のように、どんな形でも生き残ることに成功した人間は声を挙げて自分の感じた違和や孤独について語ることができるが、それに失敗すれば黙って消えていくしかない。ごく幸運な成功例であることを自身がいちばんよく知っているからこそ、山田は本を書いたのだ。

その山田の新著が『一発屋芸人列伝』（現・新潮文庫）である。《新潮45》二〇一七年一月号から一二月号に連載されたものが元になっており、第二十四回「編集者が選ぶ雑誌ジャーナリズム賞」の作品賞を授けられている。記者・編集者の互選で決まる賞で、芸人の連載が獲得したのはこれが初である。題名がすべてを語っているので改めて内容を説明する必要はないと思うが、平成になってからテレビに登場した「一発屋芸人」のその後について、本人のインタビューを元にして構成された内容である。全十二章に登場する芸人は、レイザーラモンＨＧ、コウメ太夫《だゆう》、テツａｎｄトモ、ジョイマン、ムーディ勝山《かつやま》と天津《てんしん》・木村《きむら》（コンビではないが、両者に共通する問題について一章が割かれている）、波田陽区《はたようく》、ハローケイスケ、とにかく明《あか》るい安村《やすむら》、キンタロー。、スギちゃん、髭男爵である。最後に髭男爵を持ってくるのは「自分を落とす」定石だろうが、『ヒキコモリ漂流記』を補強する内容でもあるので前著の読者は興味深いはずである。

感心させられるのは、山田が他人の芸を批評する眼の確かさである。これが生来の観察眼からくるものなのか、雌伏の時が養った（猿岩石《さるがんせき》からピンで売れる間の有吉弘行《ありよしひろいき》のように）後天的な能力なのかは、記述だけでは判断することができない。

たとえば、とにかく明るい安村の章では、その全裸芸が売れた理由をこう書く。

――ポーズを決めた瞬間、小気味よく響く「ヘイ！」の効果音は、言うなればツッコミの役割を果たしている。昨今は頭を叩いたり、練り込まれたフレーズでボケの発言を訂正するのが主流だが、本来、表情や語気、正確な〝間〟が伴っていれば、「おい！」の一言でも十分ツッコミたり得るのだ。

加えて、構成も秀逸。まず冒頭に披露する〝全裸に見えるポーズ〟で、「こういうことですよ」とネタの見方、ルール説明をする。一通りギャグをやり終えると、本日のダイジェストと称し、「ヘイ！」の連発で全裸ポーズを畳み掛ける。そのテンポ感は、ピン芸と言うより、良く出来た漫才、優れたコントを思わせる。面白いと同時に心地よい。

全裸である、という点で思考停止せず、それをパッケージとしてどう見せるかが安村の芸であった、という分析に至る。しかも後続の全裸芸人であるアキラ100%との差異についても言及があるのだ。こうした形で全十二組の芸人について長所と短所がわかりやすく呈示されるのである。取り上げられた芸人に意見を聞いたわけではないが、山田の分析に異を唱える者はいないのではないだろうか。安村の場合は長所についての分析であったからまだいいが、「なぜこの人は売れなくなったのか」について残酷なほどに端的に綴られた箇所もある。波田陽区の章の、このくだりを見てもらいたい。

——皮肉にも、ギター侍は、売れていない方が面白いという構造的問題を孕んでいたのである。[…]

駆け寄って来た連中を正面から堂々と袈裟斬りにしていたが、人気が凋落すると、離れて行く人間を背中から斬り付ける格好に。もはや辻斬り、いや追い剝ぎである。笑えない。

本書の中で最も違和感を覚えたのは、テツａｎｄトモについての章だった。山田の分析が違うと感じたのではない。ここにあるような価値観でテツａｎｄトモという芸人を考えたことがなかった、という自分にとっての発見である。

山田はインタビューに当たり、編集者が準備した各芸人の個人史年表を読み込んでいるといい、それを踏まえてテツandトモは「〝苦節な〟風貌と芸風」ゆえに苦労人と見られがちだが、コンビ結成から半年で「なんでだろう♪」に行き着いた早期完成型の「スーパールーキー」だった、と断定する。そして二人の「なんでだろう♪」は「『今まで誰も言語化出来なかった』とか『痒い所に手が届く』といった昨今主流の、重箱の隅を『突き破る』ようなあるあるネタ」ではなく「万人を分け隔てなく楽しませてくれる」「浅さと広さ」こそが強みであると指摘するのである。そして、そうした「深さ」のないネタが成功し続けている理由を、各営業先における綿密な取材と結論づける。徹底的な現地取材によってその場に来てくれている人を楽しませる、持ち時間すべてを使って密度の高いステージを作り上げる、という点にテツandトモの強さがあるというわけだ。

この客本位のありようは、実は寄席芸人の基本と言っていい。だからこそテツandトモは立川談志にも好かれたのだろうし、テレビによる広報を必要とせずとも営業の口に事欠かないわけである。

実は、「一発屋」という言葉の一般的なイメージからはテツandトモのようなライブを重視する芸人が売れる理由がすっぽりと抜け落ちている。「一発屋」にもっとも近いイメージは「昔の名前で出ています」であり「都落ち」だろう。しばしば演歌歌手が、「紅白に一回出ればその歌だけで食っていける」と揶揄されるのがまさにこの意味だ。しかし、テレビで売った顔と名前でずっと食っていく、という生き方が芸人（芸能人）のすべてであるはずがないのである。テレビというメディアが肥大化した時代だからこそそう思われていただけであって、本来自分の持つ芸を周知する方法はそれに限らなかったはずだ。近年の

YｏｕＴｕｂｅｒと呼ばれる人々の台頭はメディアの多様化に伴う必然である。芸人の自己表現の場が寄席からテレビに移ったという過去と、テレビからYｏｕＴｕｂｅへの移行は意味として同じだ。となれば、テレビ至上主義という束縛を外し、寄席、もしくは営業を主舞台とする芸人の生き方も肯定すべきだろう。『一発屋芸人列伝』の中でテツａｎｄトモの章だけがやや浮いている。山田もそれはわかっていたはずで、「営業という都落ち的な印象があるが、テツａｎｄトモはそうした偏見を覆した画期的な芸人である」という流れが論の基調になっている。一発屋芸人という括りの中でテツａｎｄトモを扱うためにはやむをえない対応である。「テレビで露出が増えるのが芸人にとっての売れる道」という王道の方程式があるのは確かであり、それを否定するのは現実的ではない。したがって「なんでだろう」しか一般に売れたネタのないテツａｎｄトモを一発屋の括りに入れること自体は否定すべきではないのである。しかし、そのとき一発だったのはテツａｎｄトモの「なんでだろう」というフレーズ、もしくは包み紙だったのであり、そこに詰め込まれているギャグではなかったのだ、ということも意識したほうがいい。

結局のところテレビの持ち時間で披露でき、視聴者の印象に残るものはフレーズにすぎない。そのことを「ルネッサーンス」で味わった山田は熟知しているはずである。それゆえに安村のような、包み紙よりもその中身や芸進行のプロセスを重視する芸人を高く評価するのであり、波田陽区のように流行語のみを武器とする芸人の脆さを危ぶむのだろう。

本書で山田がさまざまな芸人のフレーズ（テレビのために準備されたパッケージと言ってもいい）を検討している背後には、自身に対する不安感があるはずである。髭男爵というパッケージのみで売れる段階を通り越したことをよく承知しているからこそ、ではフレーズに頼らないギャグとは何か、という問いが山田の中にはあるのではないか。冒頭に挙げた東京ボーイズは、いかなる語意においてもテレビ芸人ではなく、ギャグのみで勝負する芸人の典型である。たとえば彼らのような寄席芸を、山田ならどのように評価するか。

かつて引きこもりとして長い雌伏の時を過ごし、社会からはみ出して早すぎる余生に足を踏み入れかけた。そうした生き方をした人間だからこそ、将来に対する不安と恐怖は絶大なものがあるはずだ。ルポルタージュという形式を用いて、山田は自らの未来予測図を描いたのである。

エピローグにおいて山田は、本書を一発屋芸人たちの墓標ではなく、再生に向けた狼煙《のろし》として読んでもらいたいという意味のことを書いている。まだ死にたくない、死ぬわけにはいかない、という猛烈なあがきがそうした形で言い換えられているのだ。大丈夫、山田ルイ53世は立派に力強く生きている。

有吉弘行『お前なんかもう死んでいる』

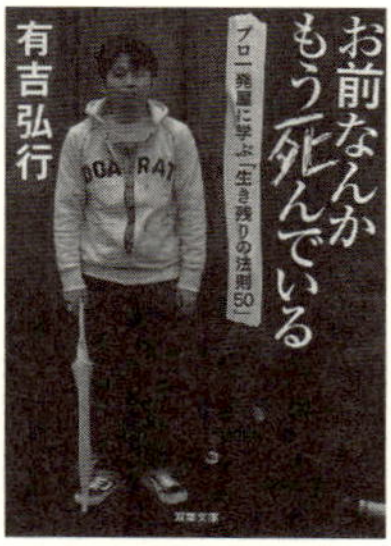

現・双葉文庫／2010年

ふと思い立って有吉弘行の著書を買って読んでみた。

なぜ有吉の本を読もうと思ったのかは忘れてしまった。何かの番組で見かけて関心を持ったとか、たぶんそういうことだったと思う。きっかけは重要ではない。

二〇一〇年に単行本で出た『お前なんかもう死んでいる』が双葉文庫に入っていることがわかったので、さっそくそこから読んでみた。

びっくりした。

言葉が力強いのである。実際に自分で文章を綴っているかどうかは判然としないが（巻末クレジットに『構成』の二文字があったら、普通聞き書きを疑うものだ）、言葉は間違いなく有吉弘行本人のものであろうと確信できる。

他人の手が加わったときの、あやふやさがまったくないからだ。

たとえば、「〝恐怖の午後4時電話〟で毎日体が震えていた!!」という見出しの文章を見てみよう。

改めて説明するまでもないだろうが、有吉は猿岩石のコンビ時代、一九九六年に日本テレビ系のバラエティ番組「進め!電波少年」で行われたヒッチハイク企画に出演し、時代の寵児といっていいほどの人気を獲得した。しかしそれは一過性のブームでしかなかったのである。仕事は激減し、多いときには二千万円だったという収入がゼロになる月さえあった。ブームの直後、猿岩石の二人はそれまで月給制だった事務所からの収入を、歩合制に切り替えていた。貯金を食い潰し、いつ入るかわからない仕事に備える日々が続く。

気の毒なことに、有吉の所属する太田プロでは午後四時という決まった時間に芸人が自ら事務所に電話をかけ、翌日の仕事の確認をするという決まりがある。電話をかけ、「仕事がない」ことを確認するだけの日々。前日どんなに深酒をしてつぶれていても、午後四時になると電話をかけなければいけない決まりだ。金曜日には土日月の三日分。そこで仕事が入っていなければ、三日間の孤独な生活が決まってしまう。

――不思議なもんで、仕事があることには慣れるんですよ。でも、仕事がないことには慣れないんです。「またないのか……」ってどんどん追い込まれていきます。確実に絶望します。

ある日気付いたら僕、午後4時になると、体が震えるようになってました。事務所に電話しようとすると体が震えるんです。「また今日も〝仕事ない〟って言われるのか……」って思うと恐怖で震えてくるんです。自分でもどうしようもないぐらいに震えてました。

その恐怖の日々は七、八年続いたという。

『お前なんかもう死んでいる』は、そのようにして地獄を見た芸人が自らの経験を元にして書いた、現代を生き延びるための書である。語り手は芸人だが、そこで書かれていることに特殊性はない。誰にでも等しく当てはまる内容だからだ。言っていることはひどく真っ当である。稼いだからといって気安く贅沢をするな。貯めろ。いい気になって自分を大きく見せようとするな。むしろ小物のように見せておけ。努力すればするだけ報われるなんて嘘だ。効率よく、ここぞというときだけ力を入れるようにしろ。夢なんて見るな。フリでもいいから、夢も希望もないんですって言うようにしておけ。そのほうが失敗したときに傷つかずに済むんだから……。

などなどと。

いわゆるポジティブ・シンキングとは正反対の姿勢について、わかりやすい言葉や例を使って有吉はどんどん語っていく。

傑作だ、と思ったのは「お前らなんかが言ってる『やりがい』は〝金物屋のババアの手芸品〟だ!!」の文章である。有吉曰く「金物屋のババアは『やりがい』とか、『向いてない』とか言わないですから」。そういうことと関係なく金物屋は存在し、日常生活で発生する最低限の需要を満たすだけ、という状況が常態となっている。「やりがい」は無駄なのだ。

――なかにはちょっと「やりがいを見つけよう」なんて思って、売りもののタライに、「使いやすくて水もよく溜まる」とか、一生懸命ポップつけたりしちゃうと、「タライにポップいらねーよ!」ってあっさり否定されちゃうし。ちょっとやる気出して、自分で作った手芸品とか、紙粘土で作った人形とか店先に置くと、「何コレ?」って笑われちゃうし。「お前は金物だけ売ってればいいんだよ」っていう、やる気とかやりがいとか出しようがない状況ですから。

その手芸品とわれわれの「やりがい」は同じだというのだ。わー、無駄だなあ、無駄。

「やりがい」（もしくは生きがい）と「やる気」は、世の中を元気にするための賦活剤《ふかつざい》として無条件に肯定されることが多いものだ。その背景には、個人が充実し、元気になればその効果は周囲に波及し、果ては社会全体に影響を及ぼすだろうという楽観主義がある。やればやるほどプラスの効果が生まれるのであれば、世の中は「足し算の論理」だけで動いていくことになる。装飾バンザイ社会だ。たとえ元がゼロであっても、その上に何かを足せばたちまち正の効果が生まれることになる。広告代理店の論理というのは、つまりそういうものである。ついでに言えば、ヤンキーの「気合」や「愛」も似たようなものだろう。大事なのは中身ではなく、そこに足すものなのである。

だが裏返しにしていえば、足し算の論理はあっという間に負の構造を生むだろう。個人に元気がなければ社会全体も落ち込む。社会に元気がないのは個人のせい、という悪夢の論理である。ここで重視されるのは「根性」と「がまん」だ。つまり「自己責任」でなんとかせい、というわけである。一見夢いっぱいに見える「足し算の論理」には、そういう目に見えない負債のおまけがついている。個人と社会はどこまでもくっついているという、ひもつきの構造である。

実は有吉の言っていることは、この嫌なひもを切ってしまえということなのだ。

俺は俺、おまえはおまえ。いくら困っていてもおまえは俺と関係ない。俺はおまえを利用するけど、それはあくまで「利用」であって「つながって」なんかいない。もっといえば、俺は俺で社会とはなんの関係もない。

そういう認識で、個人の責任で完結しうる現実主義を貫き通せと有吉は言っている。甘い言葉に騙されてそこから踏み出しても、誰も救ってくれないんだよ、と。一度は世の中から見放され、どん底の悲哀を味わったことがある人間だから、こういうことを言う資格がある。他人の言葉に耳を貸さず、自分なりの基準を作らなければいけないのだ。

――僕思うんですけど、「1日1万円もらえる仕事」がやりがいある仕事だと思うんですよ。肉体労働系の日雇い仕事でも、「有吉、今日の仕事、1日1万だぞ」って言われたら、「やりがいあるな！」って思いますね。

1日1万円って遣いきれないですからね、普通に生きてる分には。なんなら1日5千円でも十分に生きていけるぐらいですから。そこで1万円っていうと、結構な金だっていうことです。［……］1日8時間だとすれば、「時給1250円」。時給1250円がやりがいの基準なんです。

この本が胸に迫ったのは、私のライターという職業が有吉の芸人というそれに似ている面があるからだろう。フリーライター、略してフリーターである。同じように日雇い仕事で、一年後の未来なんて見えない職業だ。しかしそれだけではなく、現代を生きる人すべてに共通する要素はあるはずである。芸人のタレント本だと思わず、人生指南書の一種だと思って読んでみるといい。総理大臣が交代し、もしかすると景気が上向くかも、なんていう甘い期待が胸に忍び込んできたときには、特に一読をお薦めしたい本である。

景気が上向いても、おまえが死んでいるという状況は変わらないから。
と有吉が言っていました！

ちなみに有吉にはこの他に三冊の単独著書がある。1『オレは絶対性格悪くない！』（太田出版）、2『嫌われない毒舌のすすめ』（ベスト新書）、3（本書）、4『毒舌訳　哲学者の言葉』（現・双葉文庫）の順番に出たのだが、やはり3の本書がいちばんおもしろく、読む価値がある。1は「毒舌」「あだ名つけの名人」というキャラクターに乗っかったファンブックでおもしろいのだが（巻末の上島竜兵《うえしまりゅうへい》との対談が特にいい）、有吉を大好きな人だけ読めばいい内容である。次の2は処世術の本、4は格言集でそれぞれ読みどころはあるのだが、それほどの一般性はないように思う。明らかに本書のときだけ、有吉の力の入れ具合が違うのである。

——実際、芸人でも売れてるヤツほど努力してないと思います。ある売れっ子の芸人さんが僕に言ったのが、「タレントって楽やろ？　本気見せるの1年のうち1回ぐらいで十分やんな」って。確かに、その1回がバシッとハマると、あとはそこそこでも仕事って来るもんなんですよね。（『運』には絶対かなわないから仕事で努力しても無駄だと思え!!）

なるほどねえ。

千原ジュニア『すなわち、便所は宇宙である』

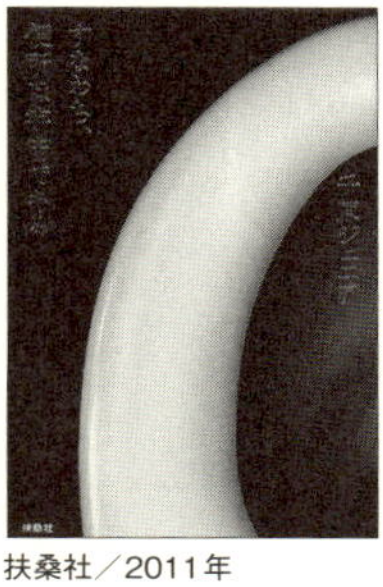
扶桑社／2011年

芸人本の中には一見さんお断りで内輪向けに書かれたファンブックがある。そうではなく普遍性を獲得した作品もある。前者は批評を必要としない本であり、ファンではない人が読んでつまらなかったと怒るのは筋違いだ。その代わり、広く誰にでも薦められるものではないので、後に残ることはない。ブックオフの均一棚に置かれるのが似合うのはそういう本である（申し訳ないが、ほとんどの芸人本はこっちです）。後者となると少し事情が違って、その芸人のファンではない人間にも読まれることになる。広く響きわたるべき内容を持っているからだ。できればこの連載では、そういう芸人本を中心に採り上げていきたいと考えている。

今回読んだ千原ジュニア『すなわち、便所は宇宙である』『とはいえ、便所は宇宙である』（扶桑社）もやはり批評を必要とするタイプの芸人本であった。

ご存じの方は多いと思うが、これは《週刊ＳＰＡ！》の好評連載をまとめた本である。千原ジュニアは自室のトイレにノートを置いており、そこで思いついた言葉を書き記す習慣があるというのである。その言葉を紹介し、ジュニアの便所における思索の過程を開陳するというのが連載の趣旨だ。語り口調は易しく、親しみやすい。私の苦手な（笑）が多用されているのは、おそらく著者がテレビで視聴者に向けて話しかけるような呼吸で文章を綴っているからではないだろうかと思う。なので連載一回分の量だとつい読み飛ばしてしまうのだが、一冊にまとまると文章は違った表情を見せてくる。するすると流れるのではなく、潜行する方向へと読者を導き始めるのだ。

私が特に惹かれたのは、言葉遊びに関する数々の章だった。これは二つに大別できる。一つは千原が誰に見せるでもなく行っていた一人遊びを公開するものだ。文字通りの気ままな思索を人に見せているわけである。ジュニアがこれを言葉の「甘噛み」と呼んでいるのが実に言いえて妙だ。まるで性欲の口唇期を思わせるネーミングにエロティックな雰囲気さえ漂ってくる。「甘噛み」の例を一つ紹介しておこう。「アカサカマサヤの気持ち良さ」の項では、こんな風に言葉に淫しているのである（『とはいえ』）。

――この前、便所でふと思ったんですが、メールを打つ際に母音のAだけで済む名前の人ってめっちゃ気持ちいいんですよ。例えば、アカサカマサヤ。これだとメールを打つときに全部一発でいけます。あと、ほかにも考えてみました。

ハラマサタカ
ヤマカワタカヤ
ナカヤマカナ

タナカサヤカ
めっちゃ気持ちええやん（笑）。

これを書いている私はローマ字入力でA音を打つたびに左手小指を駆使することになり、残念ながら親指一本で済ませられる携帯メールほど「気持ち良く」はないのだが、この淫する感じは十分に理解できる。字面だけ見ていると、懐かしのハナモゲラ語みたいでもありますね。

遊びは遊びでも、こうした感覚が自分の中だけではなく外に向けられるようになると少し事情は変わってくる。言葉遊びに関する二種類目の章では、芸人として日々「大喜利」について考え続ける千原が、いかにお題を作り、それにどのような返しをするのかを大胆にも公開している。「大喜利はお題を作るほうが難しい」（『すなわち』）というのは真理をついた言葉で、大喜利に限らず禅問答から入学試験のような四角四面なものまで事情は同じことだろう（大学教員でもあった作家の森博嗣に、そのことを書いた『臨機応答・変問自在』『同2』という著書があって、集英社新書から刊行されている。お薦め）。自分一人で楽しむだけではなく「お客さん」という不特定多数の対象にそれを共有してもらおうと思った途端に、言葉は不自由なものとして話者を縛るものになってくるのだ。

ジュニアはこの共有ということにおもしろいくらいに固執する。言葉の一つに含まれる意味の分量は人によってまちまちだ。だからある言葉に対して過敏に反応する人がいれば、まったく動じない人もいる。その個人差が少なければ少ないほどマスに向いた言葉ということになる。だが、マス向けの言葉だけで綴った大喜利がおもしろいかといえば、そんなことはないだろうと笑いの素人でもわかる。いかにマスとの接触を絶やさず、同時に自分だけが持つ言葉のセンスという不自由な感覚を保持し続けるかということが芸人にとっての勝負どころなのではないか。

近すぎる言葉が「くっつく」ことや、あまりにもわかりやすすぎる言葉について、本書でジュニアは再三のダメ出しをしている。それが「ほにゃらら」の否定といったことにつながるのである。「ほにゃらら」というのは、一個所が隠されたフリップに書かれた文章を読み上げる際、伏字になっている部分を言い換えるときに誰もが言うアレだ。しかし千原は、「よく考えてみればこの『ほにゃらら』という言葉は、どえらい発明」なので「発明した誰かがおる」はずで無断では使うのはよくないのではないか、と急に気になってしまう。本番三分前という緊迫した時である。急いで「ほにゃらら」に近い完成度で、しかも「替えたことに誰も気づかないぐらいにスーッと耳に入ってくる言葉」を探さなければ、と必死の語彙捜索活動を開始してしまう……。

まことにハラハラさせられるが、こうした「言語中枢の加圧トレーニング」によってしか鍛えられない部位が芸人脳にはあるのだろう。おそらく同じような無駄なトレーニングを、言葉やイメージを操る職業のプロは全員が日常的にやっているはずだ。そうしたプロフェッショナルたちに数々のヒントを与えてくれる本でもある。

『すなわち』『とはいえ』の二冊の中で、もっとも現場のルポルタージュに近く、一般読者からは遠いところにあるのは「難しい話」の項だろうと思う（『とはいえ』）。「ちょっと気を引き締めないと喋られへん」と自戒する仕込みの多い話で、読み返すことが可能な文章での表現でも大変なのだから、これをライブで話すのはさらに難しくなるはずである。文章表現で言えばこれは「いかに伏線をさりげなく置くか」という問題につながってくるはずである。

もう少し理解しやすい話が「すべてはバランス」の項で紹介される（『とはいえ』）。ここではジュニアは最近の携帯電話の色味が「オーシャンブルー」「パールホワイト」「ピアノブラック」といった形容詞句を伴うものになっていることを利用したコントの例を挙げている。それを笑いに転化させるとすれば「ケータイ屋」の話では設定が近すぎる。ではいったいどの程度離せばいいのか、というのがつまり「バランス」なのだ。

これとは別に芸人なりの観点から世の中全般の出来事を評価しなおすという項もあり、たとえば「出来る運転手は札の向きが揃ってる」（『すなわち』）ではタクシーのシステムに対して疑義を呈している。だってタクシーって「客を早く届ければ届けるほど料金は安い。速いルートを選んだ分だけ運転手の取り分が少なくなる。つまり、運転手は努力しないほうが儲かる」というものだからだ。自明に見えることをあえてひっくり返し、「普通ではない経路」から別の結論を導こうというやり方は、逆説のレトリックを駆使しているのである。こんな具合で、対象となるものに対する言葉の選び方や、そこにたどりつくまでに走る距離を変化させることによってさまざまな笑いの機会が生まれるのである。逆に言えば、それをしない芸人は消えてしまってもしかたがないということだ。

「大喜利」芸人としての千原ジュニアが、どの程度条件反射が鋭いのかは以下のようなエピソードで知ることができるだろう。ジュニアは二〇〇一年にバイクの事故で死にかけた。幸い命をとりとめＩＣＵで治療を受けているとき、ある構成作家が見舞いに訪ねてきたのである。見舞いの品代わりに持参したのは大喜利のお題。千原ジュニアの脳が事故後も正常に動いているかを確かめるためのものだった。

お題は「見舞いに来た人たちが次々と帰っていきます。それはなぜ？」。

ジュニアがフリップに書いた答えはこうだった。

【ハンモックで寝ている】

くりかえし書いているように、言葉遊びの部分がおもしろく、また自身の「言語中枢の加圧トレーニング」にも益するところがあるのではないかと思いながらこの二冊の本を読んだ。上に書いたようなこと以外にも「あらかじめ準備した方向へと話を誘導し、確実に落とす技巧」や「芸人に必要とされる態度や挑戦の精神」などについて書かれた個所はたいへんにおもしろかったのである。週刊誌連載なので「２０１１年は外に出て行く」というような決意表明がなされ、それが実際にはどうなったのか確認されていくというう同時進行の企画ゆえの読みどころもある。いろいろな要素があって網羅しきれないし、実際に読んでもらわないと、抜粋紹介で伝えてしまうのはもったいない個所も多々あるのである。特に後輩芸人について書いた「カリカ林《はやし》」（『とはいえ』）の項の幕切れの鋭さは必読ものだ。そうか、そうくるか、とアドレナリンが噴出するような思いがした。まあ、読んでください。

なお、単行本にはおまけがついており『すなわち、便所は宇宙である』には先輩芸人である水道橋博士、『とはいえ、便所は宇宙である』には放送作家の鈴木《すずき》おさむとの対談がそれぞれ収録されている。実は博士との対談のほうには、これまで延々と綴ってきた本書の美点が、わずか三つの言葉で要約されているのである。それを紹介してしまえば原稿は一気に書き終えられて楽なのだけど、あえて遠まわりしてみました。こういうのが自分なりの「言語中枢の加圧トレーニング」なのである。

若林正恭『社会人大学人見知り学部卒業見込』

オードリーの若林正恭《わかばやしまさやす》にはつきあっている彼女がいないのだそうだ。

『社会人大学人見知り学部卒業見込』は、彼が雑誌《ダ・ヴィンチ》に連載した原稿をまとめた単行本である。これは編集者から直接聞いたのだけど、連載中には長くなってしまって規定文字数を超えてしまった回もあり、それを単行本では旧に復しているなど、雑誌掲載分とは異同があるのだという。そういえば、回によって長さがまちまちだね、これ。

現・角川文庫／2013年

彼女がいない、という話はところどころに出てくる。またあれか、芸能人にありがちな「もてないんです」アピールか、最近はアイドルだけじゃなくて芸人までカマトトぶりやがって、と反感を抱いてしまった人は、ちょっとここを読んでもらいたい。

——その時その場にいた女性が「でも、自信のないダメ男好きの女っていうのもいるからねー」と言った。一筋の光が射し込んだ。

「そんな女神のような人がいるんですか⁉」

「いるのよ、私がいなきゃダメだからって思うのが好きな女が」

「あー、でもダメだ。『私がいなきゃダメ』とか言われたらなんだてめぇって思っちゃうから」

「うん、救いようがないね」(「男の恋愛に必要なものは？」)

ね。あー、彼女いないというのは本当なのかもしれないな、と思えてくるでしょう。

過剰な自意識をどう乗りこなすか、ということは本書の中では重要な主題になっている。スターバックスで「トール」と注文するのが恥ずかしい。TSUTAYAでAVを借りるのは平気でも、タイ料理屋でフォーを頼むのに「パクチー抜きで」と注文をつけることはできない。自分にできることとできないことの区分けが厳然として存在し、そこからはみ出すことが難しいのである。自分自身で分析しているように、若林には芸人として売れなくて貧乏生活を強いられながら二十代までの時間を過ごしてきた体験がある。貧乏で他にすることがなければ、自分自身と向き合うしかない。鏡の中の自分がいちばんの話し相手になるのが貧乏生活というものなのだ。

そういう修行僧のような日々で培われた自意識過剰なのだから、そりゃ抜けないわ。

本書には、いわゆるネタについての談義は出て来ない。人を笑わせる技芸について触れられた個所はごく僅かで、若林が盲目の駆け出し落語家の修業生活を取材した体験を書いた章ぐらいである。

では本書に芸談が皆無なのかといえばそうではない。「自分がしないこと、できないこと」というネガティブな形で、芸人のありようについては十分に触れられているのである。たとえばグルメ番組に出るのが難しい。なぜならば自分が「グルメじゃない」ので、高価な料理を味わったあとの感想を言うことができないからである。豪邸訪問などのレポーターをやれば「有名人がどんなに豪華な家に住んでようが興味がない」と身も蓋もないことを言いそうになってしまう。

ゴールデンなどの浅い時間帯に出ているときに「自分らしく」振る舞うことは難しく、どうしても深夜のラジオ番組でパーソナリティを務めているときとは別の対応を求められることになる。問題になるのは自分らしさなのだ。自分というものは無視するにはあまりにも巨大すぎ、持て余すことになる。売れない時代のオードリーは、現在とは逆で若林がボケ、春日《かすが》がツッコミ役だったという。若林は「ダリのような細いひげを生やし、世の中のことを鋭利な角度からガンガン突っ込んで暴いてやるのさ！」と意気込んでいた。しかし客にはまったく受けず、売れないのをどんどんこじらせていくことになる。

——相変わらず何も起こらないので、「俺らにしか出来ないことを！」と高校時代アメフト部であったことを活かして、二人でアメフトの格好をして舞台上でただただぶつかっているということをやった。お客さんはぶつかった時の音に引くし、そして、何よりもヘルメットで顔が見えなかった。アメフトの防具を持って帰宅する時にぼくは首をかしげた。人を笑わそうとしているのか、みんなと違うことをやっていると言われたいだけなのか、わからなくなったからだ。（「穴だらけ」）

御しがたい自分があるというのは本当に厄介なことである。自分がいるばかりに自分が困る。そういう体験をしたことがある人は、本書を読めば必ず共感を覚えるはずだ。また周囲に「こじれた人々」がいたら、この本を読ませてやるといいのではないかと思う。そういう人間は「若林ごときのこじれ方ではまだ甘い」とか言いそうだけど。そうなったら放置するしかないんだけど。

「仕事量よりも幼稚な自意識が揺さぶられ続ける毎日」に疲れ果てた若林は、ある日ついに決意する。

——あー、めんどくさい。俺はもう星も齧るし、大袈裟に笑ってやる。己の矜持のようなものを徹底的に雑に扱ってやると決心した。ぼくが憧れていたスーパースターはみんなきっとそうしないだろうが、だってもう、めんどくさいから。

家に帰ってカバンの中の談志師匠のブロマイドを引き出しの奥のほうにしまった。

やってみると道が開けて楽しくなることを知るのはそれからずっと後のことである。つまり最近である。（「大人になったね？」）

談志のブロマイドを引き出しにしまった、というのが、いい。

本書収録原稿の連載期間は二年半に及んでおり、当然だがその間の心境の変化なども文章には表れている。懇意にしているディレクターから出演するそれぞれの時間帯で自分のありようを分けたらどうか、とアドバイスをされて目から鱗が落ちる。平《ひら》野《の》啓《けい》一《いち》郎《ろう》『ドーン』（現・講談社文庫）に登場する分人《ディヴ》の概念になぞらえて理解するのが、純文学と新書以外の本を読まないと公言している著者らしい。また、打ち合わせ会議でどうしても言えなかった思いつきを後から作家に電話で聞いてもらい、いいアイデアだが、こういう電話は好ましくなく、できるだけ会議で言った方がいい、派閥を生んじゃうことがあるから、と忠告されて『社会人のルールとマナー』という本を買って勉強しようと思う。そうやって社会人としての経験を積みながら少しずつ成長していくさまを、若林は率直な文章で読者に伝えていくのである。人間が変わっていく過程というのが如実にわかる作品というのは珍しいので、まったくオードリーというコンビ、若林正恭という芸人に関心がない人が読んでも、この部分は興味深いのではないか。

本の最初と最後では明らかに変化がある。あれほど忌避していた高級店の料理も（「飯に困らない国の道楽だな」という言い草がひどくて素晴らしい）、孝行をするつもりで両親を高い店に連れて行き、たいへんに喜ばれたことから「美味しいものの力」というものがあるということには納得するようになる。本当に嫌だった大人数での飲み会も、「あれはおじさんが楽しむためのものだ」と納得したらそんなに辛くはなくなった。

大人になったのである。しかし若林はこっそり独白する。大人になったのはいいことだ、これでどれだけ助かることか。わかっていながら、しかしそれでも呟いてしまう。

——散歩しながらニルヴァーナを聴いても、公園のベンチで『ヒミズ』を読んでも以前のように心がざわつかない。

ざわつかない代わりにぼくの心の真ん中には「穏やか」が横たわっている。

心の健康状態は良い。

だけど、空虚だ。

大好きなおもちゃを取り上げられた子どものような気分だ。

みんなの言う通りではあったが、みんなの言う通りの世界は面白くもなんともない。(「『穏やか』な世界」)

わたくしごとで恐縮なのだが、二〇一三年一月に『僕のきっかけ』(メディアファクトリー)という本を出した。

映画『ひまわりと子犬の7日間』のサイドストーリーという扱いで、サブキャラクターの一也という青年が主人公である。彼は上京して挫折を味わい、宮崎県に戻ったという設定になっていて、ちょっと鬱屈した感じを映画初挑戦の若林正恭が好演していた。映画の主人公は堺雅人《さかいまさと》演じる先輩職員なのだが、若林を中心に据えた別の物語を、というのが編集部のオーダーだった。全体の話は映画脚本に沿っているのだが、彼の上京時代など、私がオリジナルで付け加えた部分が半分くらいある。

その脚本を読んだとき、私は一也の一人称を「俺」にしようと思った。直感である。挫折を味わった青年には「俺」がふさわしいはずだと考えたのである。

しかしその案を編集者に言うと、「うーん、一也はやはり『僕』が似合うと思うんですけど」と反対された。一人だけではなく複数の編集者が同じ意見だった。そうかな、と思って脚本を読み返してみると、なるほど「僕」でもいけそうな気がしてきた。「俺」のとげとげしさを出すことができず、内にこもった「僕」である。結果的には、その文体でよかったと思う。自分で言うのもなんですが、『僕のきっかけ』はおもしろいはずです。

「俺」と「僕」。その差についてずっと気にかかっていたのだが、本書を読んでようやく腑に落ちた。若林正恭という芸人を見る人は、彼を「僕」として認識する。自分をこじらせ、その大きすぎる自分を外に出すことができず、鬱々と自分という殻の中で悩んでいる。そういうキャラクターにふさわしいのはやはり「僕」だ。

しかし実は若林正恭という人の中にはいまだに飼いならされていない「俺」が存在するのだ。「俺」はカート・コバーンを聴き、飽食の日本文化を罵り、外面《そとづら》よく振る舞おうとする「僕」に憎悪を抱いている。そうした顔がちらりと覗けてしまえる瞬間があったからこそ、私は一也というキャラクターに「俺」を当てはめたくなったのだろう。
いいぞいいぞ。
なんだか知らないが若林正恭という芸人はすごくいいぞ。
できればこのままずっと、彼女なんかできない、要らない男のままでいてもらいたい。
だって彼女なんて、傍にいたらきっとズバッと切られるぞ。

東野コージ（幸治）『この間。』

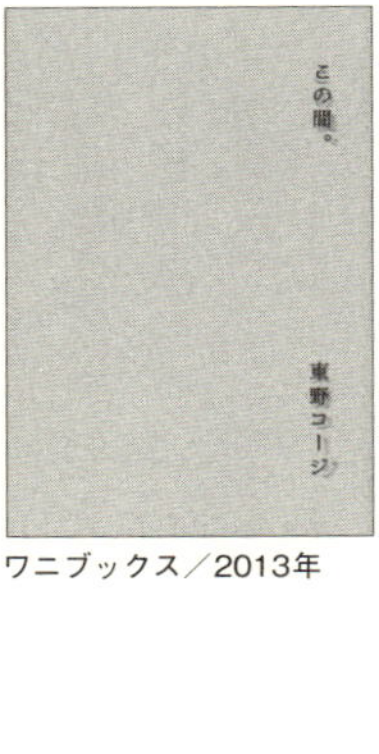

ワニブックス／2013年

「マジギライ界のパイオニア。女子供に容赦しない。時に女にゃ手も上げる。日曜8時の『ごっつ』で嫌われ、以来、嫌われ芸歴二十五年。走って泳いで自転車乗って、汗流して嫌われる。ファンは全員中年男性。Mr.好感度ピンポイント芸人・東《ひがし》野《の》幸《こう》治《じ》さんです」

これ、東野幸治が深夜番組「ゴッドタン」の「マジギライ」というコーナーに出演したときの紹介文だぞうだ。「マジギライ」は何度か観たことがあるが、五人の中からゲストを嫌いな女性タレントを一人選ぶという、往年の「ほんものは誰だ」のような内容だったと記憶している。

失礼ながら笑ってしまった。すごいな、東野幸治。

『この間。』は、芸人がブログやＴｗｉｔｔｅｒを始めることの意味を考えるためにあるような本だ。東野幸治は二〇一一年一二月二日に、翌年の同月同日まで最低一年間は続けたい、と宣言してブログを開始した（ブログ用の名は、東野コージ）。動機は、ｉＰａｄ２を入手したのを契機に自身をＩＴ化しようと思い立ったことだという。東野にはそうした「デジタル」とは程遠い「アナログ」の印象があり、Ｔｗｉｔｔｅｒを始めた際には後輩芸人の桂三度《かつらさんど》から、「俺の知っている兄さんは、絶対にＴｗｉｔｔｅｒなんかする人間じゃない！」と偽者扱いされ、しかも「これを正解したら東野さんだと認めよう」と本人認証クイズまで出されてしまった（敗退した）。

そんな人が、突然前触れもなくブログを始めた、と。

当然といえば当然なのだが、同じ芸人についての見聞記や身辺の話が多い。笑《わら》い飯《めし》の西田《にしだ》は「金属アレルギーのため、社会の窓は開けっ放し」だとか出川哲朗《でがわてつろう》が「奥さんにオムライスを作ってもらったら、ケチャップで「ＫＩＬＬ　ＹＯＵ」と書かれていた」とか、そういう話。

その中で異彩を放つのはやはり板尾創路《いたおいつじ》に関するものだ。凄いな、と思ったのは板尾が野球ゲームのファンで、しかもＣＰＵ対ＣＰＵの試合を観るのが好き、という話。当然ながらＣＰＵはエラーなどしないので、「東野見てみ。こいつら上手いねん。オモロいわ。何試合でも観れるわ」と悦に入るのだという。

たしかにおもしろいのだが、その芸人の私生活を知りたくなければ、いやそもそも芸人自体に関心がなければ、まったく顧みられないような内容だということもできるだろう。なぜブログなのか、という回答はそこにはない。

最初期の記事にこんな記述がある。

――私は変わってしまった。昔は「白い悪魔」と言われて調子に乗っていました。一緒にラジオ番組をしていたアイドルが連れてきたワンちゃんを敵意むき出しで睨みつけていた私は、ここにはいません。[……]許してくれ、数少ないファンの皆！　私は、あちら側に行っちゃったよ。（二〇一一年一二月四日）

――悪口は人を傷つけるんだよね。ネガティブ発言からはハッピースマイルは生まれません。おじさんは四十五年かかって、やっとベッキーのところまで、たどり着きました。「ヤッホー！」ベッキーってこんな景色を普段見ていたんだね。（二〇一一年一二月五日）

後の方の記述にはそこはかとない悪意が感じられるのだが、その後も特に毒を吐くわけではなく、慇懃《いんぎん》無礼な態度で皮肉を言うわけでもなく、ブログは続いていく。文面からは東野の真意は伝わってこないのである。

淡々と、当たり前に。

ブログを始めた芸人であれば書くようなことが、ごく普通に綴られていく。冒頭の「はじめに」には、三十七歳のときに「普通のことをやろう！」と思ったということが書かれている。その表明を信用するとするならば、これらの記述は不惑を超えた芸人が「ごく普通に」振る舞うことを目的として、その「普通ぶり」を芸人的なありようで記したもの、と見ることもできる。

日記文学というものがある。自分のための備忘録に徹して公開することをまったく意図せずに書かれた部分と、世間を意識して「まだ見ぬ読者」に向けられた部分との混合度がそのおもしろさの決定要因となる。たとえば現在青空文庫に入りつつある古川緑波《ふるかわろっぱ》のそれには、華族の出身でありディレッタントでかつグルマンでもあった古川郁郎《いくろう》が、喜劇役者ロッパを演じている自意識というものが滲み出ていた。美食がままならなかった戦時下においては、自意識と現状の間の乖離《かいり》がはなはだしく、そこに悲哀の感覚が生まれる源泉があった。これは緑波が一般人であったら考えられない事態だ。

初めから人に見せることを目的としているブログは、極端な形式の日記である。身辺雑記から宣伝目的の記事まで、位相の違う文章がすべて、書き手の公開用の人格として並置される。しかし、そこにあるのはあくまで陳列棚なのである。

前述したように、かつての日記文学は自分用の覚書と未知の読者に向けた文章とが混在するものだったが、ブログにはもったいぶらせてもらえる余地はない。すべてを露呈することが前提になっているからだ。公開用の「素顔」を露呈し続けることがブログ存続の条件だ。しかし、本音を書きすぎればそれは「炎上」

するだろう。求められているのは「自然な演技」なのである。しばしば書き手は疲弊し、放置したり、病んだ言葉をばら撒いたりしてしまう。女性芸能人がブログ上に「すっぴん」を公開するのが流行した時期があったが、あれも「見せてもいい素顔」であるわけで、「自然な演技」の延長線上にある。

有名人がブログを書くことに批判的な声が上がるのは、この痛々しさを知っているからだ。ただでさえ他者の視線を集める存在である有名人は、一般人以上に「自然な演技」が得意なはずだ。しかし、ブログというものの特質を忘れてうっかりすれば、一般人よりも疲弊してしまうかもしれない。その危険に敏感であってほしい、というのがファンの声だろう。

おもしろいことに東野がブログに文章を書いている感覚は、以上のような「自然な演技」を巡る自意識からは無縁であるように見える。最初期は確かに芸人がブログを始めれば誰でも書きそうなことを綴っているのだが、次第に東野はその定石から外れていく。

そのきっかけは、ダイノジ大地《おおち》、博多《はかた》華丸《はなまる》、Bコース・ナベ（当時）、関暁夫《せきあきお》らと中国語の勉強を始めたことだ。大地と関はすぐに授業からドロップアウトするのだが、華丸とナベの二人は残る。

最初は垢抜けない外見だった中国人の女性講師は、やがて希望の大学に合格すると、次第に変貌していく。眼鏡をコンタクトレンズに替え、唇にルージュを引くようになり、ついには嘘をついて授業をサボるようになる（電話の向こうでは「ベッドで裸の男がボサボサの髪の毛をかきながら、あくびをしているに違いない」と東野が妄想するのが可笑しい）。その女性講師に対し、真面目に学びたい華丸とナベが敵意を募らせていくさまを、東野が内心の緊張感を押し殺しながら見守るというのが、ブログ後半の主な話題である。

こういう書きぶりは、あったことをそのまま記録するという日記本来のありように回帰したものだ。たしかに公開されてはいるが、自身のために記録しているという要素が強くなり、読者の存在を抜きにしても成立する文章が着実に増えていく。そこにはすっぴんを公開する云々といった、自意識についての葛藤がすっぽりと抜け落ちているのである。書き手や読者の意識は完全に書かれた内容に集中し、興味の中心からは「東野幸治」が静かに消えていった。ブログなのに。そういう「自然」のありようを東野は選んだのである。

この中国語教室のメンバーが、ある形でブログのフィナーレを飾ることになる。

あったことをそのまま綴る日記、という性格を強く感じるのは、東野の周辺にいる芸人たちの動向が記されているからでもある。その中で不可避に登場するのは、芸人として「売れなくなる」という話題だ。リットン調査団《ちょうさだん》の藤原《ふじわら》が、売れないがための貧困から離婚することになったという泣き笑いのエピソードなどは、決して読者の受けをとるために出されたものではないはずである。芸人だから、人気商売だから時にはそういうこともある。だからだ。だから書かなければいけないのだ。

そうしたものの一つに、天津木村のエピソードがある。エロ詩吟で売れた木村だったが、ブームも一段落し、人気には明らかに翳りが見えてきた。せっかく始めたゴルフもやめるというので、東野はお別れ会に出席する。その席上で、木村が言い出すのである。

「兄さん。ここで問題です。最近暇になってきた私、木村は、あることを始めようとしてます。そのあることとは〝バ〇〇〟です。〇〇に入る二文字とは?」

空気は凍り、宴は静まり返る。東野はその場で勘定を済ませると、逃げるようにタクシーで家路に向かってしまうのである。

——景色が変わる車内の中で、無意識にさっきの答えが口から溢れ出ました。

「イト」

不正解でありますように。

そしてもう一人、後輩芸人が苦境を東野に打ち明ける。しかし、そのエピソードは実際に本を読んで確認してもらいたい。

かつて東野自身も不遇の時代を体験し、妻から離婚を申し渡されたことがある。しかも散々苦労をした後、杉並区方南町に借金までして念願の一軒屋を建てた直後のことだった。元妻とは四十代半ばにして再婚。二人の子供を育てたのが復縁のきっかけになった。二人の子供は東野のことをダディと呼ぶという。

子供にダディと呼ばせる男。

芸能界一、収録後に帰るのが早いと自負していた男(タカアンドトシのタカに敗北してその座を譲る)。

そして元祖マジギライ男。

素材はいくらでもあるはずなのに、読み終えてみればそうした自分語りよりも、周囲のことを書いた部分のほうが強く印象に残っている。根っからの傍観者気質なのだろう。自分をおもしろく装いたいという欲望がここまで欠落した芸人だということを、本書を読んで初めて知った。また、その観察力の確かさだけではなく書きぶりにも舌を巻く。自分のことから語り始めるにもかかわらず、舞台の中央から次第に姿を消していく構成は一年かけたブログの記事だということを考えると、したたかすぎるほどに巧みである。まるで営業で地方を廻る歌謡ショーの司会業だ。堂に入った脇役ぶり。

東野ブログは場所を変えて現在も続いている。

舞台の袖から何を見守り、何を綴るか東野幸治。

松本ハウス『統合失調症がやってきた』

コンビは別れないものだ。

現・幻冬舎文庫／2013年

それは立川談志の持論だった。十代のころから多くの芸人を見てきた談志の経験が言わせたものだろう。田中《たなか》とは別れるな。まだ駆け出しのころの太田光《おおたひかり》も、会って間もないころの談志にそう言われたという。

コンビは別れないものだ。

そのことについてあれこれ申し述べられるほど、私は芸人について詳しくない。しかし、そこには友情とか信頼関係とかいった大袈裟なこと以前に、自己評価に関するごく当たり前の真実が含まれているように思う。

今のお前がお前の力だけで売れたお前だとは思うな。

そういうことなのではないか。人は売れれば天狗になり、自分の力を高く見積もるようになる。独力でその地位にいけたのだと思い込み、自分の中にある他人の力を無視するようになる。しかし、それを排除すれば残るのは自分ではなく、その抜け殻になる。

そういえば談志はピンの芸人で誰ともコンビは組まなかったが、私生活では一人の女性と添い遂げた。弟子たちは結婚をするとき、やはり「夫婦は添い遂げるものだ」と教えられたという。にもかかわらず一門には離婚経験者がけっこう多いのだが。

たぶん、そういうことだ。

一度別れてしまったコンビの芸人がもう一度組む姿を見ることは珍しいように思う。特に天下を取った後ではそうだ。島田洋七《ようしち》は洋八《ようはち》と再びコンビを組んだそうだが、残念ながらその舞台は観ていない。松本《まつもと》ハウスは、二〇〇九年に復活を果たした。

だからこれは、非常に珍しいことなのである。その背景には、コンビ活動の休止が本人たちの意に反したものだった、という事情がある。すでにあちこちに書かれていることだが、コンビの一人・ハウス加賀《か》谷《や》はもともと心の病を持っており、十七歳で芸人の世界に飛び込んだときも服薬治療は継続していた。松本ハウスが全国区の人気を得るのは、テレビ番組「ボキャブラ天国」出演以降のことだが、多忙な生活の中で加賀谷は再び精神の均衡を崩し、ついに一九九九年には一時廃業に追い込まれてしまう。その間松本キックはピン芸人として、特に名前を変えることもなく活動を続けていた。

加賀谷には十年の空白期間がある。

その間、どこで、何をしていたのか。

そして松本に対しても疑問がある。

空白の十年間をどのような思いで過ごしてきたのか。加賀谷以外の相棒を持つという選択肢は本当になかったのか。

『統合失調症がやってきた』は、その疑問に答える本である。著者は加賀谷と松本の二人で、主になっているのは加賀谷が過去を語る部分だ。そこに松本が加賀谷と過ごした時間の記憶や、自身の芸人になるまでの半生を回想した断章が挿入される形になっている。「あとがき」によれば、加賀谷の談話を松本がまとめた形だそうである。

序章「あの時のこと」に書かれているのは、一九九九年一二月末、事務所を辞める決意を固めた加賀谷と松本の会話だ。

「一年かかっても二年かかってもええ、五年かかっても十年かかってもええ。その時にやりたいと思ったら言うてこいよ。そしたら、また二人で一緒にやったらええやないか」

わずかに加賀谷の口元が動く。

「はい……」

そう答えるのが精一杯だったのかもしれない。自分に向かって発せられた音に対し、反応しただけなのかもしれない。

そして、加賀谷は松本の前から消えていく。

さきほどの疑問に対する答えを書くならば、こうだ。

ハウス加賀谷は、芸人活動の停止中は、療養生活を送っていたのである。三章で触れられているが、その間約七ヶ月は入院生活を送っていた。閉鎖病棟にいたこともある。

松本キックは、芸人生活を送りながら、加賀谷にかけた言葉の通り、相棒の復帰を待っていた。ただし、ほかの選択肢はなかったのか、という問いへの決定的な答えは書かれていない。そこは読者のひとりひとりが酌み取るべき個所なのである。

書名を見れば加賀谷の病名は明らかであり、一章にも発症からグループホーム入所に至るまでの経緯は記されているので、ここでは細かく触れない（ハウス加賀谷という芸名が、入所していた○○ハウスから取られていることはわりと有名だ）。

ハウス加賀谷自身が、統合失調症への理解を広めるための講演会を定期的に開いており、興味のある方は本書を読み、講演会に足を運ぶのがいちばんであると思う。おそらく加賀谷は現在、寛解に至った状態だろう。寛解とはいわゆる全快・治癒ではなく、心の状態を自身でコントロールできるようになったことを言う。

加賀谷本人が一九九九年当時の自身の失敗を「勝手に薬の量を調整してしまったこと」だと言い、それはきつい言葉を使うと「薬物濫用だ」と自己批判している。現在の加賀谷は、定期的に通院をしながら、医師の指定する通りに服薬を行っている状態なのだろう。それでも社会復帰は可能だし、芸人のように精神的にきつい職業だってこなすことは可能なのである。それは加賀谷が本書を通じ、もっとも伝えたかったことであるはずだ。

むしろここで触れておきたいのは、松本キックが加賀谷の「病気」をどう考えていたのか、ということである。彼は相棒をこう見ていた。

——今もそうだが、俺は加賀谷に気を遣わない。芸事で間違っていればダメ出しをするし、悪いことには怒りもする。病気を持っていようがいまいが、俺の相方は加賀谷という、一人のパーソナリティにすぎないのだから。

五年かかっても十年かかっても、戻ってきたくなったそのとき考えればいいではないか。芸事で間違っていればダメ出しをするし、悪いことには怒りもする。

その態度は常に一貫している。なぜならば、自分の目の前に立っているのはいつも同じ、加賀谷という一人の人間だからである。自分が変わらないのと同じで相手も変わらない。

そう考えるとき、また同じ言葉が意識の中で浮上してくる。

コンビは別れないものだ。

そういうものだ、ということはどんな、なぜ、という疑問にも勝る強さを持っている。

私が松本ハウスの名前を知ったのは、ご多分に漏れず大川豊《おおかわゆたか》の《ぴあ》連載、「金なら返せん！」だった。これは大川豊が自身の借金を返済するために奮戦する姿を自身による実況形式で伝えていくもので、三菱銀行（当時）から受けた融資千二百万円を減らしていくという趣旨のものだった。あ、説明する必要はないと思うが、大川豊は芸能事務所・大川興業株式会社の代表取締役であり（当初は有限会社）、この金もその会社のために借りたものだった。

連載第一回では借金総額不明、第三回「ついに〝差押処分〟奨学金の追っ手は兄貴のもとにも現れた！」でようやく九百万七千二百二十円と判明するという見切り発車ぶりで、現実と同時進行ですべてを見せていく方式に人気が集まった。連載開始は一九九二年一〇月二〇日号で、この年の七月には世界に先駆けてリアリティ・ショーを地上波で実現した「進め！電波少年」の放送が始まっている。もっとも「電波少年」が「ユーラシア大陸横断ヒッチハイク」の企画を始めてリアリティ・ショーの側に舵を切るのは四年後の一九九六年四月のことなので、大川豊の連載が先を行っていたことになる。

それはさておき、「金なら返せん！」の中に松本キック・ハウス加賀谷の名前を探してみると、一九九二年一一月二四日号の「営業料金は2万円から10万円まで！　これが大川興業構成員の全貌だ」の回で早くも登場する。その個所を引用してみよう。私もそうだが、ほとんどの人はここで最初に芸人コンビ・松本ハウスの名を目にしたはずだ。

『松本ハウス』　精神クリニック出身のハウス加賀谷と、初代タイガーマスク佐山サトルの主催するシューティング出身の松本キックのコンビ。松本キックは大川興業が武闘派と聞いて入ったが、暗黒舞踏の舞踏派と聞いてショックを受けている。松本キックの関西弁の鋭いツッコミと、どうしてツッコまれるのかわからない加賀谷のおかしさが売り。

営業料金3万円。延長料金30分1万円。自宅とか一人で寂しいとき、ホテトル方式で呼べます。まだ素人ですので過激な行為はできませんが、確実に笑わせます。料金はステージ終了後、シャワーを浴びた後にお支払いください。

単行本になった『金なら返せん！　天の巻』（現・幻冬舎アウトロー文庫）の付記を見ると、実際に加藤さんという方の自宅に営業で呼ばれ、終わった後にシャワーを浴びさせてもらって帰ったらしい。

これで見て判るとおり、最初から大川豊は構成員であるハウス加賀谷の「事情」を承知していた。二人は現在大川興業には所属しておらず（著書の中にも「前の事務所」としか書かれていない）、大川本人との関係がどうなっているかもわからない。しかし新人の時代にこうした形で変に糊塗せずに病気について明らかにしたことは、松本ハウスというコンビについてはプラスに働いたように思う。

これ以外にも『金なら返せん！』の中にはたびたび松本ハウスのことが、特に加賀谷のことが出てくる。『金なら返せん！　人の巻』（ぴあ）には、「大注目！　加賀谷伝説」としてまるまる一章が割かれているほどだ。その中に一つ、加賀谷が大川興業のオーディションを受けに来た際の話がある。披露したネタはまったく受けなかった（折りたたみ傘を伸ばして「ボッキ」と叫ぶ一発芸）。すると突然加賀谷はどこからか刃渡り二十㎝のアーミーナイフを取り出した。静まりかえったオーディション会場。加賀谷はますます挙動不審になる。

「いや実を言いますと、これは、あの、本当は奇跡を呼ぶナイフと言いまして…」

少年をここで適当に突き返してはいけない。かといって大川興業は福祉法人でもない。ただ、今まで奇人変人を入れてきたこともあったが、奇人ほど失礼な奴が多かった。人に迷惑をかけても平気な顔をしている。だけど奇人だけに人にバカにされることが多く、結構プライドが高い。少年の顔をよく見た。ここで突き放してしまったら、一生あっちの世界へ行ってしまいそうだった。よく目を見ると、人の良さそうな目だった。構成員に聞いた。

「一回ぐらい刺されてもいいか」

「ボコボコにしてやります」

　全員が笑いながら答えた。

『統合失調症がやってきた』には大川興業時代のいい話がまったく書かれていないので、ここに披露した次第。もしかすると上の人間にとってはいい話でも、本人たちはそうではなかったのかもしれないし、大川興業時代のことは思い出したくない記憶なのかもしれない。そこは他人の踏み込むべき話題ではないだろう。できれば、大川豊についてどう考えているのかは、本には書いてほしかったと個人的には思うが。

もう一つだけ『金なら返せん！』からエピソードを引用する。今度は、松本キックに関するものだ。


　――例えば加賀谷がなぜか世界都市博が中止になるかどうか心配していたとする。するとそれを敏感に察知したキックが、中止になると都市博グッズが手に入らないと見て、中止寸前に帽子、Ｔシャツ、テレフォンカードなどを買う。中止と同時になぜかガッカリしていた加賀谷に都市博グッズを見せる。大喜びする加賀谷。


ああ、コンビだったのだな、と思った。

もう一度だけ書くが、コンビとは別れないものだ。

本坊元児『プロレタリア芸人』

今回取り上げるのはひさしぶりに吉本興業の芸人本である。本坊元児『プロレタリア芸人』だ。著者は一九七八年生まれで、現在は水口靖一郎《みずぐちせいいちろう》と組んで「ソラシド」というコンビを結成している。大阪ＮＳＣ（吉本総合芸能学院）二十期生にあたり、同期には麒麟《きりん》、アジアンなどがいる。

こうして書き出してみたが、実を言うと私はソラシドの舞台も、本坊が喋っているところも観たことがない。勉強の足りないことで恐縮である。しかしそれでも本書は十分に楽しめた。それがおもしろいところで、『プロレタリア芸人』には「芸」についての記述がほとんどないのである。全編ほぼ、生活費を稼ぐためのアルバイトの話ばかり。

芸人本には若いときの貧乏語りが付き物で、苦節〇年を経てようやく売れ、という成功譚を楽しみに読者も本を手に取る。ところが本書の場合、そういうわかりやすいところには着地しないのである。積極的に後ろ向き。いや、本人にその意志はないのかもしれないが、貧乏に対して頑強に無抵抗主義（元児という名前は、ガンジーにちなんでつけられたものだという）。あまりにも独特すぎて、印象に残ってしまうのである。こんなに自己否定の激しい本を読んだのは、松野大介《まつのだいすけ》『芸人失格』（現・幻冬舎文庫）以来かもし

現・扶桑社文庫／2015年

れない。

本坊という姓は鹿児島県に多い。著者の父親もやはり鹿児島出身で、徹底的な亭主関白だったという。唯一といってもいい楽しみは深夜のオールナイトニッポンだったが、それを聴いている本坊の高笑いがうるさいと怒って、父親はブレーカーを落としてしまう。優しさや物分かりの良さを表面に出すタイプの今風の男ではなかったのだろう。

二〇〇一年、本坊は水口とソラシドを結成し、大阪で活動を始める。しかし仕事は劇場のゴングショーばかりであり、そこから先にはなかなか進めなかった。ゴングショーというのはレギュラー出演を勝ち取るためのオーディションであり、それを通過しなければプロの芸人とは認められない。同期の麒麟やアジアンに遅れること一年、二〇〇三年にようやくレギュラーの座を勝ち取るのだが、周囲の若手たちはさらに先を見ていた。「M－1グランプリ」をはじめとする賞レースに次々と出場して結果を残していく。その中で二〇〇六年になると東京へと進出していく者も増えてきた。劇場の仲間を大事に思い、「この中で僕が一番初めに死にたいと思っています。誰かのお葬式には行きたくありません」とまで言う著者にとって、それは耐え難いことだった。

「みんな東京行ったらどうするんだ?」

川島《かわしま》君（麒麟《きりん》）にそう聞かれ、僕は答えました。

「みんな東京行ったら、僕は辞める」

しかし結局辞めることはせず、ソラシドは東京進出を果たす。といっても仕事が入るあてなどないのだから、太平洋戦争中の日本陸軍くらい無謀な転戦である。大阪にいたころから本坊はアルバイトの収入で生活費を賄っていたが、上京後も事情は変わらない。ただし、なかなか新しい仕事を見つけることができなかった。

——次に子供と楽しく過ごしたいと思いました。近所の学童保育員に応募します。きちんと履歴書に子供が大好きだという旨、記しました。面接されることもなく、履歴書と一緒に不採用の通知が届く。ロリコンと思われたか。「三十二歳、子供が大好きです」だと。馬鹿か。そんなのあぶない奴に決まっている。

そう、もうそれほど若くないのである。一般企業への就職経験もない芸人には厳しい年齢だ。「行くも地獄、戻るも地獄」である。本坊は日払いの肉体労働へ挑戦することになる。芸人をやっているのだから、突然バイトをすっぽかして仕事に行かなければならないときがあるかもしれない、それには日払いのほうが好都合、そんな風に理屈をつけながら本坊はその派遣会社「洋和ワークス」に登録する。日払い額は八千円。しかし、初期投資として建設現場で必要な道具、ヘルメット、安全靴、安全帯、作業着のセットを揃えなければいけない。セットで八千円。一日分の給料がそれでなくなるのである。事務所の人間は本坊に言う。

「このまま事務所を出て、渋谷の街をブラブラして五時間後、それでもまだやりたかったらまた来てください」

　これは特攻なのか？　佐藤が続けます。

「今、その場しのぎで嫌かもしれないと思いながらサインして、明日来てくれないのは困るんです」

　やり口が詐欺師だと思いました。監禁状態ではなく、いったん解放して考える時間を与えたという事実が必要だったのです。


　五時間の逍遥の後に戻った本坊は早速翌日の仕事の説明（送り出し教育）を受ける。帰り道、百円ショップで買ったのは卵とミートボールである。この日から二年間、本坊は卵焼きとミートボールの弁当を食べ続けることになる。

　こうして本坊元児の建設作業員生活が始まった。決して体が丈夫なほうではなく、むしろ「もやしっ子」の部類に入っていた本坊は、初めての肉体労働ということで最初こそ高揚感を覚えていたが、すぐに現実の面倒くささを死ぬほど味わわされる。

　新米にとっては、コミュニケーションのレベルから辛いことが待っている。古参作業員はなんでも符丁で話す。プライヤーはカラスで、手押し一輪車はネコ、モルタルを混ぜるコテのことはワンコだ。「ネコの上にワンコ載ってるから持ってきて」と言われてブレーメンの音楽隊のような情景を想像したらアウトなのである。また、特殊技能があるわけではないので、基本的に任される仕事は単純労働ばかりである。たとえばコンクリートをハツる(砕く)作業には、どんなに技術が進歩しても手作業で破片を運ばなければならない工程がある。それが本坊の仕事になる。「砂漠で砂を掃いている」ようにハツればハツるほどガラは出てくる。延々と、延々と続く。

――ああ、嫌だなあ、と思うのが解体工事です。[……] 石膏ボードの粉塵や断熱材が宙を舞います。断熱材にはガラスの粒子があり、これが体に突き刺さり、痒くて痒くて発狂しそうになります。

このガラスを除くには、熱い風呂に浸かり毛穴が開くのを待つのが一番です。あるおばさんの先輩は、顔面に養生テープを貼り、毛穴パックのようにしてチクチクを取り除いていました。女性らしいなと思いました。

解体のときはみんな、強盗のような格好で、できるだけ全身を覆い隠します。解体の翌日には目から涙と石膏が出てきます。自分の体が心配です。

この生々しい身体感覚が、本書のいちばんの読みどころだ。読んでいて連想したのは『セメント樽の中の手紙』(現・角川文庫)で有名な葉山嘉樹《はやまよしき》だが、タイトルの『プロレタリア芸人』もきっとそのへんからつけられたものだろう。

やがて本坊は先輩芸人の紹介で大工として働くようになる。単なるアルバイトから職人への昇格だが、芸に関係ないという点ではまったく同じである。仕事の現場は展示会や撮影所が多く、本坊は「いよいよ芸人の真裏の仕事に就いてしまったように」感じる。

「芸の肥やし」という言葉がある。「芸のためなら女房も泣かす」という謂《い》いも同じで、要するになんでも人生で吸収できるものは芸に活かせる、ということだろう。しかし『プロレタリア芸人』を読んでいると、そういうことが言えるようになるのは余裕ができた後のことで、かつかつの生活を送っているときには一歩引いたような形で自分の人生を観察することなど不可能なのだと思い知らされる。蟻の視点で空を見上げることは難しいのだ。蟻は、自分が歩いている地べたを睨むことしかできない。その残酷さを、とことんまで描いた一冊であると思う。綺麗ごとの入る余地のない、リアリズムに徹した芸人本だ。

本坊自身が笑わせようとしているのか否かは定かではないが、奇妙な可笑しさが滲み出ている個所もある。たとえば本坊が二人一組で巨大なカウンターを運んでいたときの話である。傷をつけないようにそっと下ろしていくと、当たり前のことだが本坊の手が挟まってしまう。


「いたたたた！」

――もう片方を持っていた大工さんは、下ろしてすぐどこかへ行ってしまいました。どうしたものかと困っていると、ほかの大工さんが助けてくれました。すっと手を抜くと、今度はその人が、

「いたたたた！」

と手が挟まっています。これはいけないと僕が持ち上げると、今度はまた僕の手が挟まります。こ

れを三回ずつ繰り返しました。これはもう、諦めなあかんのか、と思いました。絶望的な荷下ろしでした。

まるでスラプスティック・コメディのようではないか。

彼の働く姿を撮影していた芸人仲間による記録映画が上映され、本坊は少し有名になりかける。しかし、たいして夢も希望も読者に抱かせることなく、「長々と、馬鹿みたいだ」という言葉を遺して『プロレタリア芸人』という本は幕を下ろす。繰り返すが、本書にはサクセス・ストーリーの要素はまったくなく、ただただ売れない芸人の、しかも芸とは一切関係のない肉体労働の日々が描かれているのみである。読書に手っ取り早い慰めを求めている人にこれが楽しめるかというと、難しいかもしれない。しかし、本坊元児という男が生きてきた現実のありようだけは、げっぷが出るほどに詰め込まれている。

それで十分なのである。

井上二郎『芸人生活』

又吉直樹《またよしなおき》『火花』（現・文春文庫）がついに二百万部を突破し、作品が全文掲載された《文藝春秋》の当該号も百五万部を刷ったという。過去の最大部数は綿矢《わたや》りさと金原《かねはら》ひとみの芥川賞受賞作が掲載された号で百十八万部だったそうだから、それに告ぐ数字だ。間違いなく『火花』は二〇一五年最大のヒット作と言えるだろう。

芸人が書いた作品であり、芸人のことを書いた小説なのだから本欄で扱う資格は十分にあるのだが、他の場所に書評を寄稿していることもあり、遠慮しておく。『火花』の本質は芸人小説の部分ではないだろう、という思いもある。あの小説は作者が芸人だったから自身の職業である芸人の世界を舞台とした内容になったが、又吉直樹は小説家になるべくしてなった人で、他の職業を選んでいてもいつか小説を書いたはずだ。『火花』は、芸人の世界を描いただけではなく、もっと普遍的な内容を扱った作品であると私は考える。

で、もし『火花』を読んで、もっと芸人の世界について知ってみたいと思った人には別の作品をお薦めしたい。井上《いのうえ》二郎《じろう》『芸人生活』だ。

彩図社／2015年

井上二郎は一九七七年生まれの芸人で、大阪NSC十七期生（ただし中退）であり、同期にはバイきんぐ・小峠《ことうげ》英二《えいじ》などがいる。年上の野田《のだ》航裕《かずやす》と「チャーミング」というコンビを組んでおり、二〇一三年にはキングオブコントの準決勝に進出している。

『芸人生活』はその井上が自身について書いたエッセイ漫画で、母体はnoteに発表されていたものである。キングオブコントの一回戦に挑むエピソードが冒頭には置かれており、激戦必至の予選を勝ち抜くための戦略が綴られる（一回戦に敗退しても、再エントリーが可能というのは初めて知った）。同時エントリーが手薄な回を探す、などの少し姑息な手口が明かされており、そういう裏話に興味がある人にまず関心を持たれそうな内容だ。本の山場には無事に一回戦を通過して先に進んだ後のエピソードもあり、そこではコント演出の基本なども語られている。

——ここで少し解説させてもらうと通常コントというのは、まずは普通、もしくは静かなテンションで状況を客にわからせ後半にテンションを上げていくのが主流（第26話「キングオブコント」）。

また、同期のおぐがR−1に出たときのことを書いたエピソード（第20話「理由」）では「ボケ」についての記述が、相方の野田がチャーミングをトリオにしようと言い出す第7話「コンビ」ではコンビのバランスについての考察がそれぞれあり、芸人側からの実感のこもった発言として興味深く読むことができる。全員が脚光を浴びることができるわけではないのが芸人の世界の残酷な点であり、夢が叶わずに帰郷することになった者（最終話「引退」）や、結果を出せずともこつこつと芸に打ち込み続ける者（第3話「かわいい後輩」）などの後輩芸人たちを描いた回もおもしろい。

自虐的に笑いを取りにいくのはこうした芸人本の常套手段だが、『芸人生活』の場合はもう一歩踏み込んだ部分がある。相方の野田航裕が、井上を困らせたり、恥をかかせたりすることを至上の喜びと感じる異常者として描かれているのである。そもそも二人がコンビを組むことになったときのエピソードからして、かなりおかしい。

野田「…ただし条件がある。［……］お前を試させてほしい。［……］お前のアナルを見せてほしい」
井上「え!?　無理だよ！　何でそんなこと」
野田「俺だってお前の汚ねえ肛門なんか見たくない。お前がプライドを捨てられるかが見たいんだよ。この2人でコンビを組むとすると必然的にキャラのあるお前がいじられることになる。いじられるということは基本、悪口を言われることが多い。例えばお前がブサイクといじられ『ブサイクじゃないから!!』とリアクションできればいいが、プライドを捨てきれずムッとして『なんでそんなこと言われなきゃいけないんだよ。くそっ』となると成立しない。コンプレックスをいじられてもプライドが邪魔せずリアクションがとれるか！　それが重要なんだ!!」
井上（なるほど！　そこまで考えて！）（第2話「結成」）

この肛門エピソードが「チャーミング」というコンビになった理由らしいのだが、なぜそうなるのかはぜひ本を読んで確認してもらいたい。それ以外にも野田は「ストレス発散のために劇場に来ている客のために」井上に角刈りにすることを強制したり（第5話「僕が角刈りになった理由《ワケ》」）、彼女がライブに来るというので鉄板ネタで受けていいところを見せ付けたい井上に、あえてとんでもない下ネタをやらせたり（第11話「彼女がライブにやってくる！」）、芸名ではなく戸籍上の本名を井上いちごに変えろと迫ったり（第15話「芸名」）と、やりたい放題である。そんなに酷い目に遭わされても井上がコンビ解消できずにいるのは、野田に天然の芸人資質があるからららしく、第21話「遅刻の言い訳」などのエピソードを読むとちょっと納得させられる。『芸人生活』のもう一人の主人公は、この野田なのである。

もう一本の軸になっているのが、井上が自身の私生活について語る回で、金がなくて居酒屋で挙式するエピソード（第17話「結婚式」）や、食うための仕事で味わった悲哀（第12話「アルバイト」）などが赤裸々に綴られていく。中でも印象に残るのが郷里の父親の葬式に出る「僕のお父ちゃん」（第13話）で、素っ頓狂な父親の肖像が魅力的に綴られている。こういうギャグ主体のエッセイで一部だけ泣きの要素を入れるという構成はあざといような気がして本来あまり好きではないのだが、父親のキャラクターがかなり笑えるものなので、この回も全体の中で浮いていない。つまり井上に自分や肉親を客観視できるだけの余裕があるということで、エッセイを書く才能に恵まれているのだ。『芸人生活』がおもしろいのは、芸能界の末端事情を暴露しているという情報面の要素だけではなく、それを語るやり方にセンスが窺えることのほうが理由として大きい。しょぼくれているのを見せるのだって、センスが要るのだ。

同じように売れない芸人の生活を描いた本坊元児『プロレタリア芸人』を別項で紹介したが、あれほどの切迫感は本書にはない。どちらかといえばのほほんとしており、芸人たちはそれなりに生活を楽しんでいるようにさえ見える。絵柄のせいもあるだろうが、それ以上に当人たちがしたたかなのだろうと思う。

井上よりもNSC入校が三年遅い又吉直樹は、二〇一〇年に芸人としてはブレイクを果たし、十年弱で下積み生活を終えた。その著作である『火花』の主人公・徳永は二十代の後半で小規模に売れ、しかし壁に行き当たって引退する。彼が師匠として慕う神谷は、三十代の前半で自意識をこじらせ、芸人としては自滅してしまう。三十代で売れていないというのは大変なことのように見えるが、実はその年でも予備軍のような立場でチャンスを待っている芸人はごろごろいるのだ。二十代の終わりで売れ始めた又吉が体験しなかった生活を、井上は知っている。売れているとは言いがたいが、それでも諦めるにはまだ早く、生活の基盤を築いて「いつか」来るであろう栄光の日々に備えて日々を送っている。そうした芸人たちの現実を当事者ならではの視点で描いた本なのである。

『火花』はいい小説だが、芸人小説として見た場合はやや繊細すぎ、その雑草のような逞しさに欠けるという面がある。だからこそそういう読み方をしないほうがいいのである。『芸人生活』が二百万部売れることはまずないだろう。売れてなくてもおもしろいものはおもしろい、という言い方をするとまるで又吉と井上の立場を喩えたように見えてしまうが、『火花』を読んだ人のせめて百人に一人でもこの本を手に取ってくれれば、と思う。

水道橋博士『藝人春秋』

現・文春文庫／2012年

語り部は自分語りをしない。

語り部が自分について語るときは、何かのためという他の目的が必ず存在する。それを多くの人に伝えられれば、自分の存在は無に近いものであっても構わないと語り部は考えている。

水道橋博士という芸人がいる。一般には「浅草キッドの小さいほう」、「前科があるほう」で通じるはずだ。過去に芸人としての受け狙いで変装した写真で運転免許証を何度も取得し、道路交通法違反で罰金刑を受けたことがある。師匠ビートたけしの懲役六ヶ月執行猶予二年という判決とは比べものにならない微罪ではあるが。

本読みの間では水道橋博士は、自らの見聞したことを文章という形で後世に残さなければ気がすまないルポルタージュ芸人として知られている。博士が相棒の玉袋筋太郎とのコンビ、浅草キッド名で世に問うた『お笑い男の星座』（現・文春文庫）は、梶原一騎《かじわらいっき》の未完の自伝『男の星座』（日本文芸社）に題名を倣った名著である。この中で博士は、芸能界の花形たちを手の届かない星にたとえた。自分は、いつかは星をつかみたいと感じながらも地上にいる存在にすぎないと宣言し、星たちの数々のエピソードを書き記したのである。

すなわち、語り部だ。

『藝人春秋』は、その水道橋博士がひさびさに世に問う、芸人列伝の一冊である。

収録原稿の大半は二〇〇〇年代の前半に高田文夫責任編集の演芸マガジン《笑芸人》に掲載されたものだ。二〇一一年に電子書籍としていったんまとめられ、取捨選択の上今回紙の本として刊行されることになった。最初から始めて最後まで読まれるという、紙の本ならではの特質を活かし、大きく分けて三部、序破急の構成になっている。

「序」に当たるのは『お笑い男の星座』の流れを汲んだ芸人列伝の部である。そのまんま東、甲本《こうもと》ヒロト（よく知られていることだが博士と甲本とは、岡山大学教育学部附属中学校の同学年である）、石倉三郎《いしくらさぶろう》、草野《くさの》仁《ひとし》、古舘伊知郎《ふるたちいちろう》、三又又三《みまたまたぞう》といった名前が並ぶ。それぞれの章で雑誌掲載当時の原稿の後に「その後のはなし」が付け加えられているのが特徴である。

たけし軍団の後輩である三又の章では、三又が小山《こやま》ゆう『お〜い!竜馬』（小学館）の舞台化を狙っているという挿話が紹介されているのだが（二〇〇五年に実現）、それが「破」へのブリッジとなっている。次の章で紹介されている堀江貴文《ほりえたかふみ》・元ライブドア社長に水道橋博士が、三又の舞台への出資を打診する場面があるからだ。当時の堀江貴文はニッポン放送買収の意図を表明して財界から総スカンを食う直前で、同じベンチャー創業者のさきがけとして坂本龍馬に対する敬意を表明していた。

「破」は見事なトリコロールになっている。その意図は章題を挙げるだけで理解可能だろう。

「堀江貴文～フジテレビ買います～」
「湯浅卓《ゆあさたかし》～ロックフェラーセンター・売ります～」
「苫米地英人《とまべちひでと》～ロックフェラーセンター・買います～」

どーですか、お客さん？（アントニオ猪木の物真似をする春一番《はるいちばん》の声で）

「浅草橋ヤング洋品店」はかつてテレビ東京で放映されていた伝説のバラエティー番組だが、その中で家電量販店グループ城南電機の総帥、宮路年雄《みやじとしお》（通称・宮路社長）をフィーチャーしたコーナーが存在した。銀行を介した信用取引を信用せず、常に多額の現金を所持して移動するため「歩くキャッシュディスペンサー」と浅草キッドに呼ばれるなど、宮路社長は経営者としてもかなり癖の強い人物で、はっきり言えば奇人であった。こうした奇人の発する空気をとらえ、笑いの形で大衆に公開するという芸は浅草キッドが確立したものである。宮路社長が大塚美容外科の石井《いしい》院長と愛車のロールスロイス同士で綱引きを行うという馬鹿企画は、まだテレビが野蛮だったころを象徴する素晴らしい一場面であった。その後浅草キッドは深夜番組「未来ナース」で株式会社トキノ（当時）社長の鈴木《すずき》その子《こ》に着目し、ガングロブームに叛旗を翻す美白の象徴としてブレイクさせる。こうした一連の著名人いじりの集大成が、堀江・湯浅・苫米地の三人を扱った章なのである。

水道橋博士は浅草キッドの漫才台本作者でもある。単語の反復や連想のずらしを利用し、イメージの無限連鎖ともいうべき言葉の連なりを作り出すのが浅草キッドの漫才の特徴であった。その芸を文章に応用するとき、それは果てしない「謳いあげ」に転化する。さながら講談における修羅場《ひらば》読みの如し。湯浅卓の章から一部を紹介しよう。

とにかく口を開けば連発するのが、

「ウォール街的には……」

その枕詞は、すでにウォール＝「壁」ならぬ「癖」の域。

いや、むしろ、まず聞くものを「辟易」させていた。

「いいですかぁ、大統領ですら足を運ぶ街、それがウォール街です!!」

どこの壁新聞に書いてあるのか分からないことを吹き、

「ウォール街こそが世界の支配者なんです！」と陰謀史観のバカの壁を万里に築き、

「ウォール街は金持ちの涙で出来ています！」周囲のツッコミを高い参入障壁で封じた後は、

「ワタシがウォール街を選んだのではない。ウォール街がYUASAを選んだのです！」

最後は聖書からもフレーズをパクる。もはや、こちらが嘆きの壁で懺悔したくなるほどだ。


二〇〇〇年代、この言語遊戯の力をもって水道橋博士は文筆業界に殴り込みをかけてきたのである。自らの書評集の題名で「内職」ではなく『本業』（現・文春文庫）と言い切る鼻息の荒さ。しかしそれは思い上がりではなく、自身に備わっているのは語り部体質であり、どこまでも恒星にはなれずにその輝きを反照する惑星の存在なのだという自覚のなせるわざであっただろう。だからこそ書評が「本業」なのである。

このへんで水道橋博士という存在は、私・杉江松恋が住む書評家の領分を侵食してくる。

そして第三部「急」である（念のため書いておくが、この三部構成という読みは評者のもので、本に記されたものではない）。実は『藝人春秋』という本に対しては二つの不満がある。その一つは、文章の大半が二〇〇〇年代前半に書かれ、現在のものではないということだ。強いて言えばこの「急」の第三部に収められた文章は、水道橋博士が今ある姿への道のりを作ったひとびとの列伝であり、それを再収録することで自己を表現することを狙ったものといえるだろう。

「破」からのブリッジとして、「浅草橋ヤング洋品店」プロデューサーとして一九九〇年代までは狂気のまま暴れまくり、二〇〇〇年代になるとお茶の間サイズに見事転身を果したテリー伊藤《いとう》を最初に取り上げる。続いては故・ポール牧を取り上げ、喜劇に徹するためには不要だった何かを持っていた芸人の人生に思いを馳せる。続いては甲本ヒロトの再登場だ。ミュージシャンなのに立川談志の跡を継ぎたいと願う元学友に刺激され、自身もまたビートたけしという巨星を生涯追い続けることを誓い直す。そして、最後の三章でようやく水道橋博士は、自らの素の心境を吐露し始めるのである。

「爆笑〝いじめ〟問題」と題された文章は「ＷＥＢダ・ヴィンチ」に二〇〇六年に発表された。その後二〇一二年に学校におけるいじめが社会問題として再び重要視されるようになった際、水道橋博士は《朝日新聞》から「いじめられている君へ」のリレー連載への執筆依頼を受ける。しかし新聞の短いスペースでは真意が伝えられないと判断し、それを断って、すでに電子書籍として公開されていたこの文章を一般に無料で開放したのである。

現在も無料公開は継続中だと思われるので興味がある方はそちらを当たってほしい。この文章を読んで私が強い印象を受けたのは、かつて自分に「生きていても死んでいるような」空疎な時間を過ごしているだけの時期があったという博士が「ダメな自分を常にやさしく包み込んでくれる社会があるかのごとく保証している空手形に馴染めない」という一言だった。水道橋博士が留保つきで認める屹立する権威の壁や父性の象徴を、私はどうしても肯定することができない〈私〉は耐えられるが、それを他人にも耐えろと促すことができない)。しかし、優しさを餌にするだけでは何も解決には至らないのではないか、という指摘には深く頷けるものがある。

それはさておき、「ダメな自分」「空疎な自分」の存在をさらけ出し、次の「北野武と松本人志を巡る30年」の章で対極にある巨星について博士は言及する。この章は一見第一部と同じ列伝記述をしているだけに見えるが、自身の卑小さを対比する強い意図がある点が異なっている。そして次の「稲川淳二《いながわじゅんじ》」の章へと続くのである。

稲川淳二について語ったこの章は、二〇〇二年に書かれたものである。編集者からは強く書籍化を望まれたが、内容の深刻さを考慮して博士はそれに踏み切れなかった。語られているのは、稲川淳二というかつてリアクション芸で鳴らした人物の知られざるプライベートを吐露した実話である。その深刻さを人に伝えることが問題なのではなく、他の文章のように笑いへと昇華できているものではなかったからだ。しかしその後の状況の変化を受けてついに、ありのままをあるがままにさらけだすことが大事なのだ、という心境に至る。そして『藝人春秋』に加えることを決意したのである。

その葛藤について書いた文章の中に、さらりとであるが自身の苦悩について触れた個所がある。五十歳の直前で東日本大震災が起き、福島第一原発事故が日本を揺るがす大問題となったこと、震災前に複数メディアで原子力発電所の安全性を巡る広告記事に出演していたため〝原発芸人〟と揶揄され、一時は五十歳をもって芸人を引退しようとまで思い悩んだこと。さらりとは書かれているが、紛れもない本音であろう。

稲川淳二の章を本のトメの位置に持ってきたのは、十年前に書いた文章に自身の今、心境を仮託しようという意図である。繰り返し書くが、「語り部は自分語りをしない」。語るべきものを語ることができれば、自分の存在は無であっても構わないと考えているものである。しかし、ここでは逆に、記事をもって自身を表現することを水道橋博士は選んだ。その苦衷の心境、差し出がましいようであるが書評という形式の文章書きを生業としている私には痛いようにわかる。本書を出すにはコペルニクスの転回のような決意を必要としたはずである。

しかしここで第二の不満を述べさせていただく。

十年前の文章が主となっていることに続き、もう一つ。ここまでさらけだすのであれば、むしろ優先すべきは語り部としての自分ではなかったのではないか。今回に限っては「語り」ではなく、「水道橋博士」を素材としていただきたかった。リリー・フランキーに「私小説」（帯の文言）と褒められて喜んでいる場合ではないんじゃないのか。

その昔、参議院議員だった立川談志は、二日酔いで記者会見に臨んで沖縄開発庁政務次官を辞任するはめになったが、その事実を世間にさらけ出すことによって芸人として開眼したという。倣え、とは言わない。芸人が何を言っても許される時代だったのは昔の話で、今は芸人にも世間並みの常識が求められる。早い話が、お旦がしくじったら面倒みてもらっていた芸人も頭を丸めて反省しろと言われるのが今の世の中なのだ。さらに言えば自我のモロ出しは世間に嫌われる。トルコで全裸でんでん太鼓を披露して逮捕された江頭《えがしら》2:50のように。『藝人春秋』のような物語と表現の鎧があって、初めて受け入れられるのである。それをよくやっている。世間の壁を突破するには十分な芸である。だからこそ次の課題は全裸で強行突破だ。すっぱだかであの夜空の星をつかんでくれよ、博士!

（エキレビ！　二〇一二年一二月七日掲載）

以上が『藝人春秋』に対する私の書評である。

博士がひさしぶりに著書を出すと聞き、これは絶対に書評をやらなければ、と考えた。この媒体でやるという選択肢もあった。あえてエキレビ!というポータルサイトを選んだのは博士のファンではない人が多数を占める公開の場所で以上の文章を最初に発表したかったからである。その理由はおわかりいただけるのではないだろうか。百%の賛辞ではなく本の内容、特に著者の姿勢に対して一部批判を行っているからである。

『お笑い男の星座』『本業』からの読者であれば、『藝人春秋』は間違いなくおもしろい本である。著者の特質が存分に発揮されている。特に話芸における語り口にあたる「文体」は確固としており見事だ。加えてエピソードの配置に芸があり、次第にグラデーションがかかっていって水道橋博士という著者自身が前面に現れてくるという構成の妙がある。今、以前からの読者としたが、もちろんまったく著者の本を読んだことがない人が手にとっても十分に楽しめるはずである。極端な話、水道橋博士が芸人であるということを知らなくてもかまわない。エンターテインメントとしての必要十分条件は満たしている。

と、いうようなことを書いて終わりにしたくなかった、ということだ。

それは誰でも書ける。

書評家ではなくても、小説家でも、大学教授でも、芸能人でも、有名ブロガーでも、それこそアマゾンのレビュワーでも誰でも書くことはできる。

そして、それだけで十分なのである。「エンターテインメントとしての必要十分条件は満たしている」本だということを伝えるのが、書評の機能なのである。

私は「その先」に踏み出したかったということだ。

水道橋博士は『藝人春秋』を書きながら「語り部」としての本分から逸脱せずに自分を語ろうとし、どこかそれに飽き足りずに逡巡しているように見える。迷いがある。その迷いがもっとも顕著なのは甲本ヒロトを扱った章だ。自身が価値の創造者となり、自身が発信源となって世の中にそれを問うていくことについて、無意識の願望をここで口にしていると私は考えた。それは「語り部」の職分からは大きく外れている。

その二律背反、その自己矛盾を誰がいちばん皮膚感覚としてとらえられるのだろうか。

私だ。

私、それがし、ｍｅ、オレオレ、俺だよおばーちゃん！

「語り部」と同じように対象とする本に仮託することでしか自分語りが許されない書評家こそが、その逡巡について言及すべき職業なのである。

水道橋博士の気持ちがわかる、などと口はばったいことを言うつもりはない。

私はこの本を読んでそう考えた、というだけの話である。

私は水道橋博士は「語り部」であることの飽き足りなさに倦《う》んだのだと考えている。

その芸を磨くのは素晴らしいことである。しかし芸に飽きてしまったら、それをあっさり捨てて他の何かをやり始めてもまったく構わない。むしろ芸人らしい態度である。

だからこそ「さらけだす」ことの大事さを殊更に強調して書いた。その点が『藝人春秋』という本の物足りない点だと書いた。偽らざる本音である。さらけだし、「どこか別の場所」へ行く水道橋博士が見たいと心から思う。

この連載では立川談志の追悼本について何冊か取り上げている（本書には未収録）。ページの都合で書けなかったのだが、もう一冊言及したかった本が実はあった。

立川談志とビートたけし、太田光の鼎談本『立川談志最後の大独演会』（新潮社）である。鼎談といっても題名が示すとおり、主に話しているのは立川談志だ。がんの療養中だった談志を励ますべく、ビートたけしが太田光を誘って席を設けた。しかしその席では神妙な話題など一切出ず、とことんくだらない方向へと会は進んでいったのである。結果としてはこれが談志とたけしとの別れになった。なんともくだらなく、なんとも粋な別れだ。
なにしろ最初が例のオマンコマークの話から始まるので、どんな内容なのかはそれで推測していただきたい。
こんなくだりがある。上野の伊豆榮で三人が会食をしたときの話だという。

太田――あれ、最高でしたよ。バスで帰るという師匠（談志）と僕が立ち話しているところへ、たけしさんがロールスロイスでパアーッと出てきた。そこで師匠が「これ、どこで盗んできた?」って訊くと、たけしさんが「いえ、バッタもんで、安かったんです」。僕はあのやり取りを見ているだけで、すごく幸せでした。で、ロールスロイスが走り去ってく時に、後ろから大声で「このインチキ野郎!」。鰻屋から出てきたサラリーマンたちが目を白黒させてましたよ。「わっ、たけしだ、えっ、談志だ。何だかわかんないけど、二人が騒いでる」って。
たけし――そりゃ、おいらは自分のことをインチキ野郎とは思ってないけどさ、あの状況で口にすべき一番適切な言葉って「このインチキ野郎!」だね。この言葉を選ぶのがセンスなんだよね。

この「センス」を語る本なのである。私はどうしても夢想してしまう。「語り部」水道橋博士であれば、この場面をどう語ったのだろうと。そしてどのようなセンスで、この場面を語る言葉を選んだのだろうかと。

「この場所」に、私は水道橋博士にいてもらいたかったのだ。

そしてもう一箇所引用する。談志がよく口にしていた芸人論だ。

談志――たけしはテレビでもチンボコ出せるわな。出せるって、むろんモザイクはかかるにしろね。チンボコ出せるか出せないかで、芸人の一つのセンスがわかるんです。これはバカバカしいようで、重要かもしれないポイントで、出すやつもいれば、出せないやつもいる。たけしは出す。上岡《かみおか》（龍太郎《りゅうたろう》）も出す。（桂）三枝《さんし》は出せない。太田はぎりぎりだけど、状況判断ができるから、ここは出さなきゃいけねえとなったら出すんじゃないか。鶴瓶は放っておいても勝手に出すだろう。

私は「水道橋博士も出す」と思っているのだが、どうなのだろうか。

そういうセンスについて考えながら私は『大独演会』を読み終えた。その印象を振り返りながら『藝人春秋』を再読した。そして達したのが「このセンスの書き手であれば、まだまだ見せていないものがあるはずだ」という結論だったのである。見せてないって別にチンボコのことじゃないですよ、奥さん。

もしかすると誤読であるのかもしれない。だとしても著者に謝るつもりは特にないのだが、誤読をしたという事実については少し恥じるだろう。いや、誤読ではないはずだ。

玉袋筋太郎『スナックあるある』

たけし軍団の芸人は早くテレビを捨てて寄席に出るべきではないか、と以前思っていた。ビートたけしの命によってタップダンスを習わせられている、などという噂を聞いたころだからかなり昔のことだと思う。

その考えが正しかったかどうかといえば、率直に言えば外れだった。テレビにすっかり定着した軍団員もいれば、政界進出を果たした剛の者もいて、思ったほど寄席には近づいてこなかったのだ。「お笑いウルトラクイズ」や「スーパージョッキー」などでリアクション芸なるものが市民権を得て、軍団の存在価値が長持ちしたことも原因に数えられる。

その中で完全に寄席芸人化して地歩を固めつつあるのがグレート義太夫だ。もともとギターの腕前を買われての軍団入りだったと思うが、その能力を存分に生かしている。浅草東洋館や木馬亭が似合う芸人になって、幅広い年齢層のお客さんを笑わせているのだ。同じ匂いを感じるのが松尾伴内である。今や「開運！なんでも鑑定団」は出張鑑定で松尾が出てくるのを楽しみに観ているといってもよくて、板の上で素人をいじらせると抜群の能力を発揮する。あれ以外のテレビなんかもう出なくていいから、漫談で寄席に

講談社／2014年

出てもらえないだろうか。水道橋博士も師匠である立川梅春《ばいしゅん》に落語の上でも弟子入りして梅性《バイセクシャル》を名乗るそうなのだが、どうせなら寄席芸人化してしまえばいいのである。バラエティの枠が駄目だとは言わないが。片手間にやるには、落語はもったいない芸でありすぎる。

寄席芸人以外の芸能人が本格的に定席に出演した例で有名なのは、小沢昭一である。早稲田大学の落語研究会創設メンバーでもある小沢は、畏怖の念が強かったため、自身は寄席芸人になることができなかった。それが後に放浪芸の研究にもつながるわけである。その抜群におもしろい漫談能力を買うと共に、寄席への強い憧憬が抜けていないことを見抜いた柳家小三治に誘われ、二〇〇五年六月下席の新宿末廣亭に十日間の出演を果たした。大入りになった末廣亭で小沢が披露したのはラジオの「小沢昭一的こころ」さながらの「随談」と郷愁を誘うハーモニカだった。そのときの意図を小三治は『小沢昭一的新宿末廣亭十夜』（講談社）の中で語っている。

——高座の小沢さんは、まさしく小沢昭一その人でした。本人は寄席に合わせようとしていたのかもしれません。でも、私が聴くかぎりは、いつものようなわがままな小沢昭一がそこにいた。飾りっ気のまるでない、本心のままのあの人がいましたよ。そして人は何に感動するかというと、その本当の姿に感動するんだね。

「飾りっ気のまるでない、本心のまま」を見せろ、というのであれば、ぜひ今寄席に上がってもらいたいのが水道橋博士の相棒である玉袋筋太郎だ。俗に寄席文字というあのビラ字で書かれた玉袋筋太郎の看板を私は見てみたいですね。

そのときのネタを何にするかといえば、もうあれしかないだろう。「スナック漫談」だ。玉袋筋太郎は二〇一三年に自ら一般社団法人全日本スナック連盟を創設し、会長としてスナック文化の啓蒙に日々勤しんでいる。スナックの雰囲気をそのまま持ち込んだイベント「スナック玉ちゃん」の定期開催、「玉袋筋太郎のナイトスナッカーズ」(BS11)などのテレビ出演だけでは飽き足らず、ついには二〇一七年二月に、東京・赤坂の実店舗「スナック玉ちゃん」を開くに至った。地方に行けば必ず立ち寄るという玉袋のスナックに関する雑学は『スナックあるある』としてもまとめられている。これを高座で披露すれば、居合わせたお客さんは間違いなく心を摑まれることだろう。高齢の方のためには自分たちの過ごしてきた昭和の青春の香りを蘇らせ、若年層に対してはスナックという魑魅魍魎《ちみもうりょう》の異世界の扉を開いて見せる抜群のネタである。

「ママの息子の朝食は前日の突き出し」(ママあるある)

「常連のおじいさんのグラスの中をよく見ると、なんだかわからない粒が浮遊している」(お客さんあるある)

「住宅地にある店のアルバイトレディは2駅離れたところから来る」(アルバイトレディあるある)

などなど。あ、おじいさん客のグラスで浮いているのは、年を取って広がった歯の隙間に、ピーナッツなどの欠片が挟まるからですね。

もちろん知識だけではなく、本人がスナックの申し子だという歴史もある。玉袋筋太郎の故郷は、かつては角筈と呼ばれた新宿区の一帯で、現在の西新宿、北新宿といった地名の付近である。そこで玉袋の両親は雀荘を経営していたが（祖父が相場で儲けた金で、現在の新宿郵便局裏あたりにビルを建てていた）、それが左前になったために男性の同性愛者専用のスナックを開いた。思春期の玉袋にとってはそれが心の傷となり、長らく父親とは疎遠な時代が続いたのである。しかし高校の入学祝いや成人式などの節目に集うのはやはりそのスナック、そしていつかは自分が店を継ぐのかもしれないという予感もあった。

玉袋筋太郎の運命は、高校時代に追っかけをしていたビートたけしに弟子入りを許可され、内定していた会社を蹴ってたけし軍団（の三軍）入りすることで大きく変化する。そのへんのことは最近ちくま文庫になった『キッドのもと』に詳しいのだが、修業の一環として浅草のフランス座で住み込みで働いていたころは、そのオーナーが経営していたスナックでアルバイトをして生計を立てていたのである。つまりスナックとの縁は不思議とつながったままだった。子供のころのような親密さを取り戻せないまま、結局父親は他界してしまう。玉袋が自分を育ててくれたのは誰だったか気づいたのは二年後、新宿二丁目のスナックで、父親の店の常連だったママと出会った夜のことだったという。

そうした思い出を情感豊かに語ることができるのも玉袋の強みである。今のエピソードは『スナックの歩き方』（イースト新書Q）から引用したのだが、前述の『キッドのもと』、そして自伝的小説『新宿スペースインベーダー』（現・新潮文庫）など、玉袋が芸人となった背景を語ったエピソードには新宿という都会で育った町っ子ゆえのディテール、見聞したサブカルチャーの豊かさがあり、かつ、バブルの時代に街が食い荒らされた結果としての故郷喪失者の影もある。これが芸人・玉袋筋太郎を支えている大きな柱なのだ。

玉袋がこうした方面の才能を開花させたきっかけは〈よりみちパン！セ〉の一冊として刊行された『男子のための人生のルール』だったように思う。版元の理論社は後に倒産騒ぎを引き起こし、この叢書の著者にも印税未払いなどの不義理をするなど大変な事態になってしまうのだが、少なくとも本書と西原理恵子《さいばらりえこ》『この世でいちばん大事な「カネ」の話』を出しただけでも叢書を創設した意味はあったというものである（現在はどちらも別の出版社から刊行中）。『男子のための人生のルール』は当時まだ十代だった玉袋の息子を意識して書かれた、これから大人になっていくための男の子と、その親たちのためのルールブックである。本当にいい言葉が詰まった本で、たとえば銭湯で親子が背中を流しあうことについては、こんな風に書かれている。

——だってさ、人にしてあげて喜ばれて、自分もしてもらって気持ちいいっていうのがさ、「背中を流す」ってことですごくシンプルに実感できるんだよ。もちろん、仲がいい友だちどうしでやってもいいけど、できれば、親も含めて「目上」の人の背中を流すのがいいかもな。「流しましょうか」「ありがたいねえ」っていう受け応えができるのがいいよ。そういう受け応えができるっていうのが、自分の自信になるよ。

そうした人同士の距離感の保ち方、肝心なときにどこまで踏み込んでよくて、相手の体（心）のどこなら触ってもいいいか、という考えが結晶したものが、玉袋のスナック漫談だと思うのである。自分を大事にするように相手も大事にする、という町っ子のセンスが酒場の付き合いに反映されている、と言い換えてもいい。舞台はスナックだが、非常にダンディなのである。だからこそ板の上で披露される漫談に向いているる。

『スナックの歩き方』は玉袋が続けているスナック文化啓蒙のための本なのだが、この中の「スナックで遊ぶ」という第2章を読んでいて気が付いた。何かに似ているのである。たとえば、こんなくだり。スナックの常連について書かれた文章だ。

――ところでスナックには､各お店それぞれに常連さんが醸し出す雰囲気というものが存在します。初めてのお店では、その調和を乱さないようにすることがたいせつです。常連さんたちが盛り上がっている話題にシラけた顔を見せたり、ママしか聞いていない自分の話のときだけ、大声になったりするなんてマナー違反です。

あれ、これ。寄席での振る舞い方によく似ている。

自分が追っかけている真打の高座しか眼中になくて、出番が終わるとさっさと席を立ったり。あるいはお目当ての芸人に「待ってました」の声をかけることだけが目的だったり。

そういう人を見るとたしかにいい気持ちはしないものである。私が寄席に初めて行ったのはまだ十代のころだったけど、興味のない芸人のときに退屈して遊んでいたら（まだ子供だったので）、おっかない爺さんにたしなめられたものだった。今にして思えば、あのとき真面目に観ておけばよかった芸人がたくさんいる。爺さんの言うことは聞くものだ。

それからこんなくだりも。

——もし、あなたがいいスナックを見つけたら、次に友だちや後輩を誘って飲みに行ってほしいと思います。これをスナックのバトンタッチと呼びますが、これはおいおい自分に返ってくるものです。「この間、いいスナックに連れて行ってもらったから、今度は自分がお気に入りのお店に連れて行ってあげよう」とか。こうなったらしめたもので、どんどんいいお店を知ることができるようになるんです。「美女数珠つなぎ」ならぬ「スナック数珠つなぎ」ですね。

これは寄席というよりも地域寄席や独演会などにも当てはまる。誰かの贔屓になると、その芸人とどのくらい深く付き合っているか、金をじゃぶじゃぶ使ったか、ということを自慢する人がいるが、そういう話を聞きながらいつも思うのは、だったらなんでいつも一人で来るのかな、ということなのである。芸人にしてみれば、一人のお客さんが熱心に通ってくれるのももちろん嬉しいが、その一人が二人、二人が四人と仲間を連れてきてくれればもっと励みになるはずなのだ。そういう自分のことしか考えていない通気取りを軽くたしなめる文章ともこれは読むことができる。

つまり、スナック遊びというのは寄席や演芸場に通うのと一脈通じた部分があるのかもしれない。自分一人で通人ぶっていてもその場では何もいいことはなくて、空気と時間を共有するお客さんや店の人間と一緒に楽しむことで初めて真価を発揮する。外の肩書をひけらかすなんていうのは野暮の骨頂で、居合わせた者同士の裸の付き合いこそ大事にすべきである。そうしたことを自然にできてしまっているからこその「スナック玉ちゃん」なのだろうし、寄席芸人になってほしいと私が願う資質なのではないだろうか。

玉袋筋太郎にはもう一冊『絶滅危惧種見聞録』（廣済堂あかつき）という著書もある。現代ではないがしろにされつつある人々、価値を忘れられつつあるものたちを訪ね歩くというルポルタージュで、やはり玉袋の視線の優しさが嬉しい。絶滅危惧種といえばまさしく寄席芸人もそうで、マスメディアのみを重視する人々からは前世紀の遺物のような扱われ方をすることも多い。それがどのくらい愚かなことかを、寄席の片隅からでもぶつぶつと訴えたいと思うのである。

掟ポルシェ『食尽族 ～読んで味わうグルメコラム集～』

ブログを見たら、水道橋博士が黒髪になっていた。

ああ、本当に議員になったんだなあ。

参議院議員選挙では申し訳ないのだが、応援することができなかった。博士ではなくて、党代表の山本《やまもと》太郎《たろう》に対し根強い不信感があるからである。

しかし国民からの信頼を勝ち取って当選したことは誠に喜ばしい。立川談志と違って真打での当選とはならなかったことだけが残念だが（各自調査）、立派なことである。六年間の任期は頑張っていただきたい。

同じように芸人から国会議員になった人は、横山《よこやま》ノックや西川《にしかわ》きよしなど数多い。そもそも日本の民政史を見れば、演説と演芸が不分明な時期が明治にはあった。伊藤痴遊《いとうちゆう》は初め政治家だったが、満足に演説をする機会が得られないということで講釈師になった。宮崎滔天《みやざきとうてん》のように、アジア主義の革命家を標榜しながら、志半ばで浪曲師に寄り道したような人物もいる。滔天は芸人としては大成しなかったが、孫文《そんぶん》を支援して大きな功績を遺した。その縁あって現在も日本浪曲協会の会館には、孫文筆の書が掲揚されているのである。

リットーミュージック／2022年

民主主義の黎明期ではなく、戦後になってからの芸人議員といえば、一龍斎貞鳳《ていほう》を挙げるべきであろう。貞鳳は三代目江戸家猫八《えどやねこはち》、三遊亭小金馬《こきんば》（二代目金翁《きんおう》）らとともにお笑い三人組として売り出され、絶大な人気を得た。議員を務めたのは一九七一年からの一期だけだが、国立演芸場創設にも尽力するなど、大きな仕事をいくつかしている。半面で、議員になったために講談界からは追放に近い仕打ちを受けたとも言われている。理不尽な気もするが、著書『講談師ただいま24人』（朝日新聞社）を見ると、講談界の前近代性を批判する姿勢が露わであるので、あるいはそうしたことが積み重なって、なのかもしれない。多くを語らず、貞鳳は鬼籍に入ってしまった。

国政選挙に出たことが元で自分というキャラクターを前面に押し出した落語をやることに目覚めたと公言していたのが立川談志で、『人生、成り行き』（現・新潮文庫）などに詳しい。当選が芸人としての成長の一助になったわけで、その意味では政治家としてよりも芸人の自我のほうが大きかったわけだ。こういう芸人議員は他にいない気がする。皆、芸人としての存在を議員という社会的地位に呑み込まれてしまうのである。国政で選ばれた以上、それは仕方ないことであるが。水道橋博士も芸人としての自我にはそれほどこだわらず、目の前のお勤めを優先していただければと思う。

博士が当選したあとで書店を周っていたら、『食尽族〜読んで味わうグルメコラム集〜』という新刊を発見した。著者は掟《おきて》ポルシェである。

掟ポルシェと水道橋博士には重なって見える部分がある。ミュージシャンと漫才師であるが文章が達者であるために、物書きとしての活動が主になっているように見える、というのがまず一つ。それぞれロマンポルシェ。、浅草キッドというコンビが母体であるはずなのに、単独での活動が目立つというのがもう一つ。さらに言えば、単独で脚光を浴びたのは自分のほうが先なのに、いつの間にか相棒も別の形で名を上げていたという点も挙げていいだろう。ロマン優光《ゆうこう》と玉袋筋太郎は、いつの間にか独自の支持層を持つ存在になっていた。玉袋はオフィス北野から独立したこともあり、現在では完全なピン芸人だ。ただし、どちらもコンビは解散していない、というところも同じである。

私は両者の著書をほとんど読んでいると思うが、どうしようもないモラトリアム期間を過ごしたというのも共通点だろう。博士の場合は進学校で明るい青春から脱落し、上京して明治大学に入ったのはいいが、完全な引きこもり状態になって、ビートたけしの弟子になるまでは暗黒の青春期を過ごしている。掟ポルシェは北海道の留萌出身で、文化のある都会に行きたくて仕方なくて上京するも、入った大学の一、二学年が埼玉県の某市だったために完全に夢破れ、やさぐれた日々を送り始める。

『食尽族』と同じネット媒体の〈耳マン〉で連載していたのが『男の！ヤバすぎバイト列伝』（リットーミュージック）で、青春時代を回顧したエッセイとしては破格におもしろく、ただし最低に無責任である。よくぞここまで赤裸々に書いたと思う内容で、私立大学を卒業した掟は某出版社に入るが、希望していたサブカルチャー誌編集部への配属は無理だとわかった瞬間に辞表を出すことを僅か四ヶ月で決意する。

――俺はわかったのだ。自分のダメさ加減が。くだらないことをやるために生まれ、チ●ポ丸出しな表現に特化した才能しかない俺に、真面目な企業研究はあまりにも向いていないのだと。

このころは全日本女子プロレスと他団体との対抗戦全盛期で、すっかりそれに嵌まっていたために、消費者金融で金をキャッシングしては観戦に行き、上限に達すると他の会社を頼るという自転車操業での生活が始まる。この間に大学時代のバイト先であるペンキ屋からもドロップアウトするのだが省略。やがて経験者と偽って潜りこんだのが英知出版のソフトグラフ誌《すっぴん》編集部だったが、そこはとんでもないブラック企業であり、女子プロ観戦に行けなくなるという理由で三日で脱走する。次の職場は念願のエロ本編集プロダクションで、念願の無修正性器に墨ベタを塗る仕事ができると喜ぶが、任されたのは熟女専門誌だった。

――ババァの性器は大概グニャグニャで深海生物みたいにアブストラクトな曲線を描いていて、端的に気持ちが悪かった。仕事とはいえババァの性器を見なければならないのはかなりの拷問だ。俺はまだ若いのだから、こんなオッパイのある高品格みたいな老女に興奮するわけがなく、念願だった女の裸の写真を目の前にしているのに嬉しさの欠片もなく、顔に死相を浮かべてがんばった。

結果「ババァのマ[redacted]コ修正千本ノックが祟ったのか」、持病の尿路結石が再発するのだが、無情にも会社からは「お前にやる保険証はない！」とクビにされてしまう。ここからさらにドロドロの日々が続き、なんとか底を打ってミュージシャンに、というのが『男の！ヤバすぎバイト列伝』のあらましである。前出のペンキ屋バイトのくだりがとにかくおもしろく、一九九〇年代の《ヤングマガジン》と《漫画ゴラク》を足して二で割ったようなというか、それは要するに『工業哀歌バレーボーイズ』（講談社）と『ころがし涼太』（日本文芸社）の村田《むらた》ひろゆきではないかとも思うが、最低な倫理観しかない場所での出来事を描いた話として最高である。

『男の！ヤバすぎバイト列伝』と『食尽族』の間に出たのが『豪傑っぽいの好き』（ガイドワークス）で、クリスタル映像「SMぽいの好き」を模した題名からもう笑える。白夜書房《パチスロ必勝ガイドNEO》に二〇〇七〜二〇一二年にかけて連載した原稿が元になっており、掟がゆかりのある人々について列伝風に書いたエッセイである。パチスロとはまったく関係ないし、お題として取り上げた相手も本人は一切出てこない。こういう風に執筆者の好き勝手が許される連載というのも、考えてみたら少なくなってきた。雑誌の色だの、タイアップ先の意向だの、ＳＥＯだのに配慮しないと何も書かせてもらえない窮屈な風潮はなんとかならないものか。

この連載で取り上げられている〈豪傑〉たちは、空気を読むとか、社会倫理を気にするとかいったことと無縁で、好き放題に生きている人々が中心である。その中には「マリア観音《かんのん》」木幡東介《こわたとうすけ》のように、掟のペンキ屋バイト時代の知り合いで『男の！ヤバすぎバイト列伝』と重なる登場人物も多数いる。〈豪傑〉が〈豪傑〉とされる根拠はあくまで掟の判断のみなので、当人がどう考えているか、その判断は正しいのか、といった客観性は一切担保されない。検証とは無縁の世界なのだ。これは掟ポルシェが著書において貫いている方針である。落合博満《おちあいひろみつ》とはまた別のオレ流。違いは結果を出そうが出すまいが関係ないところ。

大げさな言い方をすれば『豪傑っぽいの好き』は、掟における『お笑い男の星座』なのではないかと思う。それぞれの対象者に光を見出し、天に輝く星と認定するところまでは同じだ。竹中労《たけなかろう》に影響を受けてルポルタージュを志す水道橋博士の場合は、星の置き方にも歴史を見ようとする。星と呼ぶ人々の中に継承されてきた文化的遺産や精神を見出すのが博士の仕事なのである。そういう時間や空間への広がりを持とうとする姿勢が掟にはまったくない。あくまで、自分からの見え方だけの問題なのだ。他の人間からは、単なるガラクタにしか見えない、自分だけの星。

この違いはたぶん、人に対する関心なのだと思う。水道橋博士は人が好きになりすぎる。そして掟ポルシェは人に関心がなさすぎる。この違いが著書にありありと表れていて、私には興味深い。

『豪傑っぽいの好き』には田代《たしろ》まさしの章がある。何度目かの逮捕と社会復帰の際、掟は〈マーシー☆ポルシェ〉としてCD「監獄ポップ／監獄アシッドハウス」を制作、即売イベントを企画した。だが、九十九％の店からは打診を断られたという。後のことを考えると、その判断は正しかったわけである。だが掟はこう考える。真面目に社会復帰していないと田代まさしに対して世間の風は冷たいが、それは間違っていると。

――「ふざけること」を生業にしていた者が「ふざけること」という本筋に帰るだけの話であり、そしてそれがなによりの再犯防止になるはずだ。そう思って俺はこの絶対に反感を買うであろうユニットの依頼を受けた。芸人は己の芸でしか返していくことが出来ない生き物と知ればこそだ。

結果論になってしまうが、依存症患者の社会復帰という観点で言えば、掟の考えは正しかったとは言い切れない。その時点で田代まさしはダルクのような専門機関に頼るべきであったという見方もあるはずだ。だが、掟は田代が芸人として生きるという姿勢を支持した、ということである。自分もまた、どうしようもない時代を経て現在があるからこその同病相哀れむ情の発揮だろう。間違っているかどうかということは、この際関係ない。他人にはわからない、どうしようもない生き方しかできない人間がいるということを、掟が自分の経験から知っていたというのが重要な点だ。

そのどうしようもなさについて最も感動的なのがセクシー☆オールシスターズというグループについて書かれた章だ。手島優《てじまゆう》、助川《すけがわ》まりえ、すのうちあすかといったセクシータレントによって構成されたユニットで、私はもうその存在も忘れていた。あるイベントで彼女たちは「乳輪はみ出し&パンツ丸見え上等な、とてつもなく安っぽいドンキ衣装」に身を包み、「前代未聞にどうでもいいおっぱいソングだけを、何曲も立て続けに」歌ったという。「おっぱいパブのハッスルタイムに使用する以外なんの用途も見い出せない曲」を「どおくまん漫画の領域」で歌い踊る。すなわち「目は血走り、形相は必死、歌声はヤケクソに限界まで張り、勢い余ったダンスでおっぱいはブーンと音を立てて宙を切る！」状態だ。これを観ていた掟は激しく感動する。「こんな曲でも死ぬ気でやり切れば、きっと何かが伝わるはず！」という捨て身のステージに心を射貫かれたのだ。章はこう結ばれている。少し長いが引用する。

——どうにもならない苦境に陥ったとき、人間は逃げるのではなく、敢えて立ち向かうことを選ぶ。放射能という見えない恐怖がこの国に住む人々をジワリと襲ってきている。今後5年10年で、飛躍的に癌患者は増えるかもしれない。でも、生きていくしかない。緩やかに死んでいくまで、何事もヤケクソの力でやりきるしかねぇ！

セクシー・オールシスターズからもらった教訓を胸にブルルンと携え、俺もヤケクソに生き抜いていこうと思う。今後、今まで以上に、くだらないことだけを必死にやっていくことを、ここに誓う。

文章からわかるように、これは二〇一一年三月一一日の福島第一原発事故を受けて書かれたものだ（二〇一一年六月号）。未曽有の事態にセクシー☆オールシスターズ。それが掟ポルシェなのである。赤塚不二夫はかつて自分の編集者だった武居《たけい》俊樹《としき》にこう言ったという。

「ずっと馬鹿でいなよ。利口になりそうになったらね、『お〇〇こ』って、大声で一〇八回叫ぶんだ。そうすると、また馬鹿に戻れるよ」（武居俊樹『赤塚不二夫のことを書いたのだ!!』文春文庫）

赤塚の言葉が私には重なって見える。

新刊『食尽族』のことを書こうと思ったら、過去の著作に触れているうちに満足してしまったので、どうでもよくなった。これは掟が自分の食へのこだわりを書いたもので、相変わらず他人にまったく斟酌しない、オレ流だけで最高の一冊である。これを読んでわかったが、私と掟ポルシェは食べ物の好みが正反対。だから掟ポルシェとは絶対にご飯に行かないことにする。私が大好きな博多うどんを掟は憎悪しているのだ。やわやわでうまいじゃん。

もう書きたいことは書いたので、このへんで終わりにする。もし手に入るようなら、劇《げき》画《が》狼《ウルフ》が私家版として刊行した『出し逃げ　掟ポルシェ最低コラム集』を読むことをお薦めしたい。今まで引用した箇所なんて小学館の学習雑誌に見えるほど、最低なことしか書いてない本だからだ。さすがに一般の版元からこれを出すことは不可能だろう。どのくらい最低かを示すために帯のコピーだけ紹介しておく。

「まかせてよ、女の体に取り返しの付かない傷つけるのとかそういうの俺平気だし！／掟ポルシェ10年ぶりの書籍は、男が男であるためのモテ指南書！　細かいことはどうでもいい、チ●●さえ入れちゃえばこっちのもんだ！」

ね、ひどいでしょう。

水道橋博士も議員バッジをつけてしまってはこの先思い切ったことも書けないだろう。サブカルチャーの物書きは掟に任せてがんばってもらいたいものである。掟ポルシェだったら絶対に市議会議員レベルでも立候補できないだろうし。

しかし、万が一ということがある。世の中に絶対はないので、掟ポルシェが杉並区議会議員とかになっちゃう未来だってあるかもしれないのだ。いや、まさかの参議院議員だって。

そうなった場合に今から言っておきたいが、掟には黒髪七三分けなんて恰好での登院は絶対に認めない。裸にサンバイザー一択だ。もしそれが拒否された場合、ザ・グレート・サスケのマスクを着用することだけは認める。スペル・デルフィンのは駄目だ。

サンキュータツオ『これやこの』

サンキュータツオが六月の末に随筆集『これやこの』を上梓した。〈水道橋博士のメルマ旬報〉連載が原型となった一冊だ。ああ、これは書評したいな、と本を読み、考えをまとめてキーボードに向かい、そして挫折した。ぎりぎりまで粘ったのだが、駄目だった。先月の原稿を落としてしまったのはそういうわけである。

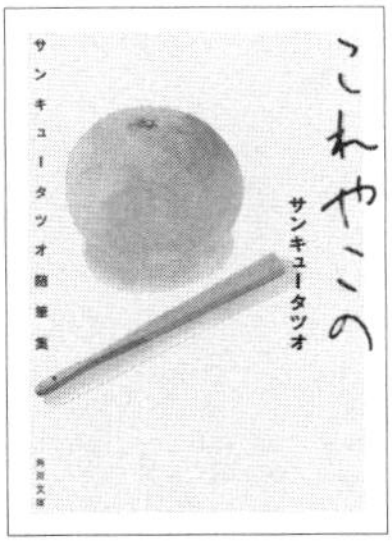

現・角川文庫／2020年

これは本のせいではない。『これやこの』はいい本だった。予備知識なしに読みたい人もいると思うので簡単に書いておくが、全体が故人の追悼になっている本である。収録された十七篇は、毎回違う人について書かれている。もうこの世にはいないが、かつては生きていて、誰かの大事な人であった。一篇一篇が誰かの存在証明なのであり、じゅうぶんに吟味された言葉で思い出は綴られている。その文章に誠意を感じる。

駄目だった、のは主に私の責任である。原稿を書き始めてすぐ、客観的に距離を取れていないな、と気づいた。対象に呑まれてしまっている。記憶を語るサンキュータツオに対して、自分も同じことをしたくなっている。つまり自分語りが入りこんでいるのだ。〆切ぎりぎりまで挑戦して、結局諦めた。これはたぶん、「何を見ても何かを思い出す」たぐいの本なのである。文章を読むと、自分の中にあるものが引き出されてくる。著者の記憶が自分のそれと重なって見える。何度か挑戦して、今の自分には冷静な書評は難しいとわかった。わかったところで時間切れとなった次第である。お恥ずかしい限り。

本の巻頭に置かれており、分量としては最も長いのが表題作の「これやこの」である。題名の元は、蟬丸《せみまる》作の「これやこの行くも帰るも別れては知るも知らぬも逢坂の関」で知られる歌枕だ。この歌は「これやこの」の中で引用されるだけではなく、本全体を通したモチーフにもなっている。大事な人との別れを題材とした本だから「これやこの」なのだ。

全体の半分近いページ数のこの随筆は、柳家喜多八《きたはち》と立川左談次《さだんじ》という洒脱を極めたような、誠に落語家らしい落語家について書かれたものである。共に癌で亡くなっている。柳家喜多八は二〇一六年五月一七日、立川左談次は二〇一八年三月一九日が命日である。実はこの二人は、サンキュータツオが世話人を務める落語会「渋谷らくご」の大恩人であった。草創期からの精神的支柱であった喜多八、生命の燃え尽きる前の大事な期間を会のために快く割いてくれた左談次。二人が会に参加するようになった馴れ初めから別れに至るまでを、そのときどきで抱いた思いを吐露しながら著者は語っていく。

その落語会でかけられた演目が何か、ということが歴史的な意味を持つことがある。最も有名なのは、故・古今亭志ん朝が未来の名人と称されるきっかけとなった一九八一年の「志ん朝七夜」だろう。落語は極めてライブ性が高く、同じ噺でもその場にいた者にしか共有しがたい意味が籠ることがある。そうしたものはたいがい非言語的であり、体験した者の証言という形でしか後に残せない。共演者との関係やその日の演芸場の雰囲気、前日の出来を引き継いだ演者の気分など、噺の外側をも含んだ空気としか呼べないものも含めてのライブだからである。「これやこの」でサンキュータツオは、二人の演者がそのときどきで掛けた噺を書き留め、可能な限りそれがなぜ選ばれたかにも触れている。高座ですべてを表現する落語家は、心中を言葉にするなんて野暮なことはしてくれない。だから何がかけられたかでそれを察するしかないのである。

渋谷らくごの開始は二〇一四年一一月、そこで「七度狐」「お直し」の二席をかけてから、一二月「文七元結」、翌一月「明烏」、二月「うどんや」に「二番煎じ」と、喜多八は途切れずに出演する。落語不毛の地であった渋谷に新しい文化を根付かせるべく始まった渋谷らくごは、所謂《いわゆる》落語マニアへの目配りをしない、初心者向けを標榜した会だった。初期の雰囲気を覚えているが、若者の街である渋谷、しかもユーロスペースという文化の薫り漂う場所での会ということで、やっかみ交じりの悪口を言う者も多かったはずである。

――楽屋では「いつまでもつのここ?」「来月はないかもしれないねえ」と、頼りない集客をおもしろ半分に茶化す師匠が、外の落語会では「なんであんなところ出るんですか」と問い詰められると、「古い知り合いがやってましてね」と弁護してくれていた。師匠がどんなに気を付けていても、私のところにそういう情報は入ってくる。それに対して御礼などを言ったら、師匠はきっと照れくさくなってすっとぼける。そういう美学を持っていた。だから師匠とは「渋谷らくご」にまつわる話は一度もしたことがない。

二〇一五年の後半に入ると、喜多八の体を蝕んでいた病魔がいよいよ猛威を振るい始める。ここで意味を持つのが、サンキュータツオが単なる観察者ではなく、伴走者であったことだ。いかにすれば柳家喜多八を居心地よくさせられるか、残り少ない高座に集中してもらえるか、に著者は心を砕き続ける。「これやこの」が単なる鑑賞記と一線を画しているのはこの点だ。落語家に最も近く、かつ高座の邪魔にならない位置に一歩退いて著者は立ち続けた。自分ありき、の人間には決してできないことである。芸人と、その芸に対する愛情と尊敬の念が行間からは滲み出る。

同年の九月には、喜多八の共演者として三遊亭遊雀が招かれた。遊雀の元の師匠は柳家であり、二人とも大師匠、つまり師匠の師匠は五代目柳家小さんである。昔の顔なじみと楽屋で一緒にいてもらおうという配慮であったが、その快さゆえか、喜多八は高座で普段はほとんどしない昔語りを唐突に始めたのだという。残された時間が少ないことを悟った著者は、今のうちに会ってもらいたい演者が他にいなかったか、と考え始め、立川左談次に思い至る。

左談次の師匠は立川談志、喜多八はその弟弟子である柳家小三治の一門だ。年齢は喜多八が一歳上だが、一九六八年に十八歳で入門した左談次のほうが落語家としてのキャリアははるかに上だ。喜多八が楽屋入りした一九七八年には、すでに左談次は二ツ目に昇進して五年が経っていた。にもかかわらず二人はうまの合う間柄であり、立川流創設に伴って左談次が落語協会を脱退した後も、個人的に付き合いは続いていた。

共演が実現した二〇一五年一一月一四日、左談次は杖をついての楽屋入りとなった。同年の四月、たしか下丸子で開催された落語会で、不注意な歩行者に突き当たられて転び、骨折した影響がまだ残っていたのだ。対する喜多八も、すでに杖が手放せない体調になっている。

二人の再会の模様を、少し長くなるが引用したい。

——楽屋にいる左談次師匠を見つけると、これまでの億劫な様子は微塵も感じさせず、笑顔で喜多八師匠はこう言った。

「兄《あに》さん、あっし、こんなんになっちゃいましたよー！」

高らかに杖を掲げて、満面の笑みである。芸人は照れるとこうなる。

何年かぶりに顔を合わせる二人の呼吸はそれでも昨日も一緒に飲んでいたような、息のあったもの

だった。即座に左談次師匠は自分の杖を高らかに掲げ、

「俺もだヨー！」

楽屋は笑い声に包まれ、終始明るかった。相手に気を遣わせないようにジョークで機先を制する。それがこの二人の暗黙の流儀である。

ここから喜多八最後の渋谷らくご高座となる二〇一六年四月九日まで、わずか五ヶ月しか残されていなかったという事実に改めて打ちのめされる。この間に著者が演者に対して行った配慮については、ぜひ実際に読んでいただきたい。落語会を主催する、芸人の生理をわきまえた上で演じる場を準備するというのはこういうことなのかと驚かされるはずだ。立川談志がよく言っていた「親切だけが人を動かす」の親切とは、こういうことを言うのだと改めて納得させられる。

私の心はここから急激にざわつき始める。次に予定されていた柳家喜多八の渋谷らくご出演は、同年五月一六日だった。しかし休演となる。代演は瀧川鯉昇。予約をしていた人の多くは喜多八目当てだったはずで、代わりを務めるのは気が重かったはずだ。トリで高座に上がると鯉昇は、しばらく沈痛な面持ちで客席を見つめた。というか、口を噤《つぐ》んでいると沈痛な面持ちに見えるのである。その口から友人である喜多八のことが話されるのだろう、と観客の意識が高座に集中した瞬間、鯉昇は、

「舛《ます》添《ぞえ》要《よう》一《いち》です」

とポツリ。都知事として当時スキャンダルで世間を騒がせていたあの人に、本当にそっくりなのである。

これで客席の張りつめたような空気が一気に弾けた。さすがとしか言いようのない真打の芸である。このくだりを詳しく覚えているのは、私も客席にいたからだ。この日に三度目の共演を果たすはずだった左談次は「短命」。得意なネタを軽く、軽く演じた。これも噺を知らない人にはなんのことかわからないと思うが「タンメンか」は左談次オリジナルのギャグだ。

鯉昇の「武助馬」でおなかいっぱいになった私は、渋谷の焼鳥屋で一杯飲んで帰ったのである。だが、休演の喜多八が亡くなったのは翌一七日のことだった。発表があったのは五月一九日で、私はその日遠く青森県は浅虫温泉にいた。陸奥湾越しに見える岩木山を見ながら、しばし茫然としたことを覚えている。すまいと思いつつ、やはり自分語りになってしまっている。私は生前の左談次と打ち上げなどで近い席に座ったことがある。若い頃は弟弟子の立川談四楼と共に「明烏」に出てくる源兵衛と多助になぞらえたたいへんな飲みっぷりだったというが、そのころはもう結構な酒品になっていた。二次会へ、というのでとある酒場にご案内したところ、ここは作家がよく来るところだから、と少し緊張した顔でおられたのを記憶している。

左談次が食道癌で闘病中であることをツイッターで公表したのは、『これやこの』によれば二〇一六年八月二四日だという。もしかすると癌で入院されているのではないか、と心配していた、その矢先である。心配していたというのは、検査入院の連絡を受けていたからだ。当時の私は都内の会場で定期的に落語会の企画を行っていた。この年の秋に少し大きめの場所を借りて会を開くことを考えており、左談次にも出演をお願いして快諾してもらっていたのである。五月一六日の渋谷らくごでも、楽屋に短時間お邪魔してチラシ用の写真を撮らせてもらっていた。杖はついていたものの、元気な様子であったので、検査入院と聞かされてもすぐに心配したわけではなかった。しかし、出演の情報が絶えてしばらく経つと不安が首をもたげてくる。その矢先に、「嘘もつき通せない性分」ゆえの告白がツイッターで行われたのであった。まさかという気持ちとやはりという気持ち半々で私はそれを受け止めた。

私のことなどどうでもよく、一人を見送った直後に再び病の報せを受けた著者の心痛は想像するに余りある。しかし再び演者の伴走を務める覚悟を決め、ここから左談次最後の出演となる二〇一七年九月一二日まで、長い闘いが始まるのである。演者は消えゆく命を最後まで燃やそうとし、著者はその芸を余すところなく記憶に留めんとした。渋谷らくごがその共闘の場になったのだということが、本書の記述から伝わってくる。最後の最後に「立川左談次落語家生活五十周年記念特別興行」として五夜連続の開催が決まったとき「この瞬間、どんなことが起こっても、責任をとる覚悟が決まった」と書かれているのは一分の偽りもない著者の真情のはずである。

だいぶ書きすぎてしまった。ネタばらしにならぬよう、また、未読の方の興を削がぬようにこれでも配慮したつもりである。ご寛恕願いたい。

著者とは話をしたことがない。すれ違ったことは何度か、ある。ラジオ局の廊下や劇場などで何度か。会釈はしたが、向こうはこちらをご存じないから特に何も思われていないだろう。『これやこの』を読んでいて知ったが、前世紀の終わりごろに短い間だけこの世に存在した「上野文庫」という古本屋で学生時代の著者はアルバイトをしていたことがあるのだという。だったらそこでもすれ違っている。やたらと古典芸能関係に強い古本屋だった。

サンキュータツオは居島一平《おりしまいっぺい》と漫才コンビ「米粒写経《こめつぶしゃきょう》」を結成している芸人であり、早稲田大学大学院文学研究科を出た文学修士として教鞭を執る学者でもある。どちらも私が一度は憧れたものの、その道には進まなかった職業だ。私にはない意志と能力があったということだろう。尊敬している。たしか学部の卒業論文は立川志の輔で、長期にわたってインタビューを行ったのだとか。あの気難しい志の輔にそんな長いこと付いて回れるというのが凄い。やはり尊敬である。

何度もすれ違っているが、最も強く印象に残っているサンキュータツオは、渋谷らくごの世話人として、廊下の奥に立って観客を出迎えている姿である。出迎えと見送りの両方で立っている姿を見て、ああ、席亭でございとふんぞり返らず、感謝の気持ちを忘れてないんだな、それはいいな、とツイッターに書いたら、それぐらいは浅草木馬亭なら当たり前のこと、と嚙みつかれたことがある。いや、そうなんだけど。木馬亭というか、浪曲の会場では演者まで外に出てきて握手でお見送りをするのが恒例なんだけど。コロナでそれがなくなってみんな寂しい思いをしているんだけど。知っているけど、そういうことじゃなくて。

私が見て好ましく思っていたのは、伴走者に徹する美徳を備えたサンキュータツオの姿だったのだな、と『これやこの』を読んで気づかされた。繰り返しになるが、自分ありき、の人間にそれはできない。芸人としての自我を持ちつつ、同時にそうした一歩引く立場も務められるというのが、非常に不思議ではある。大きなものへの帰依、尊崇の念がなせるわざなのだろうと思う。

たこ八郎『たこでーす。』

アス出版／1984年

初めに山本晋也《やまもとしんや》『カントク記』(双葉社)のことを書いておきたい。

同書で興味深いのは、一九七〇年代の面白グループについて触れられた箇所だ。面白グループ最大の功績はタモリを世に出すのに貢献したことだが、フジオ・プロ主義者からすれば少年誌の連載が先細りになっていった七〇年代後半に、サロン的な憩いの場を赤塚不二夫に提供してくれたという意義のほうが大きい。もちろん創作面での良い影響もあったはずで、この時期の代表作である『赤塚不二夫のギャグ・ゲリラ』を丹念に読み返せば、そこに面白グループの影を発見することもできるのではないだろうか。古谷三敏《ふるやみつとし》が独立し、武居俊樹が担当編集者を外れたこの頃、フジオ・プロにはブレーンと呼ぶべき人材が長谷邦夫《ながたにくにお》と北《きた》見《み》けんいちのみで、アイデア量が目減りしていたのだ。

ただし弊害もあった。赤塚は面白グループの発展解消後もサロン的な交流への餓えが止まらず、フジオプロに近い中井駅前で地元有名人として振る舞うことに溺れた。長谷の『漫画に愛を叫んだ男たち』(清流出版)には、妙な人間を遠ざけろと高平哲郎《たかひらてつお》らに諫言され、赤塚がふてくされるさまが描写されている。もちろん中井に集まった人々に悪意はなかったのだろうが、赤塚に与えられる影響という意味においては、タモリ、所ジョージ、山下洋輔といったスターたちと比べるべくもなかった。ここから赤塚の退潮期は始まっていく。

それはさておき。その山本晋也が愛した芸人が、たこ八郎《はちろう》だった。

たこ八郎、と書いて反応するのは現在四十代以上の読者だけだろう。テレビに出ているスギちゃんという芸人がいるが、あんな風に前髪の真ん中だけを長く伸ばし、後は坊主にした独特な髪形、右の耳朶が千切れており、視線もどこか定まらず、過去に何かあったはず、という事情が明らかな、はっきり言えばまったくテレビ向きではない風貌をしていた。その顔で「たこでーす」と言うだけが持ち芸で、後はカメラの前でも自然体に振る舞い、共演者とスタジオの観客を笑わせるのが主な仕事である。今で言うリアクション芸人と一発屋の間のような位置に、バラエティ番組におけるたこの居場所はあった。タモリが「笑っていいとも！」に招いたことが、そうした道を開いたのである。

映画、ドラマにおけるたこは少し違う。

彼の知名度が上がるきっかけになったのは山田洋次《やまだようじ》監督の「幸福の黄色いハンカチ」（一九七七年）だが、これは主演の高倉健《たかくらけん》が〈網走番外地〉シリーズでたこと知り合い、気に入って山田監督に起用を進言したものだった。それ以外の作品でも、子分Bというような悪役の脇で出演するときに存在感を示した。たこのいるそこだけ、画面に特異点が出来る。演技をしている役者ではなく、素のゴロツキがふらっと入り込んできて、間違って出演してしまっているような空気になるのだ。その効果を狙って起用された例も多かったはずである。

たこに映画出演の機会を与えたのが山本晋也である。売れないコメディアンだったたこは、どこかで山本のピンク・コメディを観たらしい。そこで山本宅に電話をかけてきたのだ。電話をとった山本の妻は「たこの八ちゃんという人からかかってきた」と言ってゲラゲラ笑った。たこの存在が持つ効果に気づいた山本は、自作に彼を出し始める。

『たこでーす。』から、たこの出演場面がどういうものだったかを引用しよう。

――おかしかったよ。あれは何の映画だったか、たこちゃんが意味なく鉄棒にぶら下がってるんだよね。そういう、非常に奇妙な映画ですよ。そうじゃないとしようがないんだよ。セリフは言えないし。「……」「しようがねえなあ。ここ公園だろう。じゃ、たこちゃん、そこにぶら下がってるか」って言うと、「へーい」なんて、ぶら下がってるんだよね。すると、そこへ多少セリフ言えるやつがやってくる。くるけど、そこで下手にからかうと、自分の芝居が殺されちゃうから、それを無視してやっている。これで実に面白い画面が構成できたわけですね。

画面の中に特異点として存在して周囲の空気を歪ませ、緊張と緩和を自然に作り出す。山本がたこに与えた役割はそういうことだったのだと思う。テレビドラマ「さくらの唄」（山田太一《やまだたいち》脚本）でたこをレギュラーとして使ったプロデューサーの久世光彦《くぜてるひこ》は、もう少し別の使い方をしている。桃井《ももい》かおりに惚れているバカという役で、彼女の前を自転車で通り過ぎながら、見とれてしまって電柱にぶつかったり、川に落ちてしまったりする。それだけの役回りだ。

――日本ではそういうのあんまりないんだけど、僕は好きなのね、無機的な役っていうか。［……］「さぞ痛いだろうな」というところで、おかしさと憐びんというか、同情を買うと。アメリカ映画ではよくあるギャグなんだけどね。ドーンとブチ当たっといてパッとシーンが変わるという…。

とにかく強いんだよ、あいつは。何に当たっても平気なんだよ。［……］僕は、ホントにやるに勝るものはないと思うのね。とくにギャグの場合はね。高いところから飛び降りるスタントにしてもそうなんだけれども、おかしいってことはね、「可哀いそう」とか「痛いだろうな」っていうのはシンパシィになるのね。

「幸福の黄色いハンカチ」に出演した際も、高倉健に頭を摑まれ、車のボンネットに打ち据えられるシーンでたこは本領を発揮した。遠慮する高倉を促し、自ら頭をぶつけ始めたのだ。もちろん一発でＯＫが出る。そうして体を張った演技こそが唯一、カメラの前でたこがする「マジ」の演技だった。自分にできることはそれだけしかないと割り切っていたのだろうか。いや、そうではないような気がする。自分の体を道具として割り切り、それを活用するということだけを考える。棒のように倒れるべきときは倒れ、背景に徹するべきときは貼りついて何もしない。そのことによって何か（多くの場合は笑い）が生み出される。たこはそれに徹しようとしたのではないかと思うのである。たこの師匠は由利徹であり、アチャラカの最後の継承者とも言うべき喜劇人だった。由利は性格派俳優になることを潔しとせず、徹底して喜劇の芝居をし続けた。心理表現を排除し、喜劇的な外形のみを演じる芝居である。由利に憧れて芸人の道に入ったたこは、演技のできない自分にどこかで見切りをつけ、体を張ることに活路を見出していたのではないかと私は考えるのである。

前後したが『たこでーす。』は一九八四年に刊行された、当時としては前例のあまりない、売れない芸人一人だけをフィーチャーしたファンブックであり、伝記である。師匠の由利や、山本、赤塚、高平、タモリ、柄本明《えもとあきら》といった面白グループ人脈、プライベートでも仲の良かったあき竹城《たけじょう》や白川和子《しらかわかずこ》といった人々が楽しげに人間・たこ八郎を語り、それと本人の談話とを交互に綴っていくという形で本書は構成されている。刊行当時から奇書であるとの評判が立っていたが、読み返してみると密度が半端ではなく、芸人本としては異例なほどにみっしりしている。これだけの好著はなかなか無いと思うが、現在絶版になっているのが本当に残念だ。

たこ八郎は本名・斎藤清作《さいとうせいさく》、ファイティング原田《はらだ》と同じ笹崎ジムに所属したフライ級のプロボクサーだった。東日本新人王戦で原田と共にトーナメントを上りつめたが、同門対決が禁じられていたこともあり、仲のいい原田に譲って自分は棄権した（原田が新人王に）。そのため出世は遅れたが、一九六二年に二十二歳で日本フライ級のチャンピオンの座を奪取している。頭のてっぺんを剃り上げた奇抜な髪形から河童の清作と呼ばれ、ノーガードで前に突き進む特異なボクシングスタイルでも人気があった（これが矢吹丈のノーガード戦法の元だという説があるが、未詳）。ボクサー時代のたこについては笹倉明《ささくらあきら》『昭和のチャンプ　たこ八郎物語』（現・集英社文庫）が詳しい。『たこでーす。』のよいところは、これを読むとたこの人懐っこい、そして寂しがり屋な顔が見えてくる点である。一九四〇年一一月二三日に宮城県仙台市のはずれで生まれた斎藤清作は、洋画（ジェリー・ルイス&ディーン・マーチンの〈底抜け〉シリーズがお気に入りだった）などに影響を受け、早くから都会に出ることを夢見る少年であったという。当時、サーカスには人さらいがいて、それに捕まると酢を飲まされて体を柔らかくされ、曲芸師にされるという都市伝説があった。清作少年はその話を聞き「サーカスにつかまって行けば、都会へ行ける」と夢想した。とにかく賑やかなところに行きたかったのだ。

上京したのもボクサーになるためではなく、なんとなくの憧れがあったからだろう。そのため現役に執着せず、むしろ日本王座の防衛戦で敗れて引退届を出したときは負けて嬉しいという心境だった。コメディアンに憧れて現役ボクサーのまま由利徹に入門志願をしたものの、「俺がチャンピオンを弟子にできるかよ。ボクシングができなくなったらこい」と言われていたからだ。言質を盾に清作は見事弟子入りを果たす。たこ八郎の芸名の由来はよく行く飲み屋の名前が「たこ九」だったことに因んでいる。ただし、由利徹がつけた名前は本来「太古八郎」だった。だが、ある事情により改名ということになる。

由利　［……］そしたら、あいつが、「先生《シェンシェー》、タコって漢字、ボク書けねえ」って言うんだよ、な。多いって言うの、この、字の画数が。「古っていう字が、ど、どうしたらいいのか…」って。もう全然おかしな字、書くんだ、あれ。片仮名か平仮名だったら書けるって。困ったよ。

しかしたこにはボクサー時代の激しい打ち合いのために障害が残っていた。どこでもすぐ眠くなる。そして眠れば所構わず寝小便をしてしまう。師匠と一緒にタクシーに乗っている際に後部座席で漏らしてしまい、溜まった小便が溢れて由利の靴の中まで一杯になった、などということもあった。あまりに寝小便の布団を干してばかりなので、由利の息子が自分がやったと思われるから止めてくれ、と文句を言ったくらいである。そのため、一年余りで内弟子を辞した。

その後に頼ったのが稀代のボードビリアンとして知られる泉和助《いずみわすけ》、そしてその弟子の泉太郎《たろう》（ワ輔《すけ》）、由利徹門下のはな太郎《たろう》らであり、はなの家には二年近く居候している。いや、由利の家を出てから十年近く、一九七〇年に新宿百人町のアパートを借りるまで、たこには決まった住所がなかったのだ。誰のところに厄介になっても邪険にされず、惜しまれつつ去っていくような居候の哲学をたこは持っていた。持病の寝小便があり、酒も飲むのだが、それでも嫌われないのである。山本晋也や久世光彦といった人々が手を差しのべたくなったのも、わかるような気がする。

ともすればそうした放浪人としての側面ばかりが注目されがちだが、たこには喜劇人としての矜持があった。あくまでアチャラカに徹する由利徹についての言葉を引用する。

――由利徹ってのは、やっぱ日本一だね。喜劇役者ったら由利徹しかいないいね。あんなにできる人、いない。古典を知ってるから。新しいもんだけじゃなく、古いもんも知ってて、それが全部できていて、それを崩したりできるの。[……]動けるんだもん。忠臣蔵の山崎街道でも、〝赤城の山〟の所作でもちゃんとやれる。〝赤城〟なんて、島田正吾《しまだしょうご》、辰巳柳太郎《たつみりゅうたろう》をちゃんと使い分けるからね。両方できんの。

アチャラカにおける型の重要性をたこはきちんと理解していた。考えてみれば日本の頂点へ上りつめたアスリートなのだから当然のことである。喜劇人の本質は身体性にある。自身ではそれが叶わなかったが、できる範囲で実現しようとしてあのような「たこ八郎」の芝居を選んでいたのではないだろうか。おもしろおかしい一面だけではなく、そうした素顔も『たこでーす。』という本は覗かせてくれる。戦前に活躍した高瀬実乗《たかせみのる》という怪優がいる。「あのネ、おっさん。わしゃかなわんヨ」のフレーズを言うだけで観客を持っていくという芸の持ち主で「アノネのオッサン」の異名をとった。たこが目指していたのも、実はそうした道だったのではないだろうか。

一九八五年七月二四日、たこ八郎は海水浴に出掛けた先で心臓麻痺を起こし、死亡する。享年四十四である。溺死という報もあり「たこ、海に還る」などと見出しを立てたスポーツ紙もあったが、これは芸人ゆえの悪洒落というべきだろう。山本晋也『カントク記』は、鬼籍に入ったかつての仲間達を偲ぶ最後にたこについて書き、あとがきを終えている。それを読んで幻のようにたこ八郎の記憶が甦ったので、あえて一回を立てて書いた。

萱森直子『さずきもんたちの唄』

左右社／2021年

瞽女は、それを生業とする者がいなくなった芸能の名称である。

瞽女唄自体は絶えたわけではない。それを歌う者によって、芸能として継承されているからだ。しかし本来の形での瞽女、歌を生計の手段とする者はすでにこの世にはない。

二〇二一年一〇月に刊行された『さずきもんたちの唄』の著者である萱森直子は、「最後の瞽女」と言われた小林ハルに師事し、その唄の継承者となった。瞽女について聞き書きの形で出されたものはこれ以前にもいくつかあるが、本書は内部の視点から書かれている。記録ではなく、記憶に残すために綴られた本と言ってもいい。小林ハルと、彼女が受け継いできたものの人間らしい温かみを語り遺すために萱森は筆を執ったのだ。

あくまでも個人的な体験を軸として書くために、萱森はまず自分と小林ハルとの出会いから話を起こしている。視覚障害を持つ高齢者専用の施設を、点字本作りのサークルに加わっていた萱森が訪ねたのが一九八七年一〇月二二日のことであった。そこで偶然ハルの唄を聴いたことで運命が決まる。その歌声がいつかは失われるということに焦燥感を覚えた萱森は弟子入りを志願する。といっても出会ってすぐというわけではなく、いくらかの歳月を要しての入門であったのだが。その人柄にも魅了され、萱森は小林ハルという人の芸と精神をそばで学び始める。

瞽女唄を理論的に解説することを目的とした書ではないが、全体を通読すればその全体像は朧《おぼろ》げに見えてくるはずである。すべての基本は、客の前で演じることを主とした芸であったということだ。自由度が高く、一つの演目に正解といえるような歌い方があるというわけでもない。萱森はある日、思いついて音程をぐっと低くして習った唄を歌ってみた。そうするとハルは表情を和らげてこう言ったという。

「あ〜、今のはようできた。そうやってうたえばいいんだ」

「前みたいに上手にうたってたら客が困るだろうが」と。

──「すばらしい声ですね、お上手ですね」とほめるしかない、それまでの私の唄はハルさんにそんなふうに聴こえていたのでしょう。そんな窮屈な思いを客にさせるな。ハルさんの言葉はそういうことだったのです。

客を楽しませるための芸能であり、完成度を高めることが求められる芸術ではない。ましてや、学者が求めるような情報の正確さも本来の目的からは外れている。そうした自由闊達な芸の輪郭が、複数のエピソードから浮かび上がってくる。歌うたびに変わってかまわない。師から受け継いだ教本を一言一句変えずに再現することを求められない。そうしたありようは浪曲にも共通する部分がある。

やや脱線するが、浪曲の台本には日本語として見たときに首を傾げたくなるような表現が散見される。たとえば浪花亭綾太郎《なにわていあやたろう》「壺坂霊験記」の外題《げだい》付け、「妻は夫をいたわりつ、夫は妻に慕いつつ」などもそうだ。「妻を慕いつつ」ではなくて「妻に」なのである。これは文法的な正しさよりも語調を重視するがゆえの表現だろう。この日本語的なおかしさについては、浪曲嫌いの識者誰もが指摘するところである。しかし「壺坂霊験記」を、日本語としてどうか、と思いながら聴く者は皆無のはずだ。みな言葉の織りなす調べに酔いたくて聴くのである。そこのところを見誤ると芸能の本質からは遠く離れていくことになる。

本書の中に萱森が、ある著者から瞽女唄の研究書を贈られる話が出てくる。その著者は添え紙をして「近代以降の瞽女唄は文字社会の口承文芸であることを忘れてはならない」と書いてきていた。「正しい文字」に沿って歌いなさい、ということだ。萱森は書く。

――ただ、「文字社会の口承文芸」という、相反する方向を向いているふたつを強引につなげたような言葉そのものが、まるで判じ物のようで意味が通るようで通らないようで、私のようなうたい手にはなじまないのです。

ここに文字に対する人間の驕りがあるように感じる。文字にした言葉にはもちろん大きな価値がある。いかなる思考も文章化しなければ誰とも共有できないのだし、文字にすることで初めて概念に形を与えることができる。しかしそれと同時に、文字に直せないもの、音楽が引き起こす情動のように一過性で記録をしかねるものが世の中には存在するということも確かなのである。文字の及ばない世界、解釈や分析といった理屈が及ばない領域に対する敬意を、芸能について知ろうとする者は決して失ってはいけないのだ。口伝によって受け継がれてきたものを改めて文字の形で残そうとする試みの本書は、第一にそうした畏敬の念について書かれていると私は認識した。これは瞽女唄に限定されない、口承文芸すべてについて言えることである。

ここまで瞽女について細かい説明を省いて書いてきた。盲目芸人の一種で、三味線を弾いて歌うことが基本である。その唄にはさまざまな種類があり、これが瞽女唄だという定義は難しい。最も重要なのが祭文松坂と言われる長篇歌謡で、いくつかの段によって構成される。「葛の葉子別れ」「佐倉宗五郎一代記」など他の芸能にも含まれるものが演題には存在する。このほかにはやや短い「口説き」の他、長唄や常磐津などから来たもの、民謡、「鴨緑江節」などの流行り唄などさまざまである。瞽女唄にはそういうイメージがないかもしれないが、「ヘソ穴口説き」という猥歌もある。へその穴が自らの出自について考えるうちに、近隣にもっと違う「かわいがらるる愛嬌ありて世間つきあい慰み事」に用いられる穴があることに気づくというものだ。

この芸能の起源はおそらく中世までは遡れるものと考えられる。ただし、知られる形になったのは近世以降のことだ。おのおのの瞽女は単独で存在するわけではなく、必ずどこかの家に属していた。つまり組織化されていたわけであり、検校《けんぎょう》を頂点とする盲人の組織が存在したこととありようが重なる。視覚障害を持つ者が、各家に弟子入りする形で瞽女になった。なれるのは女性だけで、家の中には男子禁制といってもいい厳しい戒律があったのである。女性の部分につけこもうとする男が後を絶たなかったことも一因だろう。瞽女に関して書かれた本を読んでいると、必ずそういう男の話が出てくる。鈴木《すずき》昭英《しょうえい》・松浦孝《まつうらたか》義《よし》・竹田正明《たけだまさあき》『伊平タケ　聞き書越後の瞽女』(講談社)に、毎年上州を歩いていた瞽女が、土地の男が嫁にすると言いだしたために、とうとうその地に行かなくなった話が出てくる。また、大山真人《おおやままひと》『杉本キクエ口伝　わたしは瞽女』(音楽之友社)にも、目の見えない女だと思って卑しい振る舞いに出る男のことが書かれている。そうしたことに対する心構えとして、年上の瞽女はこう教えたという。

「どんなことになっても、たとえ五十銭でも一円でも受け取るんじゃないよ。そしてもし子供ができたらけして育ててはいけないよ。操を売ったことになるから」(『杉本キクエ口伝　わたしは瞽女』)

瞽女は芸能者であるという自らの職業に高い誇りを抱いていた。伊平《いひら》タケはテレビに登場して瞽女唄を披露し、この芸能に注目を集めるきっかけを作った人だ。その彼女が男性と結婚したのは二十七歳、一九一二(大正元)年のときだった。彼女以前には厳しい戒律でそれは禁じられていたのである。

――[……]ところが、ゴゼは結婚してはならん、そう縁起にも書いてあるが、でも村の大家さまから布れが回って、人を寄して(寄り合いの席で)話をしなしたの。確かその時、私は十幾つのころだったかのう。(『伊平タケ　聞き書越後の瞽女』)

瞽女の恋愛には年落しという刑罰が待っていた。師弟関係が存在する瞽女は、独り立ちするまでに修業期間を勤めなければならない。それが終わって初めて自営業者として認められるのである。「年落し」とは、違反行為をした分だけ差し引いて、修業を追加するという決まりだった。その中に男性との恋愛が含まれていたのだ。こうした戒律を嫌って、瞽女の家から離れようとする者もいた。水上勉《みずかみつとむ》が『はなれ瞽女おりん』（現・新潮文庫）で書いたのはそうした者たちの肖像である。

厳しくもあるが、こうした疑似親子関係のようなつながりによって守られていたということでもある。瞽女は単独行動を取らず、集団で歩いた。その先頭には手引という晴眼者が立つことが普通で、肩に手をやりながらむかでのように連なって歩いたのである。先に書いたような不埒な男や、土地土地の理不尽に対抗するためという意味もあっただろう。自らの持つ芸能によって人を楽しませることで対価を稼ぎ、体や心は決して売らないという誇りが瞽女の長い歴史を支えたのである。

『はなれ瞽女おりん』などの哀しい物語によって形作られたイメージがあり、漂泊芸という先入観も働くため、瞽女はどうしても差別との関連で語られることが多い。盲目の少女が瞽女になる決断をするまでには自分以外の意思が働いたのは事実だろう。ただし、決して彼らは売り買いされたのではなく、弟子入りという形で産みの親との縁を切り、新しい瞽女の親と子の契りを結んだのである。萱森が『さずきもんたちの唄』でたびたび強調するのも、小林ハルとの間に結ばれた情の存在である。歌うという芸によって縁を結んだ運命がこの芸を成り立たせている。「さずきもん」、すなわち「さずかりもの」という言い方がその思想を端的に表している。

あるとき萱森は、ハルが語った過去について「おつらい思いなさったんですね」と答えたところ、激怒されてしまったという。ハルが怒ったのは自分との間に結ばれた縁を無碍《むげ》にするようことを萱森が言ったからだった。

「いろんなしょ(人)が話聞かせてくれろて言うてくるからおれは話して聞かせる。本書きてぇて言えば苦労話聞きてんだろと思うてせつなかったこと話して聞かせる。それでも、いっくら話して聞かせたってわかるわけはねんだ。わかるなんて言うもんはうそつきら。よそのしょはそれでいいこてや。本書きてんだったら本書きゃいい。だろも、おめがそんげこと言うてのは何事ら」

わかるなんて言うもんはうそつきら。

これほどに芸人の内と外を峻別する言葉はない。外の人間にはわからないのである。わからないなりに言葉で、文字でそれをなぞるようにして記録に留めている。芸人本を読み、書くときにそのことは決して忘れるべきでない。

萱森は、自分は瞽女ではない、と言い切る。そうではなく、瞽女唄を歌っている者なのだと。内に入り、小林ハルと縁を結んだ者だからこそ、その違いを明確にしなければならないと考えるのだろう。外の人間でしかない私は、その関係をただ見守ることしかできない。見守ることにもなんらかの意味が持たせられるはずだ、と考えながら。

鵜飼正樹『見世物稼業――安田里美一代記』

半径のごく小さなメモワールから始めることをお許しいただきたい。

幼い頃、東京都西部の府中市に住んでいた。お宮参りはその府中市にある大國魂神社なので、今でも気分としては同社の氏子である。大國魂神社のくらやみ祭は関東三大奇祭の一つと呼ばれていて、日没後に神輿《みこし》と山車が出る。昔は街灯を消して、文字通り暗闇で神事を行ったそうで、そのためかずいぶん荒っぽい祭だったと聞いている。祭のタカマチには見世物小屋が出ていた。足でおてもやんを踊る牛娘だとか、人魚のミイラだとかいったものを薄暗い小屋掛けの中で見た記憶があるが、たしか私が二十代になった一九九〇年代までは普通に出ていたはずである。

祭の中心地は府中駅前の四箇町といわれる町内で、そこに住んでいたご家族に私は保育でお世話になっていた。いわゆる保育ママだ。旧甲州街道から少し入ったところにあるお宅で、今はもうそこには住んでおられない。三世代のご家族で、いちばん上のおばあさんが三味線のお師匠さんをしていた。そこによく出入りしていた男たちは鳥打ち帽に革ジャンパーといった、到底勤め人には見えない風体で、そばによるとプンと煙草の匂いがした。テレビで観たり子供向けの読本で覚えたりした落語「の・ようなもの」を男た

新宿書房／2000年

ちの前でやってみせて、いい気におだてられたという記憶がある。おばあさんはいつも長火鉢の前に座っていた、という光景が頭の中にあるのだが、それはさすがに後から作られた模造記憶だろう。

それはさておき、府中という街は賑やかな土地柄だった。一年を通して大國魂神社では何かの祭事がある。その奥には親不孝者の集う東京競馬場がある。府中本町から南武線に乗れば川崎や立川、京王閣といった競輪場にもすぐに行ける。そのころはトルコ風呂といったソープランドが東府中の駅前にあり、府中駅前にも風俗街があった。立看板に「オババ・オデブ・オブスは風俗の三悪」と書いてあるのを、高校時代に通りかかると必ず口の中で反芻していたものだった。つまりは悪所の匂いがぷんぷんしていた。プロレスを初めて生で観戦したのも、この府中市内のどこかの野外特設リングだったように思う。

高校時代の友人に珍々亭無人君という人物がいる。祭の見世物小屋に今年は何が来たかとか、府中駅前の男専書房（という名のビニ本屋があった）に今度潜入しようとか、つまりそういうくだらない話をする仲間である。いつだったか、その彼と久しぶりに会った際、こんなことを教えてくれた。

「おじさんは知っているか喃《のう》」

おじさん、というのは無人君から私に対する呼びかけである。ちなみに私も彼のことをおじさん、と呼ぶ。だっておじさんだから（『付き馬』）。

「何かね」

「実は人間ポンプは二人いるらしいのだ」

「なんと、あんな人は世の中に一人だけかと思っていた。世の中は広い喃」

「奇妙奇天烈である」

これだけ読んでも何のことかわからないと思う。人間ポンプというのは大道芸の一種で、いろいろなものを嚥下しては吐き出すのを客に見せるのである。単に吐くだけならばその辺の酔っ払いでもできるというものだが、人間ポンプの場合は吐き分けができる。たとえば金魚を生きたまま呑んでまた戻したり、白と黒の碁石を呑んで、その出てくる順番を当てたり、といった芸だ。さらにはガソリンを噴いて人間火炎放射器になったりもする。当時、見世物小屋を覗くのが好きな連中の間で有名だったのが、安田里美《やすださとみ》だった。鵜飼正樹《うかいまさき》『見世物稼業——安田里美一代記』はその生涯について聞き書きしたもので、四歳で興行者・安田与七《やすだよしち》にもらわれて幼いころから小屋掛け芸人として暮らしてきた男の、貴重な語りが満載されている。一九二三年生まれで一九九五年一一月二六日に没したが、その前月まで舞台に上がって火吹きの芸を披露している。私が珍々亭と右記の会話をしたのは、もう安田里美の出る興行も限られてきて、数奇者たちにカルト・ヒーローとして崇拝されていたころではないかと思われる。「もう一人いるのか」というニュアンスはそういうことである。

そのもう一人は、名を園部志郎《そのべしろう》という。安田里美とは同じ一九二三年の生まれで、奇しくも同じ年の一九九五年一一月一日に亡くなっている。安田・園部ともにほぼ独学で人間ポンプの芸を身につけ、弟子をとらずに没した。稽古をしてどうなるものではなく、体質に負う部分の大きい芸だったからだろう。二人の死によって、この国からは人間ポンプという芸は消えたのである。安田が亡くなったという記事はスポーツ新聞で読んだ記憶があるが、園部のそれには気づかなかった。知らない間に、人間ポンプの火は消えていた。

それから二十年以上の歳月が経ち、「もう一人の人間ポンプ」のことなどすっかり忘れていた頃に、ひょっこりと園部の評伝が出た。題名を『人間ポンプ　ひょいとでてきたカワリダマ　園部志郎の俺の場合は内臓だから』という本だ。著者の筏丸《いかだまる》けいこは詩人である。フラミンゴ社という版元に聞き覚えがないので見てみたら、奥付にある住所は埼玉県坂戸市のものだった。一般書店にはあまり置いていないと思うが、ISBNはついているので注文は可能である。

「前口上」によれば筏丸が初めて人間ポンプ・園部志郎と出会ったのは一九八七年、浅草ROXビル前の広場で芸を披露していたところに遭遇したのである。もともと大道芸に強い興味のあった筏丸はたちまち園部に魅了され、接近していった。亡くなるまでの八年間の聞き書きと、おそらくは没後に集めたのであろう資料とで本書は構成されている。人間ポンプという芸そのものは戦前からあったというが、園部はテレビ出演がきっかけになって脚光を浴びた芸人だという。マスメディアによる特集記事やテレビ・ラジオ出演時の記録なども所収されており、鵜飼の前掲書と同様資料価値は高い。

二つの本を読み比べてみると、同じ人間ポンプを売りにしながら安田と園部はまったく違った生き方をしてきた芸人であることがわかる。前述のとおり安田は幼時に興行師にもらわれたことから生涯を大道芸の人として生きた。園部の生家は堅気の豆腐屋である。副題にある「ひょいとでてきたカワリダマ」というのは、彼が人間ポンプになった経緯に絡む出来事を指している。舐めているうちに色が変わるカワリダマという飴がある。小学一年生のとき、授業中にそれを舐めていた園部少年は、先生に怒られるのが嫌さで咄嗟に飴を呑み込んだ。それもいっぺんに三つである。急いでお手洗いに行ってえずいてみると、無事にその三つの飴が飛び出してきた。その体験が強い印象を残したために、以降いろいろなものを飲み込んでは吐き出すということを繰り返すようになったのである。小石を飲み、泥鰌《どじょう》を飲み、それが評判になって村の演芸会に出て優勝する。賞品をもらって来たので親も呆れて叱らなくなる。そうした体験に味をしめ、園部は十代半ばにしてサーカスに入り、巡業で各地を回るようになった。

自らが小屋掛けの芸人であることに強い自尊心を持つ安田と園部が決定的に異なるのはこの点である。昭和のテレビには奇人変人登場というジャンルがあり、さまざまな珍芸の持ち主や、変わった体質の素人が頻繁に登場していた。そうした素人番組に、園部もこだわらず出演することがあった。また、人間ポンプのバリエーションである火吹きは、時代劇の悪役やスタンドインなどに珍重された。テレビ朝日系で放映された時代劇「新 必殺からくり人」で芦屋雁之助が演じた「火吹きのブラ平」も、園部が代役を演じたのだという。同シリーズの「必殺仕置人」第一話にゲスト出演したクシャおじさんこと桃中軒白雲《とうちゅうけんはくうん》と、テレビにおける役どころは似ているような気がする。

こうして書くと素人芸の延長に見えるかもしれないが、園部にはもちろん芸人としての強いプロ意識があった。素人の一発芸はしょせん瞬間のもので、舞台の持ち時間を支えることはできない。園部は戦後東京吉本に属し、蛇を体内に出し入れする「人間スネーク」で売り出した。その芸を持って次は進駐軍キャンプ廻りをし、大量の水を飲んで吐く「人間ポンプ」に転じて活路を見出す。キャンプ廻りはディナーショーであり、蛇を使った芸は受けが悪かったからだ。園部はそこからさまざまなものに挑戦して、いくつかの鉄板芸を見出していく。たとえば卵を飲んでヒヨコにして出す、十円玉を飲んで鋳造年ごとに吐き分ける、電球を体内で点灯させるといった芸である。

十円玉を飲んで吐き分ける、というとまるでマジックのような種がありそうな気がする。実際、人間ポンプ芸人の中には本当にものを飲まず、手品によって現象を演出する者もあったのだという。しかし園部のそれはマジックではない。吐き分けのできる原理があるにはあるが、本当にものを飲んでいる、という真実がすべての芸の土台になっていたのだ。

種明かしは野暮であり、実際に本書を読んで確かめてもらいたいが、少しだけ引用をしてみたい。まずは十円玉の吐き分けについて、である。

「十円玉のまわりには、ギサがある、あれを消しておいたり、半分消したり、それを胃からあげたときに、舌でたしかめるわけ」

詳しくは書かないが、碁石の吐き分けにも同様の工夫がある。どうやったらそれを飲めるか、吐くタイミングをコントロールできるか、といった研究を園部は怠らなかった。幼少時の、自分は飲んだものを吐き出すことができるという発見に始まり、自身の体質についての探求心を生涯持ち続けたのである。『見世物稼業──安田里美一代記』との違いはそこで、大道芸人としての矜持を語ることに重点がある安田に対し、園部の語りは自身の胃袋についてのものが大半を占めている。だから「俺の場合は内臓だから」なのだ。『見世物稼業』には園部についての記述もあり、「わしがもう、いちばんお客を集めたんやから。園部なんてものの数じゃない」と息巻く。それに対して園部は「安田里美さんとは会ってないんだなー。噂には聞いていたけれど」と無関心を強調するのである。これはどちらかが嘘をついているわけではなく、人間ポンプという芸についての構えが違うからだろう。

「人間の体温はどのくらいあるかと申しますと、お客さんのほうがおわかりと思いますが、だいたい健康体のかたで三十六度四分から七分くらいまでです」

と人体についての知識を語るのが人間ポンプ・園部の口上だった。あまりに詳しいので本職の医師から同業かと疑われたくらいなのである。ケーシー高峰よりも早く、園部志郎は偽医者として舞台に立っていた。安田の強烈な自負のありよう、園部の謙虚であるが「自分」という素材には徹底して執着する態度、どちらも非常に芸人らしいと私は思う。

安田里美の火吹きはガソリンだが、園部はベンジンであった。それが安田にとっては気分的な優位の根拠にもなっていたようだが、ベンジンを採用した理由も非常に園部らしいものである。

「ガソリンは危ないんだ。重いから量を余分に吹いちゃうと燃えきれずに下に落ちて、床がコンクリートでなかったら燃えちゃうからね。［……］味はベンジンがいちばんおいしいといったら、おかしいけど。匂いは灯油。ベンジンはガソリンの五倍くらいの速さで発火するからむずかしいけれど、蒸発も早いし、火はきれいに出る。［……］俺の場合、飲んじまうから火傷が怖い。胃袋、吹っ飛んじゃうもんね。芸が終わってもベンジンがなくなるわけじゃないから、もちろん（吐いて）もどして、薬局で売ってる飲むと匂いが早く消え、きれいになる水薬を飲んで洗ってる」

単に口に含んで吹くのではなく、飲んだものを戻しているわけである。百ミリリットル飲んで吹くのは半分で、残りは体内に残る。それが引火しかけて、肺に火傷を負ったことも一度ならずあるのだ。

それで思い出すのが亡くなったプロレスラーのミスター・ポーゴである。日本のプロレス界では、ポーゴ以前に悪役レスラーが使う火といえば種に点火して投げつける程度であった。それを噴射の形にしたのはポーゴの功績だ。彼にインタビューした藤本《ふじもと》かずまさの記事によれば、ポーゴはリッキー・スティムボートからヒントを得て、火焔噴射を始めたのだという。ベンジン、ライターのオイルと試した結果、もっとも遠くまで火が飛ぶ灯油を採用した（「週プロモバイル」二〇一七年六月二四日「ポーゴさんが語った火炎攻撃」）。

ミスター・ポーゴの火炎攻撃を初めて見たのは、ＦＭＷの今は無き川崎球場大会だったと記憶している。府中の子であるわれわれは、南武線に乗ってえっちらおっちら川崎まで行き、ポーゴのビッグファイヤーに興奮させられて、またえっちらおっちら府中まで帰ってきた。大國魂神社、くらやみ祭、見世物小屋、ミスター・ポーゴというように、私の中では人間ポンプの芸は一つの軌道上にある。たぶん南武線ぐらい都心から離れた場所にある軌道だ。人間ポンプと聞いた瞬間に焦点を結ぶ像は、懐かしいあのタカマチの光景であると同時に、川崎球場の薄闇でもある。これまでは、安田里美がまとう極彩色のオーラがそれらの情景の背景色となっていたのだが、それに園部志郎のモノトーンが加わった。両極端の人間ポンプが、記憶の奥底にあるものを立体化させたのである。そうした意味で忘れられない一冊となった。祭りの宵や悪所の暗がりに記憶の引っかかりがある方は、おそらく本書から同じような刺激を受けるのではないかと思う。

いとうせいこう『今夜、笑いの数を数えましょう』

講談社／2019年

病院の待合室で順番がくるまでの長い時間を、いとうせいこう『今夜、笑いの数を数えましょう』と共に過ごしていた。最初に噴き出したのは、いとうが「僕、若い頃すごい悩んだよ。チャーミングじゃなかったから」「客の前にトカゲみたいな目をして出てっちゃうんだもん(笑)。楽屋でまず本番直前に鏡に向かって『殺してやる』って言って出てったからね」と発言するくだりである。ああ、だからあんな表情でテレビカメラの前に立っていたのか。そう思いながら不謹慎ながら、病院の廊下でげらげら笑ってしまっていた。

本書は倉本美津留《くらもとみつる》、ケラリーノ・サンドロヴィッチ、バカリズム（升野英知《ますのひでとも》）、枡野浩一《ますのこういち》、宮沢章夫《みやざわあきお》、きたろうをそれぞれゲストに迎えて下北沢B&Bで行った対談を書籍化したもので、「笑いの数を数え」るとは「我々が笑う／笑わせるというのはどういうことなのか」の定義づけを行うためのサンプル集めである。「何は笑えるか」「笑えないか」を挙げていく倉本との対談に始まり、立場や考え方が異なる各人との対話の中には、さまざまな目を惹く発言が出てくる。

たとえば、客を笑わせるために板の上の芸人がすべきことについての、バカリズムといとうのこんな会話。

升野　要は笑わない理由を消すってことですよね？

いとう　そうかもね！　笑わない理由を消すこと！　納得を一歩手前で消しちゃうの。例えば納得しようとしていて、そう出来なくなって、おっとっとってなった時に思わず横隔膜が動く。なんだかわからないけど人は痙攣してしまう。ノイズ的な反応をしてしまうように、神経の興奮の行き先を混乱させるんだよ！

もしくは、プロの歌人でありながら芸人としても活動している枡野浩一が自身の専門に引き付けて言った、こんなこと。

枡野　［……］俳句の世界で「つきすぎ」といって、言葉が近すぎると退屈で、ちょっと距離がある言葉を組み合わせると面白いというのがあるんですけど、お笑いもそうですよね。

こんな具合にさまざまな発見がある本で、いちいち反応していたらそれこそ丸写しになってしまう。だから現物で確かめてもらいたいのだが、どうしても書いておきたいことが二つある。本書の中で、私が強い関心を抱いた点である。

一つはフラの問題だ。フラとは落語の用語で、演者の個性に還元して解釈するしかない、言いようのないおかしさのことを指す。代表的な演者が、大河ドラマ「いだてん」にも登場する五代目古今亭志ん生だ。「なんということのない台詞でも志ん生が言うとたまらなくおかしい」と絶賛されるのはこのフラありきなのである。

いとうは、そのフラの謎に挑んでいる。初めから言語化が難しいとわかっているものについて、なぜそれがおかしいのか、徹底的に考えた痕跡が対談の中から浮かび上がってくるのである。特にそうとは言っていないが、本書に登場する現役の演劇人、喜劇人、芸人の中で最もフラを体現した人物に見えるのは、シティボーイズのきたろうだ。いとうにとってきたろうは、演劇上の師匠にあたる人物でもあるという。以下は、第一夜の対談で倉本美津留と話した際のいとうの発言だ。

いとう　きたろうさんが教えてくれたことで唯一、役に立ってることがある。ツッコミで迷ったら、一回「ンンッ（咳払いのような声）」を入れろって言うんだよね。「ンンッ、何でしたっけ?」って感じで。[……]「ンンッ」は舞台だと客には聞こえないって言うわけ。なぜ、その「ンンッ」を入れると間が……間尺って芝居とかコントでは言うんですけど、なぜ間尺が合うのかは全然言葉にできない。なんだろう、これ。[……]ものを言っていく時に、ただ裏切ればいいってものでもないし、ただ指摘すればいいってことでもなくて、あるお客との共有というか、それを言う本人の気づきの芝居もあるのかなあ。[……]

これなどは完全にきたろうのフラを本人の言葉を借りて技術化したものだ。または第二夜のケラリーノ・サンドロヴィッチと対談したときの発言。

いとう　[……]人の話をじっと聞いたあと、「よくわかりました」ってセリフで笑わせられる人ってきたろうさんだけなんだよね。「よくわかりました」って言っているのに絶対にわかってないなってわかる。[……]

この分析は、きたろうの台詞に含まれる演者のプランを斟酌すると同時に、それを聞く観客の心情を代弁してもいる。演者と観客がセリフを言う／聞くという形で体験を共有することで笑いは成立する。『今夜、笑いの数を数えましょう』という本は主に作り手と演じ手の側から、受け手に向けて放ったものがなぜ受けたり受けなかったりするのかについて考えるものである。受け手の側が、なぜあれはおもしろくないのかを評価するのではないところに最大の特徴がある。笑うのにも応分のセンスが必要になるが、いとうは主体としての受け手を巧妙に排除し、どうしても必要なときは右記のように自分を代表として受け手の座につけている。きたろうという演者を最もよく見ている一人が自分自身であるという判断もあるだろう。

本書は宮沢章夫が再登場するエピローグで締められているが、その前の第六夜に登場するのがきたろうである。そこではいとうが師匠のフラについて存分につっこんでおり、きたろうもそれに可能な限り言語化して応えている。

第一夜の倉本との対談の中で、きたろうのずっこけについて語られている。そこに椅子がないという事実を完全に忘れたかのようにきたろうは腰かけ、ずっこけることができる。その技巧についての言及が興味深い。まだ演劇だけでは食えなかった頃のきたろうはポポの名前で関根サーカスでピエロを演じていた。ちなみに、そこでペペを名乗っていたのが初期シティボーイズにも属していた石丸謙二郎《いしまるけんじろう》である。そのときからきたろうは、ずっこけの才能が自分にあることを確信していたという。大木に座ろうとして失敗し、「コケた後、その大木を見る」「目線の動きだけで面白くできる人とできない人がいる」ことに気づいていたのだ。

さらに遡り、まだ喜劇に目覚めていなかったころのエピソードも興味深い。真面目な時代劇の芝居に出演したきたろうは忍者の役を振られた。橋の欄干に隠れていた忍者がそろそろ出ていこうとしたときに、ぶつかって派手な音がしてしまった。笑わせようとしているわけではないのに、客は爆笑する。その客の「残酷さ」「意地悪さ」がきたろうに、笑いをやろうと思わせたのである。

客に依存しない。客は残酷なものだと認識して、機会があれば引かせようとする。そうした薄情さがきたろうの芝居の根底にはあるのだろうと思う。いとうとの対話ではさまざまな名言が飛び出したが、その中で最も納得したものの一つが「ボケはちゃんと演技しなきゃダメなんだ。それに対してツッコミは普通の人だから、普通に言えばいい」である。「ボケ」であることを始終意識して空間を作り出す。その中で客に信頼感を抱かせ、時にそれを裏切ってみせる。あたかも天然そのもののように見える古今亭志ん生が、実は速記本を死ぬまで手放さなかった努力家だったということは落語ファンには有名だが、そのことを思い起こさせる。のめりこんで自身の役柄を演じきった者だけが醸し出せる笑いの空気というのがあるということなのだろうか。

強い関心を持ったことが二つあると書いたが、もう一つは宮沢章夫との対談の中に出てくる。第五夜に登場した宮沢は、客を受けさせることに熱中して大事なことを伝え忘れたと言い、エピローグに再登場する。そのときに発言したのが、小林信彦が『日本の喜劇人』では触れなかった笑いがあるということだった。

宮沢　［……］その中の一つで非常に代表的なのはやっぱりタモリさんだと思う。これは道化とそうじゃないもの。これは時代だと思うんだよね。小林さんが道化的なものを好きだったというのは基本的にあるかもしれないけど、一九七二年は『日本の喜劇人』が出た年で、一九七五年には山口昌男の道化の本（『道化的世界』）が出てる。その背景にあるのは構造主義じゃないですか。それが八〇年代になって、もう一つ別の笑いが出てきた。それがタモリさんであり、いとう君であり。それはもう一つ別の新しい笑いって気がしていて。

この発言は、第五夜の終わり、宮沢によれば対談後に加筆した部分に出てくる以下のくだりを受けたものだ。

宮沢　たとえばタモリさんについて小林さんはある時期までほとんど語らなかった。その喜劇観を超えるために八〇年代以降のタモリさんの存在の意味を考える作業を、『80年代地下文化論』で僕はやったんですよ。ここに非身体の時代としての八〇年代がある。［……］

わかりやすく分けて書いてしまえば道化という身体性の笑いがあり、それと切り離された形で出てきた八〇年代以降の笑いというものがある。右に書いたようなきたろうの笑いは本質的には道化のものだと思うが、いとうや宮沢も巻き込んだシティボーイズとしての活動は一九八〇年代以降のものだ。その中で小林信彦的な定義からずれたものが存在することに気づいたいとうは笑いの本質にこだわるようになり、「それ以外」とは何かということを例えば本書のような形で追究し始めたのである。さまざまなところでいとうはモンティ・パイソンに自分が引かれるのは個々のコントの笑いではなく、その裏側を見せるようなことも平気でやる、つなぎの要素に惹かれたからだと書いている。たとえばそうした、メタ要素をも含んだものが「それ以外」の笑いとして考えられているのだろう。

芸人が自らを語ることにより、その芸論を知らず知らずのうちに吐露してしまう。それが私の好む「芸人本」なのだが、いとうは本書の中では間違いなく、自分語りをしてしまう芸人本の芸人なのだった。

高田純次『高田純次のチンケな自伝』

産経新聞出版／2014年

高田純次《たかだじゅんじ》には一度だけ取材でお会いしたことがある。還暦を前に出した『適当論』（ソフトバンク新書）が当たり、「適当」をタイトルに戴いた著書を連発していたときのころである。たしか『適当男のカルタ』（青山出版社）とCD「適当男のポルカ」が同時発売された記念で、雑誌の企画として大竹《おおたけ》まことと対談してもらったのだ。

その話の内容はほとんど忘れてしまったのだが、高田純次が何かを言ったときに大竹まことが「おまえなあ」と言って呆れ顔をしたことだけ覚えている。良い呆れ顔であった。ただ、高田純次がそんなに適当だという印象は受けなかった。矢継ぎ早に言葉が出てくるのがいかにも売れているタレントらしいな、とは思った。

私にとっての高田純次のイメージは「ビートたけしのちょっと後ろで笑っている人」である。言うまでもなくこれは「天才・たけしの元気が出るテレビ!!」で作られたものだ。それ以前の高田純次といえば「笑ってる場合ですよ!」(「笑っていいとも!」の前身番組)のコントコーナー、「日刊乾電池ニュース」に出てくる「やけに声がでかい人」というものだった。「高田純次は声がでかい」ということだけは強く印象に残ったのだが、コント自体については特に感想はない。

最新の著書『高田純次のチンケな自伝』によれば、当初は「一度演じたニュースネタを『その時、江戸城では』といって、江戸時代に移して再現」するという回りくどい演出をしていたのだという。それがまったく受けなかったので当たり前の形に直したところコーナーの視聴率が上がり始め、東京乾電池《とうきょうかんでんち》もクビがつながった。

高田はこれまで自分の半生を振り返る本をいくつか出している。『高田純次のチンケな自伝』はその集大成となる著作だ。過去の本でもたびたび触れられてきた事実に、高田は三歳のときまでほとんど実母に会ったことがなかった、というものがある。母親が、おそらくは何かの重い病気のために入院していたからだ。唯一会ったのは病室で、母親はその後間もなく亡くなってしまったらしい。そのたった一度の面会について、過去の本の記述には相違がある。これは高田が「適当男」であるせいではなく、三歳のころの記憶だからだろう。そんな幼少期の記憶がしっかり残っていると主張する人がいたら、それこそ「適当」すぎる話である。

こうした具合に本書は、随所に過去の「適当伝説」を覆すような記述がある。「適当男」のレッテルは、あくまで商売の上の話だったというのだ。

――実をいうと、オレは自分のことを適当な男と思ったことはないし、ふだんの言動がそれほど適当だとも思っていない。むしろ「適切な男」って感じかな（笑）。

燃えたいと思った時には演劇を選んだし、地道に生きようと思った時にはサラリーマンになった。時間があれば、アルバイトでも必死に働いた。こんな適切な生き方はないだろ？

だから、マスコミの世界で、「適当男」が流通して、それがオレのキャラクターとして定着したのは、一方ですごく有り難かったけど、一方では迷惑だったな。

なぜかというと、なんにせよ、「適当さ」が求められるから。ようするに、「適当」という型にはめられるわけだ。いちいち、適当にやるっていうのは、けっこう大変なんだよね。

各章の終わりに担当編集者や芸能記者が「高田純次」というタレントについて評した文章が挿入されているのだが、どれも過褒であったり、牽強付会であったりして違和感があることは否めない。結局、よくわからない芸人なのだ。そのわからなさを少し減らしてくれる便利なキーワードが「適当」だったのだろう。

だからこそ誰もがそこに飛びついた。芸人を貶めているようで持ち上げる、便利な言葉だったからだ。本当のことを言えば高田が売れ、そして今日まで生き残ってきたのは単に「偶然」の結果だったはずである。

　高田純次は典型的なテレビ芸人で、代表作といえるドラマ、舞台、映画などを残していない。あえて一つを選ぶとすれば、グロンサンの「五時から男」CMだろうし、番組で言えば「天才・たけしの元気が出るテレビ!!」だろう。短い時間テレビに登場して高笑いを見せるという一瞬の「芸」が高田の持ちネタなのだ。そういう存在のタレント、芸人は高田以前にも以降にも出ているが、その中でテレビデビュー（巻末の年表によれば最初に出た番組はあの「笑点」だった）から半世紀近くも経ってまだ生き残っている。「クイントリックス」のCMで還暦を過ぎてからもう一度売れた坊屋《ぼうや》三郎《さぶろう》、珍芸で売れた「クシャおじさん」のような存在だったはずなのに、このしぶとさだけは感嘆に値する。

　こうして書くと期待させてしまうかもしれないが、本書を読んでも秘訣のようなことは特に書かれていない。本人は置かれた場所でがんばってきただけなのだろう、と思うほかはないのである。

「第3章　挫折、挫折の青春時代」によれば、小・中学校までは成績がよく「勉強ができる」という評判だった高田が初めてつまずいたのは高校受験のときだった。学区制が導入される前で人気の高かった都立国立高校を受けるも不合格、第二志望の都立府中高校に入学する。府中刑務所と道を一本隔てたところにある当時（一九六二年）の新設校で、少し後にすぐ近くで三億円事件が起きている。高田はここで特に勉強に励むわけでもなく、五つの同好会に入ってのびのびと過ごした。麻雀のときにうるさく喋るから、という理由でつけられたあだなが「国領のニワトリ」である。

そして三年後、今度は大学受験で軒並み失敗し、東京デザイナー学院に入る。「なんでもいいから卒業証書はもらえ」という父親の言いつけを守り、なんとか最後まで通い続けている。同期百人中卒業証書をもらえたのは高田を含めて四人という体たらくだったそうだ。

学院卒業後、劇団・自由劇場の研究生となり一年間所属、その後、演出家の森田雄三《もりたゆうぞう》に誘われ、イッセー尾形《おがた》らと劇団「うでくらべ」に参加する。同棲していた恋人（のちに結婚）の収入に頼ってなんとか生活はできていた。しかし森田演出とは合わなかった。ベケット劇を上演しても、客席からはなんの反応も返ってこないのだ。高田は芝居を辞め、定職に就くことを決意する。

――今振り返れば、オレは初志貫徹とか、持続性という言葉とは無縁な男なのだと思う。気持ちが乗ると、どんどん突っ込んで行くけど、気持ちが乗らないと、「こんなつまらないもの」「何やってんだろ」と思ってしまう。

いったんそう思うと、方向を転換するのは平気。ためらいもない。そういう意味では非常に自己肯定的なんだろうね。

その後高田は宝石鑑定士の資格をとり、デザイナーとして販売会社で働き始める。会社員生活はそれなりに順調だったが、三十歳になった一九七七年夏に高田はまたしても人生の転機を迎える。好みの女性（巨乳でエッチぽい顔）を口説く目的で西新宿の「ボルガ」という居酒屋に立ち寄ったところ、かねてから面識があった柄本明とベンガルに出会ったのである。知り合いということで一緒に飲み始めたのが運のつきで、熱っぽく演劇について語る友人たちを見ているうちに、いけない虫が胸中にわいてくる。

——燃えている彼らが妬ましく、自分がみじめに思えた。

周りの風景が急に色あせる、というのはああいうことをいうのだと思う。さっきまで、女を口説くぞと張り切っていた自分が急に恥ずかしくなり、巨乳も、はちきれんばかりのヒップも単なる肉の塊と化し、どうでもよくなった。飲み代とホテル代に当てようとしていた懐のカネもなんだか薄汚く感じられた。

そして一ヶ月後、高田は柄本たちから公演参加を頼まれ、酔ったはずみで承諾、ついでに会社を辞めて劇団東京乾電池に入ることを決めてしまうのである。刹那的、衝動的としか言いようがない。貯金を頭金にしてそろそろ家を買おうか、という相談が夫婦の間では出てきていた時期だけに妻は呆れたが、結局は「仕方ないわ。でもわたしと子供を路頭に迷わせないでね」と首を縦に振ることになる。すでに高田が辞表を会社に出した後だったからだ。

幸いなことに劇団東京乾電池は一九七八年から始めた渋谷ジァン・ジァン（閉場）公演でブレイクを果たし、劇団員たちにもテレビドラマ出演の依頼がくるほどの人気が出る。高田はその波に乗って、テレビタレントへの道を歩き始めるのである。

おそらく世の中には無数の高田純次がいるのである。夢を捨てて勤め人生活に入り、また夢を追って安定した生活を捨てる。広くとらえれば私だって、物書きで食っていくという願望を抑えこんで会社に入り、その思いが捨てきれずにライターとして独立したのだから似たようなものだ。

アメリカの作家ジェイムズ・サーバーは短編「ウォルター・ミティの秘密の生活」で、平凡な生活を送りながら夢想の中では万能のスーパーマンになりきっている中年男を描いた。これを映画にしたのがボブ・ホープ主演「虹を掴む男」であり、二〇一三年にはリメイク作である「ＬＩＦＥ！」が公開されている。小林信彦がどこかで「高田純次主演で植木等『ニッポン無責任時代』をリメイクできるのではないか」と書いていたという記憶があるが（本書の中でも植木についての言及がある）、高田が演じるべきはこのウォルター・ミティだったのではないかという気がする。

ウォルター・ミティは自分の願望を夢想という形で叶えた。それを実行に移せてしまえたのが高田純次なのだ。稀有な幸運の持ち主であったと思う。高田の後ろには無数の高田純次の屍が築かれている。ウォルター・ミティであることにがまんできず、夢想から現実のほうへと一歩を踏み出してしまった「虹を掴みそこねた男」たちの死体も転がっている。そうした敗残者の上に一人、幸運児としての高田純次がいるのである。人々はそのことを認めたくないから彼を「適当男」の枠の中に押し込めようとするのだ。

高田純次がまじめに人生を語らず、あくまで「適当男」であり続けるのはそのためである。世の中に「適当男」がいてくれる。それは努力で勝ち取った称号ではなく、あくまで「適当」たる資質ゆえに天から与えられた立場なのである。そう考えることは世の高田純次候補、ウォルター・ミティたちを安堵させるだろう。高田純次の高笑いは地に平和をもたらす。

六角精児『少し金を貸してくれないか』

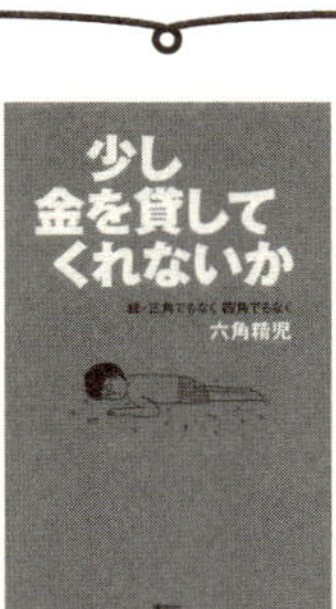

講談社／2014年

粗暴な人、というのをテレビで観ることが少なくなったように思う。

文字通りの意味で暴漢でしかない人というのは、いる。ニュースの中に出てくる犯罪者がそれだ。しかし、粗暴というのは「物の考え方や行動の仕方が綿密でなくいいかげんな様子」のことだから、乱暴者とはちょっと違うのである。

瀬戸物屋に連れ込まれた牛、というのがまさに「粗暴」だ。別に暴れ出さなくても、蠅を追って尻尾を振っただけでその辺の花瓶とかを叩き落としてしまいそうな状態のことを粗暴という。かつてはそういう人もテレビは扱っていた。テレビに出して、おもしろがったりしていた。しかしある時点でそれは洒落にならないということがわかったのだ。出演者はもっと制御しやすくないと、大金のかかった番組作りの中では危険極まりない。かくして粗暴な人間は人目に触れる場所から消え去った。

いつも観ていたあの人が実は粗暴だとわかった、という今どき珍しい例が、六角精児《ろっかくせいじ》なのだと思う。彼の最初の著書、『三角でもなく四角でもなく六角精児』（講談社）を読んでびっくりした。三度にわたる離婚経験者であり、そのうち二回は所属する劇団の研究生に手をつけたという。二回目の元妻と復縁して四回目の結婚をし、現在は妻帯者。六角は二〇〇〇年に始まったテレビドラマ「相棒」の鑑識官・米沢守役で人気が出て一般にも知名度が上がったのだが、そのパブリックイメージの中に離婚男というのはなかったはずだ。著書で自ら明かすまで、六角はそのことを誰にも気づかせなかった。

自分のことをさし措いてあまり容貌のことは言いたくないが、六角は決して美男子という範疇に入る人物ではない。にもかかわらずそうして女性関係に不自由せずに来たのは、どこかに人を誑《たぶらか》す能力を宿しているのだろう。六角は、売れるまでの長い雌伏期のうち、稼ぎのある女性に頼って生きていた時代がかなりあるらしい。早い話がヒモである。

生活習慣病の保持者で、かつ、演劇人としては問題があるほどに運動嫌いである。『三角でもなく四角でもなく六角精児』は、自身のだらしない部分を遠慮なく曝け出した好著であった。『少し金を貸してくれないか』は、その続篇にあたるエッセイ集である。

本は、いきなりパチンコの話題から始まる。一軒のパチンコ屋で稼いだ金を他のパチンコ屋で溶かしてしまった話なのだが、まだ序の口。その次に早くも一つ最低なエピソードが紹介されている。所属する劇団の旅公演でパチンコばかりしていた時代の話である。ある町のパチンコ屋で大勝ちした六角だったが、時間がなくて換金ができずに移動することになってしまった。その店で扱っていた換金の品は「味の素」の詰め替え用袋である。段ボール一杯の「味の素」の処理に困った六角はやがて劇団の後輩たちにこう言う。

「おい、お前らこの味の素、一袋百円で買え。御飯のお供に携帯しろ」

最低である。

六角の文章がおもしろいのは、彼が書く過去の所業の一つひとつが、本当にろくでもなく粗暴だからである。よくある「昔はやんちゃしてました」的なままごとめいた不良ではなく、かといってこちらが読んでいて引いてしまうような犯罪でもない。「人間としてどうか」という話なのである。六角の話は彼が役者とか芸能人であるかないかは関係なく、一人の人間として変だというレベルに達している。齟齬を来している。

本書収録の「麻雀に愛は必要ですか?」という章では、将来家を引っ越したときに麻雀部屋を作ろうと企む話が出てくる。そのための障害は麻雀好きでもなんでもない妻なのである。六角は妻に麻雀を教え始める。妻は意外にそれが気に入ったらしく、自分で麻雀の教本を買い求めて勉強をし出した。「これはいける!」と判断した六角は、彼女を実際の卓に誘ったのであった。

——その日の僕はツイていた。ツモの流れが非常に良く、簡単に手牌がまとまる。他の二人は僕を警戒して牌を絞り始めるが、危険牌と安全牌の違いもまだ分からない妻は、僕にバシバシ振り込んでしまう。そして、高目イーペーコーのイーピンを僕に放銃した時、妻は「ねぇ、どうしてあなたは私からばっかり当たるの？　愛がないよ」と言ってシクシク泣き出してしまった。僕は突然の出来事に驚き、「お、おい、どうしたんだよ。泣くなよ。こういうゲームなんだよ。愛は、愛は関係ないんだよ」とフォローしたが、妻は激しく首を振って、ただ泣くばかり。［……］

奥さんには同情を禁じえない。

このエピソードで問題なのは「僕は突然の出来事に驚き」という個所であるのは明白だろう。そりゃ、六角夫人ではなくても怒るであろう。「愛」とかそういう問題ではなく、初心者を平気な顔でむしろうとしたのが自分の夫だということに対して彼女は怒ったわけである。その気持ちの動きを六角はまったく顧みていないのだ。こういうことがつまり「粗暴」の所以である。

こういう形で自身の粗暴さを無防備に曝け出すのが『少し金を貸してくれないか』という本のおもしろいところだ。「ヤンチャ自慢」のように意図して書いたのではない、というところがいい。六角が、自分の行いが引き起こす結果を十分に承知しているところも好感の持てる点である。わかっているけどやってしまうのだ。もしくはわかっちゃいるけど、体が動かないのだ（おそらくこっち）。回避できないのである。そうやって広がりゆく波紋の真ん中で「しょうがないなあ」と苦笑いをしているような感じがある。何かを諦めないと到達できないような境地に、六角はいる。

本連載では幾許かの芸論、演技論をパフォーマーが自ら語っている本を採り上げるのを常にしているが、本書にもそうした要素はある。「褌《ふんどし》は手強い」の章はその一つで、六角が「自分はいかに時代劇が苦手か」ということを語っている。章題から薄々察していただけると思うが、誠に無防備に、六角はその理由を語っている。こうした形で時代劇について触れたものをあまり読んだことがないので、逆に新鮮でさえあった。主に上半身の一部と下半身の一部についての「芸論」なのである。

この「褌は手強い」を含む第二部には、本全体と同じ「少し金を貸してくれないか」という題名がつけられていて、演劇など六角の本業についての文章が集められている。六角は自身の理想を声高に主張するようなことはせず、「踊れなくても、刀が使えなくても興味がないんだから別に構わない。普通に喋れりゃそれで充分だ」(「何の芸もない石ころ俳優」)というように引き算の形でそれを綴っている。にもかかわらず、文章からは六角精児という役者の確かな輪郭が浮かんでくるのである。そこが実に不思議だ。

以前に『三角でもなく四角でもなく六角精児』をレビューした際、こういうことを書いた。

――「芸のためなら女房も泣かす」とうそぶいて止まないのが無頼派の芸人なのだというが、そういう美学は皆無だ。六角は過去に三度の離婚を経験し、そのうち二度目に離婚した女性と復縁して四回目の結婚をしている。現在は彼女のおかげで安定した幸せな生活が送れているそうなのだが、「こんな青空のような生活が何時まで続くのだろうと不安にな」り、「仕事が全てなくなり、スッカラカンになった僕が、今住んでいる家の前で、ぼ〜っと佇んでいる夢」を見たという。

おそらくはその寒々しい夢の場面こそが真の心象風景なのだろう。一度幸せな暮らしやまっとうな生活に背を向けたことがある人間は、容易にはそこに戻れない。背中にぴんとそっぽを向く癖がついてしまっているからだ。持ちつけないものを手にすると、あっという間に取り落としてしまうのではないかと怖くてしかたないからだ。そんな自分であるということをごまかすために六角は日々の大半の時間を使っているのではないかという気がする。

もし自分が瀬戸物屋に入ったぐらいのことで騒がれる存在なのだとしたら、人間と思っているが実はそのなりをした牛なのだとしたら、きっと私は夢を見ると思う。どうしていいかわからない自分、どうしようもない自分を律している夢を。六角が観客の前で見せている演技というのはおそらく、世になじまない自分をごまかすための芝居にもなっているのではないか。六角精児を演じきることによって真の自分を覆い隠そうとしているのだとすれば、その演技が最小限の不可欠なものだけで成り立っている理由も理解できる。たぶんそれは必要がないのだ。

第四部「あれは心の折れる音?」で好きな鉄道旅行やボクシング観戦の話をしているときだけ、六角は少し安心しているように見える。それはたぶん、他の誰も傷つけることがない話題だからだろう。四肢を伸ばしても叱られるところがない場所で牛は思い切り体を伸ばす。明日からまた瀬戸物屋の中でおっかなびっくり歩かなければならない。そういう考えを頭の隅に追いやって、牛はしばしのまどろみを楽しむ。

マツコ・デラックス『デラックスじゃない』

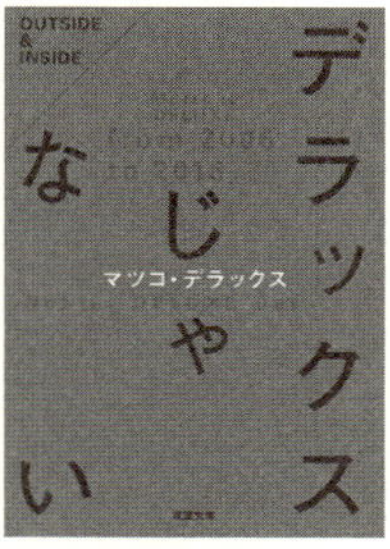

現・双葉文庫／2014年

マツコ・デラックスが、ナンシー関《せき》の後継者として名前を挙げられることを嫌がっているという噂を聞いたことがある。とても意外だった。没後、これでテレビ評論は終わったとまで言われ、その唯一無二の文章力を賞賛されたナンシー関、その跡を継ぐ者と目されることは光栄であれ、迷惑であるはずがないからだ。しばらく前に横田増生《よこたますお》『評伝　ナンシー関』が朝日文庫に入ったとき、帯に「とてもじゃないけどこんな生き方はできない」という趣旨のマツコの発言が採られていて、その畏れを知ることができた（巻末にはナンシー関について語ったインタビューも収録されている）。

畏怖。

その一言に尽きるのだろう。マツコ・デラックスは自分の「身の丈」と「身の程」をよく知る人だ。身の丈とはつまり、自分がどのくらいの丈と幅を占有して世渡りをしているかということであり、身の程を知るとはすなわち、そういう自分がどこまで口を出していいか、足を踏み入れていいかを弁《わきま》えているということだった。好ましいと思う芸人にいつも感じる含羞の匂いを、私はこの人からも嗅ぎ取った。

マツコ・デラックス『デラックスじゃない』は二〇〇六年から《EX大衆》で著者が続けている連載を抜

粋し再構成した一冊である。そのうちの一部は『続・世迷いごと』（現・双葉文庫）にも収録されている。

本書にも紹介されているが、マツコが世に出たきっかけを作ったのは作家の中村《なかむら》うさぎである。マツコはゲイ雑誌《バディ》の編集部に約五年間籍を置いていた。そのころの同誌を中村が読んでいて、編集者を辞めた後は引きこもり状態になっていたマツコに「アンタは書くべき人間だ」とデビューを勧めたのである。二〇〇五年にMXテレビ「5時に夢中！」に出演、異形のタレントとして世間に認められるきっかけを作った。その後の活躍ぶりはご存じの通りである。

以前ナンシー関とマツコを比較する文章を書いたとき、こんな風に二人の違いを表現してみた。

——これって、ナンシー関と同じ考え方じゃないか？　違うのは、ナンシーさんがテレビ桟敷から動かずに発言していたのに対し、マツコは自ら異形を装ってテレビの中に入る道を選んだことだけだ。

つまり両方とも身の丈、身の程を知る立場からの発言者だった、という意味なのだが、本書の第二章「懺悔」にはかつての文筆家時代の虚飾について、赤裸々な告白が書かれている。この部分が私にとっては最も興味深かった。

駆け出しのころのマツコは周囲にいるのが「税務署と闘って税金を踏み倒してギャフンと言わせ」るような（名前は出てないが西原理恵子のことか）「型破りなエピソードを売り物にしている女流文化人がけっこういて、武勇伝を語りまくっていた」ため、「何かハチャメチャな出来事の1つや2つ持っていないと、自分の存在価値なんかなくなってしまうんじゃないかって恐怖心がすごかった」。そのため、自分の行動を「盛る」ことに汲々としていたのである。「高校デビュー」「大学デビュー」という言葉になぞらえて言うと、「業界デビュー」みたいなものか。しかしそういう足が地に着かない悪自慢が活字になるたびにマッコは「媚びを売っている」自分に対する嫌悪感を覚えていた。ひきこもってしまった原因のいちばん大きな理由はこれであるという。

自分を身の丈以上に見せようとして偽った過去への恥じらいがマツコの中にある。

――とにかく、「自分じゃない自分」で勝負をしてしまったことについて、傷が消えないのよ。いまだに心の奥底にモヤモヤした思いがあるの。それが、ずーっと足かせになっているんだよね。だから、もう、絶対にウソはつくまいと決めたの。本音で話すことを大前提で生きようと決めたの。だからこそ、なおさら、ウソをついてしまった過去にこだわっているの。

若いとき、焦りがあるときって、そういうことをしてしまうのね。みんな、最初は盛るのよね。(「破天荒コンプレックス　~文筆家時代のウソ~」)

マツコ・デラックスという人を理解する上でもう一つ重要なのが、自分の容姿についての言及である。第一章「生来」の「マツコが思うマツコ　~差別されてるから笑われてんのよ!」では女装の同性愛者で、かつ巨漢(本人曰く、体重百四十kgでスリーサイズもすべて百四十cm)という異形であることについての自己言及がある。物心がついたときから「自虐」を宗《むね》として生きてきた。
ポーズとしての自虐ネタを振る者はいくらでもいる。たとえば芸人の大半は、機会があればそういうネタで笑いを取りに行くだろう。そうすることで自分についてのイメージを逆説的に保っているのだ。「ネタであああいうことを言うけれど、実はあんなにかっこいいあの人」といった具合に。マツコの自虐はそうではなく、自分の差別されるであろう部分を完全に曝け出すという、全面降伏としての自虐である。「デブだのオカマだのと、ハラワタを散々見せている人間に対して石を投げてくるほどみんな、冷血じゃない」から、何でも言える。差別され、通常社会のヒエラルキーから疎外されるというデメリットを背負った代償として、そういう特権を手に入れたのである。
しかしそれはいつまでも続くものではないだろうということも自覚している。かつて中村うさぎから、こういうことを言われたことがあるという。

「アンタは世の中の不平不満を集めた代表者として神輿に乗せられたのよ。みんなが神輿を担いでいるときはいいけど、その流れが少しでも変わったら、突き落とされたとき、大怪我をするよ。そのくらいの高さまで持ち上げられてんだよ。突き落とされてもヘコたれないだけの精神力を持ってなさい」

トリックスターは用済みになれば排除される危険と背中合わせに生きている。ヒエラルキーから外れて好き勝手言うことを許されるのは、石を投げて追いやらなければならないほどの存在ではないからだ。王が道化を目障りと感じれば当然「首を刎ねよ」と命じる。現代においてメディアの王権は大衆の手に委ねられており、その気持ちがいかにうつろいやすいかということは、この十年のうちにどれほどのメディアスターが登場しては消えていったかを数え上げればよくわかるはずだ。マツコ自身、人気が一過性のものであることは認識している。

私が以前の原稿でマツコ・デラックスをナンシー関の再来ではないかと書いたのは、その言動に筋の通ったものを感じ、こうした真っ当な神経の人がゲテモノとして片付けられてしまってはかなわないという思いがあったからだった。『世迷いごと』『続・世迷いごと』（以上、現・双葉文庫）収録の文章でマツコは、ダルビッシュ有《ゆう》とタレントの紗栄子《さえこ》の離婚問題について書いている。紗栄子は巨額の慰謝料を受け取ることになり、火事場の焼け太りのような論調で批判されることになった。紗栄子を嫌悪感だけで面白半分に叩くひとびとは、もっと大事なものが見えていないのだとマツコは指摘するのである。

――だって、泥棒にあげるわけじゃなくて、自分の子供に払うんだよ。子供は父親と同じレベルの生活を送る権利があるの。慰謝料や養育費の取り決めは夫の収入によって判断される。紗栄子だって、本来、慰謝料もらっていいの。これはどっちが悪いとかじゃなくて、財産分与なの。［……］ダルビッシュって稀にみる成功者じゃん。そんな人が好き勝手やって、養育費月200万円で済むなんて前例を作ってしまったらダメ。「あのダルビッシュでさえ」ということになると、普通の人たちも払わなくて済むことになるの。

今、日本でちゃんと調停して、養育費5万円なんて決まっても、それを払い続けている男なんて、少数派よ。［……］

こうした真っ当な意見を吐く人には表舞台にずっと留まっていてもらいたい。ナンシー関の時評にずっと感じていたのと同じことを、私は今思っている。だからこそ二人を重ね合わせたのである。しかしそれはあくまで外野にいる者の願望に過ぎない。

すでに書いたとおり、マツコはナンシー関という存在の巨大さに対して畏怖の念を抱いている。複数の人が証言している通り、ナンシー関は出現したときからあの通りのナンシー関であり、表現者としては一貫していてブレることがなかった。その点に対する畏怖であろう。変わらずにはいられないのである。自身が偽りを重ねながら身過ぎ世過ぎをしてきたことを恥じるとマツコは正直に告白している。ナンシー関にはその部分がなかった。偽ることなく、ナンシー関でい続けたからだ。

しかし私は思い出してしまう。あのナンシー関ですら、死後は凡庸な者たちの誹謗に晒されたのだった。ナンシー関が世の中に直言を送り続けたことをあえて矮小化しようとして、小倉智昭《おぐらともあき》というテレビショーの司会者が訃報に際し「あの人は外見から来る劣等感があったから」という意味の発言をしたことを、私は決して許さない。ナンシー関はあえて自分の存在を文章から消し続けたが、それは身の丈、身の程を弁えた上のことだった。だからこそ、テレビを観ている人間なら誰でも共有可能な、カメラアイそのものといってもいい視座を確保して「テレビに映し出されたことだけを批評の対象にする」という行為を続けられたのだ。ナンシー関という人に唯一欠けていたのは、本名関直美《せきなおみ》というリアルな肉体だった。ナンシー関であるために肉体性を捨て去った人を、その肉体で評価しようとすることは筋の通らない誹謗でしかない。

マツコは自ら電波芸者であると宣言し、その肉体ゆえに負っている枷《かせ》をも「自虐」の種として公開することを選択した。本書でも「ホテルの浴槽につかっていたら体が抜けなくなり、ボディソープを潤滑剤代わりにして脱出したこと」「私生活では替えの服を二着しか持たず自堕落な生活をしていること」などの恥をいくつも語っている。そうしたエピソードは決してマツコの立場を補強するものではなく、次々に消費されていく「ネタ」にしかならないだろう。しかしこれは、マツコ・デラックス（本名は知らない）という存在にいささかの聖域も作らず、すべてを曝け出してみせるという戦略なのである。そうすることによって「おまえなんて○○のくせに（○○にはデブ、オカマなどあらゆる差別語が含まれる）」という反撃を無意味なものにしている。

もし現在のマツコが躓くことがあるとすれば、それは自身が犯した誤り、愚行のゆえなのだ。それ以外の原因ではありえず、失墜はすべて自身の責任である。誰にも責任転嫁ができない孤独な状態を受け入れながら、マツコ・デラックスは最前線に立っている。これを応援せずにいられるだろうか。もしそれが本人には嫌われることだとしても、私はかつてのナンシー関に抱いたのと同じ気持ちをもってあの芸人を支持している。

嬉野雅道『ぬかよろこび』

あれはたぶん二〇一一年ごろのことではないかと思う。

何の気なしにテレビを点けたら、画面に二台の原付バイクが映し出された。カメラは固定でその二台を追うだけだったが、音声は流れてきていて、どうやらバイクに乗っている二人か、もしくは画面には映っていない誰かとが会話をしているらしいことがわかった。誰が誰なのかはわからない。時折、地の底から響くような声で「うはははは」と笑う人と、「ミスター」と呼ばれている人がいるらしいという情報が数分の視聴で伝わってきた。

あ、これが「水曜どうでしょう」なのか、と画面隅のロゴを見て思った。

北海道テレビが制作しているローカル番組で、一九九〇年代ぐらいから放送していて、大泉洋《おおいずみよう》という東京でも顔をよく見るようになった俳優の出世作である。

そのくらいの知識はあったし、関わりのあった雑誌が大泉洋の所属するＴＥＡＭ ＮＡＣＳの特集を組んだこともあったため、大泉洋が人気のある人なのだということも知っていた。しかし、それだけである。

私はあまりテレビを観ないから、動いている大泉洋を見たのもかなり遅かった。「三枚目だけど、なぜか

KADOKAWA／2017年

女性ファンが多いらしい」という情報だけが先に入っていたので、往年の堺正章《さかいまさあき》みたいなものか、というような感じで人物を把握していた。何かのバラエティで観たのが初で、そこでの大泉洋は番組の企画に対して口を尖らせて文句を言う、駄々っ子のようなキャラクターだった。そういう役どころか、と理解したような気持ちになって、私はそのテレビを消した。以降、大泉洋についての情報を自分から仕入れようとはしなかった。

二〇一七年になって、突然「水曜どうでしょう」を観たい欲が高まった。

きっかけはよく覚えていないのだが、気が付いたらMXで放送している「水曜どうでしょうＣｌａｓｓｉｃ」を毎週欠かさずに観るようになっていた。本放送から二十年以上経っているのに、不思議なことである。

以前の私同様、この番組についての知識が無い方もいらっしゃると思うので、簡単に書いておこう。レギュラー番組としての「水曜どうでしょう」が放送されていた時期は一九九六年から二〇〇二年までの約六年間である。そこで一旦終了したが、以降も不定期に復活し、数週間の特別番組として放送されている。この原稿を書いた時点では、二〇一三年の「初めてのアフリカ」だったが、以降も「北海道で家、建てます」「21年目のヨーロッパ21ヵ国完全制覇」「懐かしの西表島」が制作されている。

もともと二クール程度の穴埋めで期待されずに始まった深夜番組であり、北海道テレビのディレクターだった藤村忠寿《ふじむらただひさ》、嬉野雅道《うれしのまさみち》が、ローカルタレントとして活動していた鈴井貴之《すずいたかゆき》と、まだ大学生で劇団活動をしていた大泉洋の二人を出演者として起用して始まった。鈴井は自らがタレントであると同時に芸能プロダクションの社長でもあり、大泉洋をはじめとするＴＥＡＭ ＮＡＣＳの構成員も後にそこに所属することになる。鈴井はまた「水曜どうでしょう」の企画も担当しており、逆に言えば大泉を除く三人で番組の内容は決められていたわけである。何も知らない大泉を無理矢理ロケに引っ張りだし、そのリアクションを笑いの種にする、というのが「水曜どうでしょう」最初の旅企画「サイコロの旅」だった。その、三人のディレクター及び企画者対何も知らない出演者の大泉という構図は現在に至るも継承されている。

こう書いて気が付いたのだが、「何も知らない無名のタレントにどっきりを仕掛ける」という図式に見える。一九九〇年代懐かしの「電波少年」への類似を感じさせ、それで私は興味を失ったというおぼろげな記憶がある。亜流であればわざわざ観る必要はないということだ。

だが、実際に見る「水曜どうでしょう」の雰囲気は違っている。たしかに最初の「サイコロの旅」や類似の「闘痔の旅」「韓国食い道楽 サイコロの旅」くらいまでの企画には疲弊するタレントを笑う「電波少年」的な空気が漂っているのだが、疲弊していると思われるのは同行する藤村・嬉野（カメラ担当）の両ディレクターも同様であり、タレントいじめというよりも、「やめとけばいいようなことをわざわざやっている変な大人たちの観察記」という印象のほうが強い。しかもそこに、若いころの貧乏旅行を見ているような、不思議な親近感を覚えてしまうのである。自分もそこにいるような錯覚を覚える瞬間がある。

この感覚については、ディレクターの一人である嬉野が二〇一七年に上梓した著書『ぬかよろこび』にも書かれている。制作順に観ていって私が「なにかが違う」と感じたあたり、すなわち北海道の全市町村をランダムに訪問する「２１２市町村カントリーサインの旅１」、ＥＵ加盟国をレンタカーでまわる「ヨーロッパ21ヵ国完全制覇の旅」、「212市町村カントリーサインの旅2」という一九九七年頃に撮影された作品を嬉野自身が見返していて、発見があったというのである。

——ロケ当時から16年が経ち、知人に指摘されてその三作品を見直して、私は、画面の中から溢れてくる幸福感を目の当たりにしたのです、私は番組の当事者でありながら感動したのです。

「この人たちって、なんて楽しそうなんだろう」

「この人たちと友だちになりたいなぁ」

と、心の底から思ってしまったのです。

そう思った瞬間、間違いなく私はテレビの中の彼らに心を開いてしまったのだと思います。心を開いてしまう。大事なのは見る者をこの気持ちにもっていくことだと、そのとき思えたのです。

嬉野には藤村とのコンビによる著作がいくつかある。そのうちの一つが『腹を割って話した』『腹を割って話した(未知との遭遇)』(以上、現・朝日文庫)だ。後者の中に興味深いくだりがあった。第一回のロケである「サイコロの旅」の初めから、嬉野が「水曜どうでしょう」という作品を気に入り始めていた、と語っているのである。

嬉野　おれが最初に「この番組いいな」と思ったところは、人間関係なんだよね。あんたと大泉洋と鈴井さんと、4人で旅をして。最初は世間を知らないから、JRの席の、昔ながらの硬い向かい合わせの4人席に仲良く座ってるんだよ。他にいくらでも席が空いているのに。おれはあの雰囲気にちょっとさ、ほれたんだね。[……]普通、世慣れした大人なら、「ちょっと向こう空いてるから」ってバラけるもんなんだ。それなのに、いっぱい空いてるのに、几帳面に4人掛けにいるんだよ。「この雰囲気はいいなあ……」と思ったんだ。

「水曜どうでしょう」の企画をいくつか見ていると、同じような場面に遭遇することがある。たとえば前出の「ヨーロッパ21ヵ国完全制覇の旅」では、終盤になって宿がとれず、四人が車中で仮眠をとる。四人で宿がとれないならタレントだけ、もしくはタレントをいじめることが番組の主眼ならディレクター陣だけでもホテルに泊まればいいのに、あえて四人で行動を共にするのである。番組は二〇〇〇年から二〇〇一年にかけて鈴井の映画撮影のために半年以上休止したが、その後の再開第一作である「リヤカーで喜界島一周」では、団結の輪を作ると称して徒歩旅行に挑んだ四人が、これまたよせばいいのに狭苦しい一つのテントに宿泊している。ちなみに旅行に出発する前に泊まった羽田のホテルでも、ツインにエクストラベッドを無理やり入れたような部屋に四人で寝ているのだ。

この、とことん付き合う感じ。

四人で行動をするのだから四人で泊まるのだという有無を言わせないやり方。

それこそが私の心を捉えたものの正体なのではないかと思う。

飛躍するようだが、私はどうしてもそこで落語を連想してしまう。たとえば神奈川宿を舞台にした「宿屋の仇討」。これは西の旅から帰って来た江戸っ子三人組が周りの迷惑をよそに宿ではしゃぎ、隣室の侍からお灸を据えられるという噺である。ここでの江戸っ子は宿屋の人間に対しても「こちらは始終三人だよ」と言って「四十三人」と勘違いさせ、寝るとなれば川の字ではなく枕を寄せた車座に布団を引けと行って、いつまでも駄弁《だべ》り続ける。「錦の袈裟」のような寄り合いを描いた噺では、吉原に遊びに行くとなれば、町内の若い衆が揃って繰り出そうとする。その中に与太郎のような痴れ者がいても「同じ仲間なんだから」と除け者にはせずに連れていこうとする。とにかく付き合いがいいのである。同じ場所で一緒に時間を過ごすことを何よりの楽しみとするような姿勢が貫かれているのが、東京落語の美点の一つだ。

大泉洋という人について、私は著書『大泉エッセイ』（現・角川文庫）に書かれた以上のことは何も知らないのだが、その中にたびたび落語好きをほのめかす個所がある。決してマニア的に踏み込むわけではないのだが、日常的に落語を聴いているような人の口ぶりである。

『腹を割って話した』の中で、こんなくだりがある。二〇一一年の「原付日本列島制覇」で初めて嬉野以外のカメラマンが撮影を担当することになり、大泉が与えたアドバイスについてのものだ。

藤村　そうすると大泉が彼（カメラマン）に、「『どうでしょう』は、基本つまらないから」と言うわけだ。[……]「長い時間があるんだから、つまらないのは当たり前なんだとまず思ってください」と。「でもおもしろい瞬間がありますす」と。「そのときにあわててカメラがビッと寄っちゃダメです」「釣りとおんなじで、アタリが来た瞬間にあわてたら魚は釣れません」と。

この感じも、落語という表現に関するものと読み替えることができる。落語という芸能は、テレビの放送に向かないと長く言われ続けてきた。演者は高座の中央にただ座っているだけであり、映像的には変化が少ない。だからといっていたずらにズームを使用すると、それはそれで問題が起きる。落語は演者を通じて観客が自由に想像を行っていい芸能だからだ。また、演者には自分の身体を使った演技プランもある。ズームを使うことによってミスリードが行われ、その想像が妨げられる可能性が生じてしまうのである。この問題に対し、むしろ積極的にカメラの切り替えを行い、登場人物ごと、シーンごとの演出を行ったのが立川談志だが、通常の演芸番組ではそこまで意図的なカット割りが行われることは少ない。上記の弊害を理解しているからだ。

「水曜どうでしょう」のカメラワークについては『大泉エッセイ』の中で「カメラが演者を撮らない」という画期的な技法が用いられているという記述がある。大泉なり鈴井なりが話しているとき、嬉野のカメラは車窓の外を捉え続けていることがあるのだ。大泉洋自身の分析によればそれには「演者が映らないことによって視聴者の想像が膨らむ」「カメラが自分に向かないことで演者が気負わなくて済む」「演者が映らないことでその間に繰り広げられるトークが、本編ではなく本来映るべき物ではない、裏話的に聞こえる」という効用があるという。先述した、自分がそこにいるかのような臨場感や、仲間意識は、そうした視点操作から導かれているというわけだ。

『腹を割って話した』の嬉野も、自らのカメラワークについて次のように語っている。

嬉野　枠の中でなんか動いてるっていうのが、客観的に観察しているかんじに見える。定点カメラだとそのおもしろさが出せるんですよ。

メインディレクターである藤村の演出も、これに沿ったものだ。藤村の著書『けもの道』(現・角川文庫)の記述を何箇所か引用してみたい。

——僕は一発ギャグみたいなものでは笑えない。
一瞬でひとを笑わせるなんて、そもそもできないと思っているから。笑ったとしても、それは反射神経的なもので、腹の底から笑ったものではないだろうと。
本気で笑うとすれば、そこには、まず「状況」が必要だろうと。逆に、「状況」があれば、それが些細なことであっても、腹をかかえるほど笑うことができる。

——視聴者は結局、アタマから見る。そのとき、終わりはまだ見えない。見えないから、次も見る。そこにあるのは、『状況の連続』だ。終わりがない。だから、次も見てくれる。なんか、そこがいちばん、ひとになにかを見せる場合のキモじゃないかと思う。

一瞬の励起のような形で提供される「ギャグ」ではなく「シークエンス」で作品を考えているということだ。シークエンスが視聴者の脳内にストーリーを生み出していく。それを可能とする状況をいかに自然に提供するかにあの番組は徹しており、状況以外の部品は排除可能な夾雑物《きょうざつぶつ》にすぎない。藤村は「水曜どうでしょう」のDVD版を編集する際、「サイコロを振って次に行く場所と手段を決める」という「サイコロの旅」のお約束場面を無駄と感じ、なんとか削除できないかと考えたという。そうした仕掛けの部分をすべて無駄と考えるのは、「水曜どうでしょう」の制作思想が現在では「電波少年」とは完全に逆方向だということだ。藤村はまた、この番組が視聴者に受け入れられている要因の一つは「なんやかんや言いながらも、あのひとたちはどっかで、笑ってすませるんだろうなと。そう思うと、なんか、安心して見ていられるというか」という日常に回帰する部分にあるのだと分析している。

何が起きても特別な出来事にならず、必ず元に戻る。日常は弾力に満ちており、そこに暮らす者を包み込もうとしてくる。そうした「非日常を圧倒する日常」が、かの番組の制作者・出演者に共有されているというのが私には非常に興味深く感じられるのである。その面の厚さ、呑気さ、でたらめさ、微笑ましさ、雑さ、普段使いの器のような手になじむ心地よさの総称が、おそらくは「水曜どうでしょう」という番組の中核にあるものなのだろう。

そりゃまあ、私は観たら好きになるわ。

ちなみに私と藤田香織さんの共著『東海道でしょう!』の題名は、お察しのとおり「水曜どうでしょう」

からとられている。だがこの本が出た当時、私はまだ「水曜どうでしょう」に無関心だった。命名者である藤田さんは、気が合うでもなくなんとなく旅をしているライター二人（と編集者）がぶつぶつ言いながらも一緒に旅をしている状況を「水曜どうでしょう」に見立ててくださったのだと察するが、まったくそれには思い至らず、「変なタイトルだなあ」と私はひそかに思っていました。ごめん、藤田さん。いいタイトルをつけてくれてありがとう。

藤村忠寿、嬉野雅道『腹を割って話した』

現・朝日文庫／2011年

まだ北海道テレビ制作の番組「水曜どうでしょう」についてあれこれ考え続けている。前項であの番組について「非日常を圧倒する日常」が魅力の源泉なのではないか、と書いた。それは私にとって重要なキーワードでもある。何が起きても日常に回帰していくという安心感、特別なことのない、普通の生活がダメージを受け止めてくれることの心地よさを知らしめることが、大衆芸能の普遍的な目的ではないかと思っているからだ。ふてぶてしい顔をした日常、と言い換えてもいい。それを現出させることのできる技能者、芸人を私は尊敬する。板の上で演じられる大衆芸能は生み出され、消滅していく。何事かを残せるとしたら、観客の心の中だけなのである。笑いは教条的であったり、高圧的であったりしてはいけないものだが、瞬時に消えつつも何かの引っかかりを残していくことができる。わざわざ口にするような野暮はしないだろうが、そのことをこっそり認識している芸人は多いのではないだろうか。

「水曜どうでしょう」は、商品としては特殊なありようを持っている。レギュラー番組時代からそれは始まっており、新作と並行して「どうでしょうリターンズ」という再放送を行っていた。もともと奇数月のみの番組だったものが年間を通じての放送に変わったため、品質を落とさないようにするため、藤村忠寿・嬉野雅道のディレクター陣が局に求めて認めさせたものだ。その時点で両ディレクターに自覚があったか否かはわからないが、それが視聴者に受け入れられた事実は、「水曜どうでしょう」に求められていたものがストーリーの展開や、やったことのない企画といった新奇性ではなく、鈴井貴之（ミスター）と大泉洋が二人のディレクターと共にどこかを放浪している、という旅の中の日常性だったことの証明にもなっているように思われる。

本放送終了後も番組は各メディアに配信が開始され、「水曜どうでしょうＣｌａｓｓｉｃ」の名称で現在に至るも全国で放送が行われている。この原稿を書いている二〇一七年九月現在、私がＭＸテレビで毎週観ているのはヨーロッパ編の第二弾「ヨーロッパ・リベンジ」だ。なんと一九九九年の企画である。「Ｃｌａｓｓｉｃ」の特徴は単なる再放送ではなく、元の形に可能な限り近づけるための再編集が行われている点で、本放送当時の雰囲気を残すためにあえて手を加えるという逆説的な思想が面白い。その姿勢は

ＤＶＤ全集の刊行時にも貫かれており、かつての「水曜どうでしょう」という日常がいつの時間においても再現できるようにするために、制作陣は努力し続けている。

藤村・嬉野の対談本『腹を割って話した』の中に、番組の成り立ちについて話しているくだりがある。その中で、東京の番組が潤沢な予算を元に作り込んだ笑いを見せることができるのに対し、ローカル局制作という条件から割り出した最善手が「水曜どうでしょう」だったという意味のことを藤村が口にしている。それに対する嬉野の発言がおもしろい。

嬉野　東京の番組としては、毎日毎日、店先にいっぱいおいしそうなものを並べなきゃいけないっていう状況がある。だけど田舎のこの人材と労力で、おんなじ店が開けるかっていうと、それはもうできないのは決まってて。ただ頭数と商品だけそろえてご都合で店先に並べたって、それがうまくなかったら、誰も喜んでくれないに決まってんだよね。［……］だったら、うまいものができたら、そのときに出す。「あそこの店はいつもものがあるわけじゃないんだけど、ものが出てるときはうまいんだ」って思われればさあ、負けはしない気はするんだよね。

大型店には何でも品が揃っている。小売店が同じことをやろうとしても敵うわけがない。「冬の北海道でわざわざしなびた野菜」を売ったところで、見向きもされないだろう、という指摘には頷かされる。これは、あらゆるマイナーなジャンルを維持するためのヒントになるはずだ。たとえば、落語である。

落語ブームと言われ、マスメディアでも取り上げられる機会が増えている。しかし実際の寄席や落語会に足を運んだ経験がある方ならおわかりのように、恩恵を受けている芸人は驚くほど少ないのである。他のすべてのジャンルと同様、一部の人気者のところに客は集中し、それ以外はわずかな客の取り合いになっている。ただ違うのは、十年前であればその「人気者」が「笑点」出演者や、立川志の輔、笑福亭鶴瓶といったテレビの露出がある芸人に限られていたものが、柳家花緑などの良い血統を持つ者や、桃月庵白酒、春風亭一之輔《いちのすけ》といった若手にまで広がってきているということだろう。さらに落語芸術協会の二ツ目が仕掛けた〈成金《なりきん》〉ユニットや、サンキュータツオ監修の〈渋谷らくご〉の成功によって、一部の二ツ目が真打を凌ぐ知名度を獲得するという逆転現象も起きている。

では、新しい〈人気者〉の仲間入りを果たすためには何が必要かということだ。マスメディアで毎週放送が行われている「笑点」は紛れもなくメジャーなコンテンツだが、そこに参加できる者はごくわずかだ。また、全国区の「笑点」がある限り、第二、第三の「笑点」を作ることには意味がないのである。つまり、マイナーならマイナー、大型店に対する小売店の戦略を持たない限り、すでに存在する〈人気者〉には対抗できるわけがない。藤村・嬉野の戦略こそ、これからの芸人は見習うべきなのだ。そこに私が、「水曜どうでしょう」という番組が気になってならない理由がある。

藤村はエッセイ『けもの道』の中でこう書いている。「番組のターゲットをまずはっきりさせろ」というテレビのマーケティングは、実は間違いなのだと。

――女性をターゲットにしてしまった段階で、最高視聴率は五十パーセントになり、若い女性と限定すれば、さらに獲得できる視聴率は下がる。［……］確かに、平日の昼間にテレビを見ているひとは、うちにいる奥様方か老人がほとんどだから、そこにターゲットを絞るというのは、的を射ている。でも、僕が作るのは深夜番組。子供も大人も老人も、とりあえずうちにいる。そこでターゲットを絞ってしまったら、獲得できる視聴率の上限を自ら下げることになる。

これは「尖った笑い」を求めるやり方とは正反対の考え方に見える。尖鋭的なものを見せればそこに新しもの好きが飛びつき、それに導かれる形でフォロワーが増えていく。一九八〇年代から現在に至る「笑い」のコンテンツは、そうした形の成功モデルを追い求めてきた。自らが流行を作り出し、あわよくば「社会現象になった」と認められ、後世の人に「時代と寝た」と崇められることが目的だったのである。それに対し藤村は、「自分がおもしろいものと感じるものを作る」というセンス勝負にすべてを引き戻すことを主張する。客を絞らず、すべての層に向けて、おもしろいものをぶつけるというのが本来のやり方であり、実は有効な戦略だというのである。前項で書いたカメラワークや、「状況」を重視する絵作りといった技術は、そうした中で選択された戦術だ。これについては嬉野が二冊目の著書である『ぬかよろこび』でメル・ブルックス監督作品を例に引いて解説しており、参考になる。落語家の中には大ホールでの独演会よりも寄席の定席での出演を重視する者がいる。私がインタビュー集を作った桃月庵白酒もその一人だ(『桃月庵白酒と落語十三夜』)。我田引水に聞こえる危険を承知で書くが、自分目当てのファンを対象とする独演会よりも、どんな層の人間がやってくるかわからない寄席で、客といかに対峙するか、受けさせることができるかを自身の芸の指標とする態度は、マーケティングを度外視して本質的なセンス勝負を仕掛ける藤村の姿勢と共通している。

対談集第二弾の『腹を割って話した（未知との遭遇）』の第一章では、打ち上げ花火としてのイベントを否定する発言がある。イベントによって通常番組の平均水準が上がるようなことはない。弾みがつくというのは錯覚で、むしろそうした一瞬の非日常から日常へと復帰すること、非日常の中にも日常の要素を持ち込むことが大事なのだ。

藤村　しょうがないとは思いつつ。でもなんでそのとき限りの弾みばかりを求めてしまうんだろうと思って。……弾みがいらないっていうんじゃないんだよ？　でもそれは看板でしかないから。本質はそこじゃない。看板は大きくしても、商品はちゃんと普段使いの器を置いとくとか、そういうことだと思うんだけどね。

嬉野　だからなんかさぁ……「時代の仕掛人」とか、いらねえもん。

私にはテレビを観る習慣がほとんどないのだが、番組改編期にはさらにその傾向が強くなる。せっかくつきかけた視聴習慣をお祭り騒ぎによって無くさせてしまう番組作りを見ていると、日常が繰り返されることのありがたみを改めて感じるのである。

芸人は売れなければ仕方ないと誰もが言う。立川談志のように「伝統を現代に」という考え方を持っていながらも、まずは売れることを第一の目標に置いて実践した者もいる。たしかに売れることは大事だが、いつもとは違う自分、マス向けの非日常でそれをすることに意味があるのか。「水曜どうでしょう」というコンテンツの、息の長い成功例が教えてくれるものはまだまだあるような気がしてならない。

大衆芸能の芸人のことを書いているふりをしながら、私は実は、自分自身のライターという仕事についても同じことを考えている。日常を。もっと図太くて、揺るがない日常を。それだけのセンスが我が身に備わっているか否か、常に自問し続けなければいけない。

おわりに～なぜ芸人本を書評するのか

芸人本っておもしろい。

最初にそう思ったのは、小学生時代に五代目古今亭志ん生『びんぼう自慢』（現・ちくま文庫）を読んだときだった。

『びんぼう自慢』は演芸評論家の小島貞二《こじまていじ》が聞き書きでまとめた本である。初読時には気づかなかったが、立風文庫版の小島による解説には気になることが書いてある。

この本の中で志ん生は、自分の師匠は名人と謳われた四代目橘家圓喬だと言っている。だが本当は、二代目三遊亭小圓朝に入門して三遊亭朝太を名乗ったのがプロとしての始まりなのである。圓喬は志ん生にとって憧れの存在であり、師匠であったということにしたかったのだろう。対外的にはそれを通し、周囲もよしとした。当人の気持ちを尊重し、志ん生の言をそのまま採用した、と小島は書いているのである。

え、嘘なのに。いいのかそれで。

びっくりした。だが、落語家の世界にはそういう慣例があるということも学んだ。

たとえば昭和の名人として名の上がる八代目桂文楽は、本当は八代目ではない。五代目の後に文楽を名乗っていた人はいないが「末広がりで、ようがす」ということで襲名するときに八代目ということにしてしまったのだ。

多くのファンに愛された立川談志も、五代目と称していたが七代目とするのが厳密に言えば正しい。しかし、当人が五代目と言うならばそれが正解なのである。

芸人には芸人の理屈がある。その世界を扱うのであれば尊重しなければならない。演芸の世界に振れ、芸人本を読んでいるうち、その原則が自分に沁みついていった。

一冊の本には完結した世界がある。書評をするときに最も大事なのは中に入ってその本を読み解くことで、外の理屈に合わせて内容を理解したつもりになってはいけない。たとえ外、あるいは一般の常識からはねじ曲がっているように見えても、いったん中に入ってその論理を咀嚼した上でなければ、判断を下してはいけないのである。多数の芸人本を読んでいく中で、このことを改めて強く認識するようになった。

私は演芸評論家を自称したことがないし、これからもしないはずである。

理由は単純で、圧倒的に量が足りていないからだ。そのジャンルを評論するためには、世間の人を量で圧倒するほどの実地体験があり、それによって培われた見識があることが望ましい。演芸評論を試みるなら、一年三百六十五日、毎日どこかの寄席に足を運び、加えて独自主催の演芸会も鑑賞することが最低限の条件だろう。本音を言えばそれだけでは不足で、周辺ジャンルについての知識があることも必要条件に加えるべきだとも思う。

私がこれまで時間を使ってきたのは小説読書である。体系的に押さえてきたと言えるのは国内・海外のミステリで、それ以外は読書体験がまだらになっている。つまり、目を配ることができてきたのは、ごくごく狭いジャンルのみだ。

本書の中では芸論に近いことを展開するくだりがある。これは対象とする芸人本を理解する上で、あらかじめ自分が持っていた知識、あるいは後付けで調べたことを元に書いたものである。この本を自分はこう読んだ、という土台を示しているのであって、独立した芸論として示せるほどの強度はないということをお断りしておきたい。事実に関する叙述には誤記がないよう、また極力対象を理解するように努めたが、不備はあるだろうと思う。どの場合も著者の責任である。

それにしても芸人本はおもしろい。単行本としてまとめる作業を通じてそのときどきの、本を読み、考え、文章を書いていた時間を思い出した。どの本からも、浮かび上がってくる肖像、芸人の顔というものがあった。本の個性というものがこれほど豊かなジャンルというのもまたとないのではないだろうか。連載時のようにすべての芸人本を網羅するというわけにはいかなくなったが、今でも芸人本は買って読んでいる。対象と切り結んで自分の読解力を試すという意味では、格好の題材だ。自分と芸人本の戦いでは常に芸人本に支援せよ。

本を読むときにはいつも、これはどうすれば書評できるか、ということを考えながらページをめくっている。芸人本の場合は特にそうだった。

〈メルマ旬報〉はメールマガジンということもあって、〆切がゆるやかだった。落としても構わないと言われていたし、なんなら一行だけでもいいと。しかし私は往生際が悪く、いつも〆切ぎりぎりに長文を書いて押し込むのが常であった。副編集長の原カント君にメールを送り、いつ原稿が落ちるかを聞く。たいがいの場合その連絡をするのは配信当日で、あと何時間で読者の手元にメールマガジンが発射されてしまう、という頃合いであった。本書に掲載された文章の九割は、その本当のデッドラインを聞いてから書かれたものである。原氏には毎回、申し訳ないことをした。そしてよく受けてくれた。ありがとう。

あの短時間でよくこんなに長文を書ける、と原氏には感心された。右に述べたように、半分は読みながら頭の中で書いていたのである。関連資料を本棚から集めてきて文章化する作業が残り半分。執筆というだけなら、だいたい二、三時間で毎回書いた。濃密な二時間であり、三時間であった。脳が喜んでいるのを毎回感じた。読書の喜悦というものである。

書評家として私は芸人本に鍛えられた。改めて感謝したいと思う。感謝といえば、浅草キッドのお二人、水道橋博士と玉袋筋太郎の両氏には快く推薦文を引き受けてもらえた。ありがたいことである。帯にお二人の名前が並ぶことで、本書にはもう一つ存在意義が加わった。芸人本を読み、そして書評をし続けて本当によかったと思う。

杉江松恋

著者略歴

1968年東京生まれ。慶應義塾大学卒業。国内外のミステリをはじめとする文芸書やノンフィクションなど、幅広いジャンルの書籍について書評・評論活動を行う。主な著書に『読み出したら止まらない！　海外ミステリー マストリード100』（日本経済新聞出版）、『路地裏の迷宮踏査』（東京創元社）、『十四人の識者が選ぶ　本当に面白いミステリ・ガイド』（P ヴァイン）、『ある日うっかりPTA』（角川書店）、『桃月庵白酒と落語十三夜』（聞き手、角川書店）、『絶滅危惧職、講談師を生きる』（聞き手、新潮社）、『浪曲は蘇る』（原書房）、『100歳で現役！　女性曲師の波瀾万丈人生』（聞き手、光文社）、『鶴女の恩返し』（聞き手、扶桑社）などがある。近著に『日本の犯罪小説』（光文社）。

芸人本書《げいにんほんか》く派列伝《はれつでん》

●

2024年9月6日　第1刷

著者……………杉江松恋《すぎえまつこい》

装幀……………大宮《おおみや》デザイン室《しつ》

発行者……………成瀬雅人

発行所……………株式会社原書房

〒160-0022 東京都新宿区新宿 1-25-13

電話・代表 03(3354)0685

振替・00150-6-151594

http://www.harashobo.co.jp

印刷……………新灯印刷株式会社

製本……………東京美術紙工協業組合

ISBN 978-4-562-07434-1, Printed in Japan